TANSY WILSON | SIAN HAMILTON

MODERNES MAKRAMEE

SCHÖNE KNÜPFIDEEN FÜR ZUHAUSE

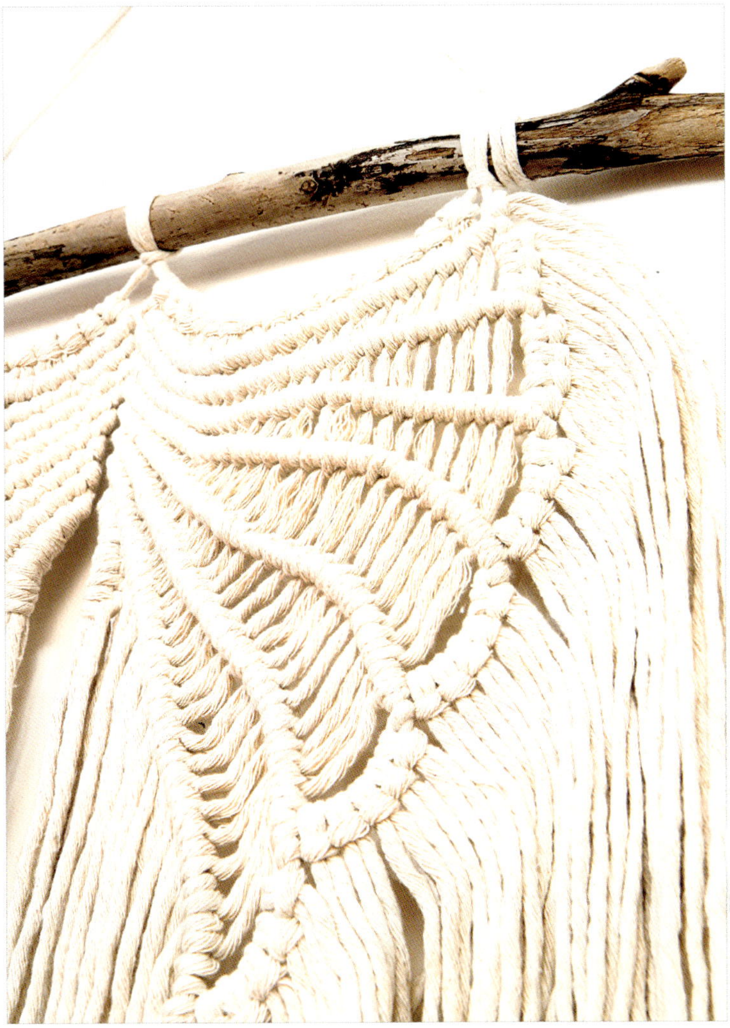

LEOPOLD STOCKER VERLAG
GRAZ – STUTTGART

Umschlaggestaltung: Werbeagentur Rypka GmbH., A-8143 Dobl
Titelbild: Laurel Guilfoyle
Fotos: Laurel Guilfoyle, Sian Hamilton und Tansy Wilson

Titel der englischen Originalausgabe: Sian Hamilton and Tansy Wilson: Macramé: Contemporary Projects for the Home.

The translation of Macramé: Contemporary Projects for the Home. 978-1-78494-640-1 is published by arrangement with GMC Publications Ltd.

Aus dem Englischen übertragen von Mag. Nina Schön.

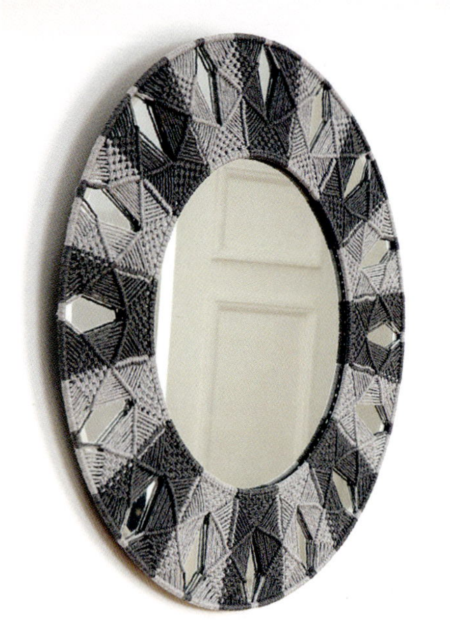

Bibliographische Information der Deutschen Nationalbibliothek
Die Deutsche Nationalbibliothek verzeichnet diese Publikation in der Deutschen Nationalbibliographie; detaillierte bibliographische Daten sind im Internet über http://dnb.d-nb.de abrufbar.

Hinweis:
Dieses Buch wurde auf chlorfrei gebleichtem Papier gedruckt. Die zum Schutz vor Verschmutzung verwendete Einschweißfolie ist aus Polyethylen chlor- und schwefelfrei hergestellt. Diese umweltfreundliche Folie verhält sich grundwasserneutral, ist voll recyclingfähig und verbrennt in Müllverbrennungsanlagen völlig ungiftig.

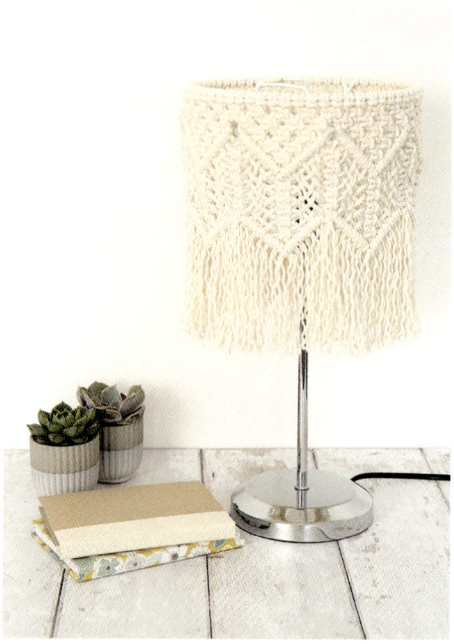

Auf Wunsch senden wir Ihnen gerne kostenlos unser Verlagsverzeichnis zu:
Leopold Stocker Verlag GmbH
Hofgasse 5 / Postfach 438
A-8011 Graz
Tel.: +43 (0)316/82 16 36
Fax: +43 (0)316/83 56 12
E-Mail: stocker-verlag@stocker-verlag.com
www.stocker-verlag.com

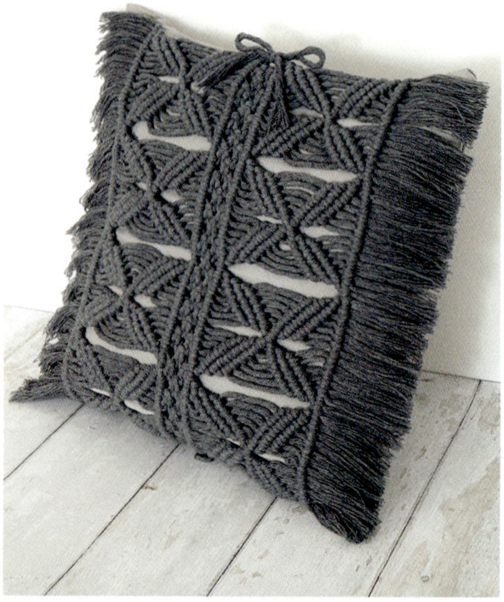

ISBN 978-3-7020-2042-2

Satz: Werbeagentur Rypka GmbH., A-8143 Dobl

INHALT

4 MANDALA-MAKRAMEE
Drei hübsche runde Designs, perfekt für jede Wand

12 SCHICKES REGAL
Lernen Sie, dieses moderne Regal für Ihre Wand zu gestalten

18 GEOMETRISCHER SPIEGEL
Dieses leicht fortgeschrittene Projekt bringt Ihnen näher, wie Sie einen atemberaubenden Spiegel herstellen

26 COOLES KISSEN
Folgen Sie der Anleitung, um dieses coole Kissen als Deko für Bett und Sofa zu gestalten

32 WANDBEHANG ENGELSFLÜGEL
Knüpfen Sie ein faszinierendes Flügeldesign für Ihre Wand

38 LIEGESTUHLDEKOR
Upcyclen Sie einen alten hölzernen Liegestuhl mit einer modernen Makrameesitzfläche

46 LAMPENSCHIRM
Lernen Sie, einen Lampenschirm im Boho-Style zu knüpfen!

52 UMHÄNGETASCHE
Gestalten Sie eine schöne Tasche mit einem langen Griff, die quer über den Körper getragen wird.

62 WANDBEHANG STERN UND MOND
Verwenden Sie wunderschönes Metallic-Garn für ein kosmisches Set aus Stern und Mond

68 MINI-TÄSCHCHEN
Folgen Sie der Anleitung, um ein Paar stylische Mini-Täschchen zu gestalten

78 VOM MARMELADEN- ZUM GLAMOURGLAS
Upcyclen Sie alte Gläser mit Makrameeflair

84 KISSEN MIT QUASTEN
Gestalten Sie hübsche Kissenvorderseiten mit Quasten zum Dekorieren einfacher Kissen

92 WERKZEUG, MATERIAL UND TIPPS
Erfahren Sie, welche Werkzeuge und Materialien Sie benötigen, und entdecken Sie die besten Tipps

93 GARNMENGE BERECHNEN
So bemessen und berechnen Sie die benötigte Garnmenge

94 ANKERSTICH
Dieser Knoten steht am Anfang aller Makrameeprojekte

96 KREUZKNOTEN
Anleitung für den klassischen Kreuzknoten

98 WELLENKNOTEN (HALBER KNOTEN)
Anleitung für den halben Knoten, um Spiralen zu knüpfen

99 RIPPENKNOTEN
Anleitung für den Rippenknoten, um feste Knotenreihen zu knüpfen

100 QUASTE AM WERKSTÜCKSENDE
Anleitung für Quasten am Werkstücksende

101 QUASTE AUS GARNRESTEN
Verwenden Sie Garnreste, um Quasten zu gestalten

102 MAKRAMEEBRETT
Aufbau eines Arbeitsbretts

102 EINFACHER HALTESTAB
Anleitung für eine Aufhängung, um Werkstücke an einem Ast oder einer Stange zu befestigen

104 BEZUGSQUELLEN
Bezugsquellen für Makrameematerialien

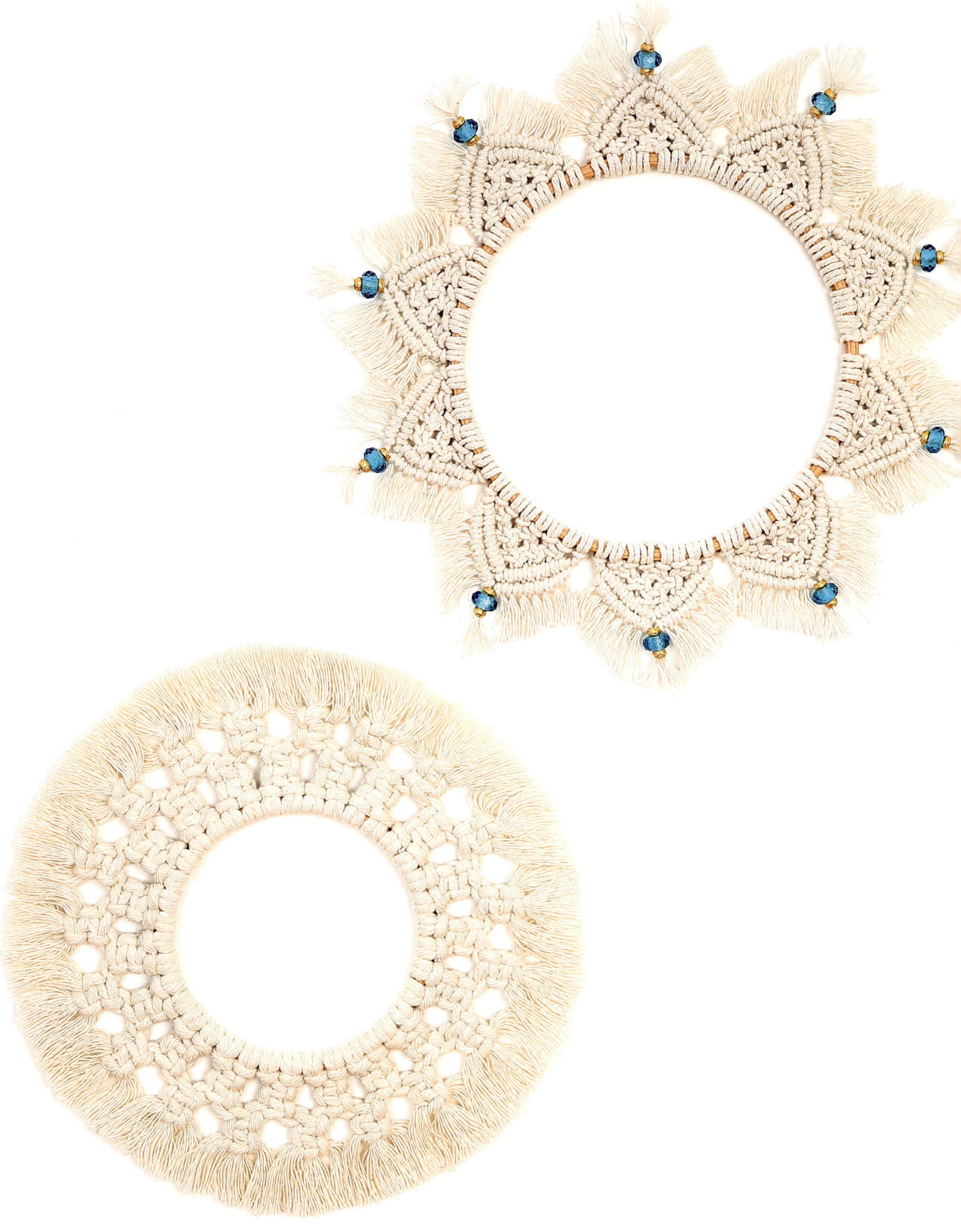

Mandala-Makramee

Tansy Wilson

Frei übersetzt aus dem Sanskrit ist die Bedeutung des Wortes Mandala „Kreis" und es wird als spirituelles und rituelles Symbol der Ewigkeit betrachtet – also sind runde Stickrahmen als Rahmen für Ihre Designs der perfekte Weg, diese wirklich bezaubernden Wandbehänge zu gestalten. Ich zeige drei einfache Stile, die sich vorwiegend des Kreuzknotens bedienen. Denken Sie daran: Der Prozess des Makramee selbst ist ziemlich meditativ.

SIE BENÖTIGEN

Perlenbesetztes Mandala

- Baumwoll-Makrameegarn, 3 mm
- Glasperlen mit Loch, 10 x 5 mm
- Goldperlen mit Loch, 20 x 4 mm
- Stickrahmen (Ring), 20 cm
- Schere
- Kamm

Einfaches Mandala

- Baumwoll-Makrameegarn, 5 mm
- Stickrahmen (Ring), 15 cm

Wollmandala mit Quasten

- 4-fädige mehrfarbige Wolle
- Stickrahmen (Ringe), 26 und 13 cm
- Glasperlen mit Loch, 8 x 4 mm

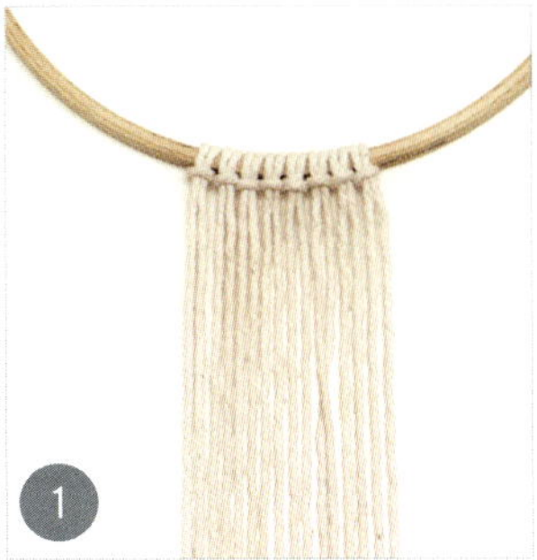

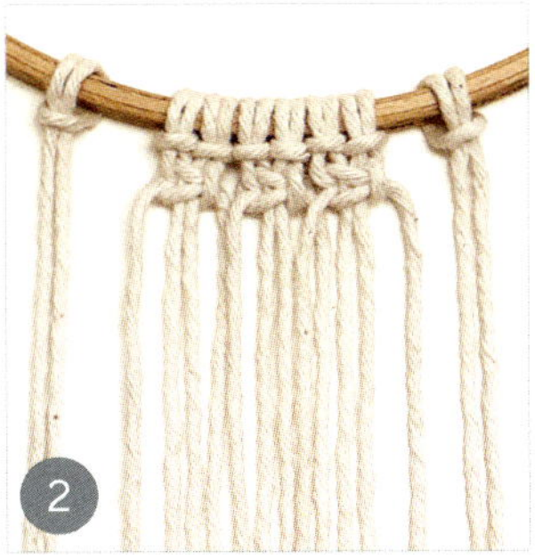

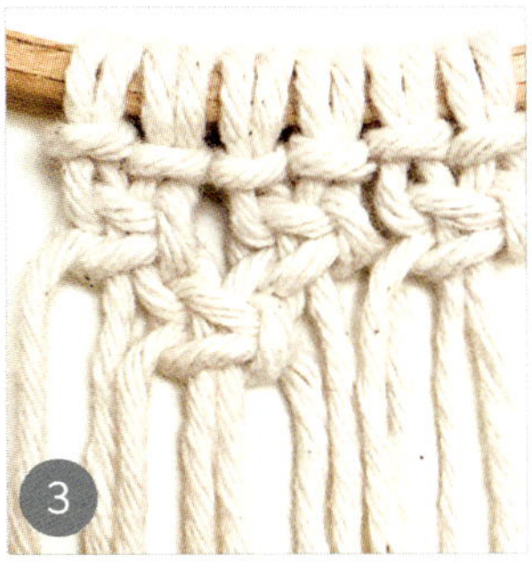

PERLENBESETZTES MANDALA

1 Verwenden Sie 3 mm dickes Garn, zugeschnitten zu 80 Längen zu je 65 cm. Sie brauchen für jedes Blütenblatt des Blumenmusters nur acht Längen, also knoten Sie Ihre ersten acht Längen jeweils mit dem Ankerstich (siehe Seite 94) an den Stickrahmen.

2 Bewegen Sie das erste und letzte Fadenpaar weg von den nun mittig liegenden sechs Paaren, da diese Randfäden noch nicht benötigt werden. Knüpfen Sie eine Reihe aus drei Kreuzknoten (siehe Seite 96) unter Verwendung aller Fäden der mittleren sechs Paare.

3 Nehmen Sie die beiden Fäden, die links aus dem linken Kreuzknoten hängen, und schieben Sie sie beiseite. Knüpfen Sie mit den beiden Fäden direkt daneben einen Kreuzknoten, wobei die beiden linken Fäden unten aus dem mittleren Kreuzknoten herauskommen.

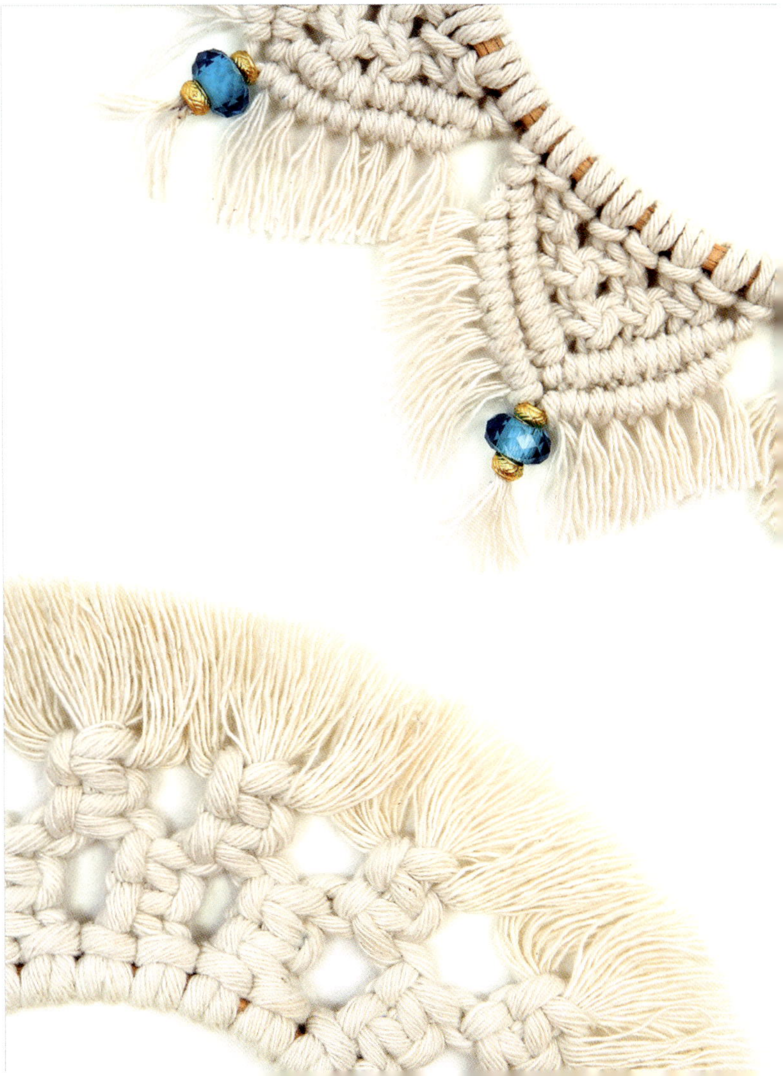

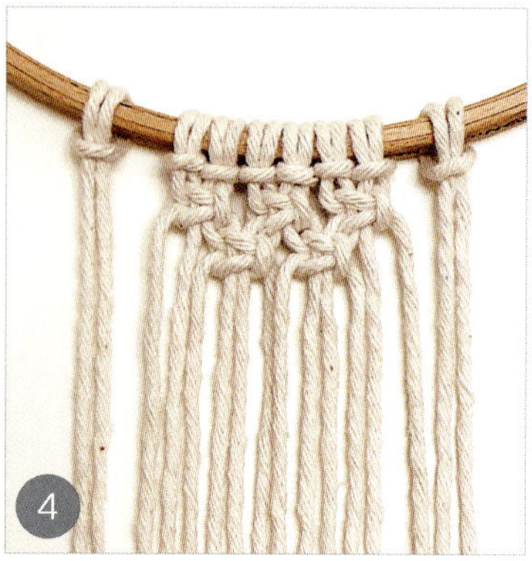
4

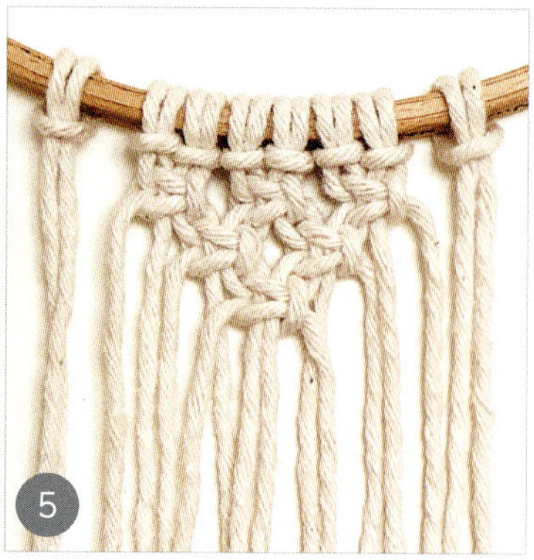
5

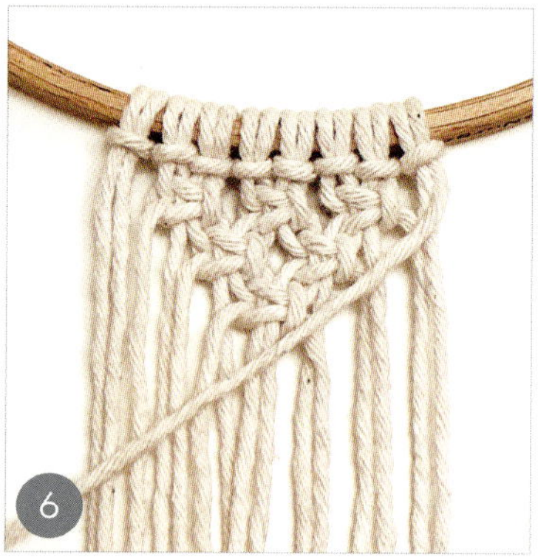
6

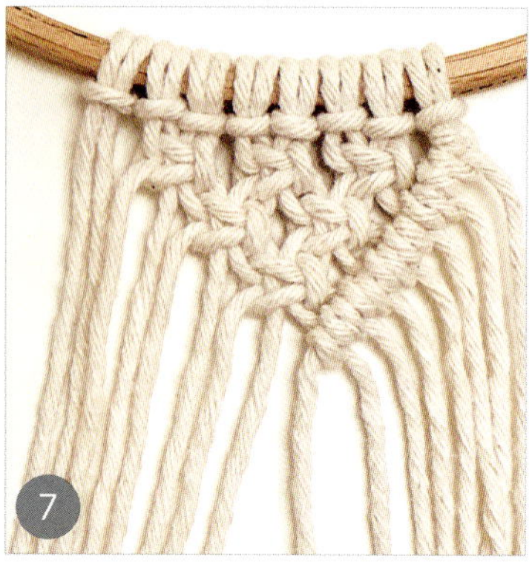
7

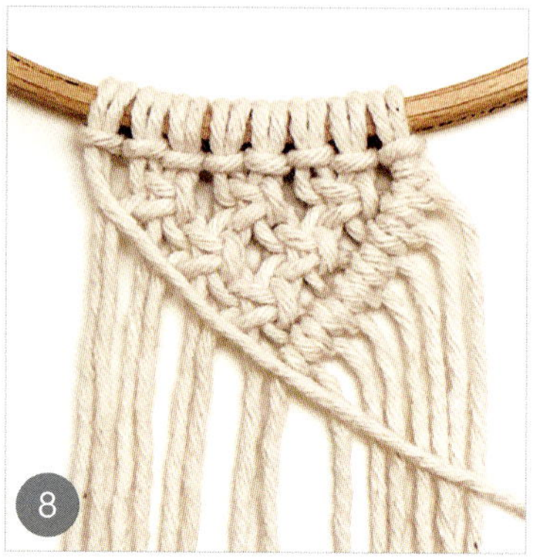
8

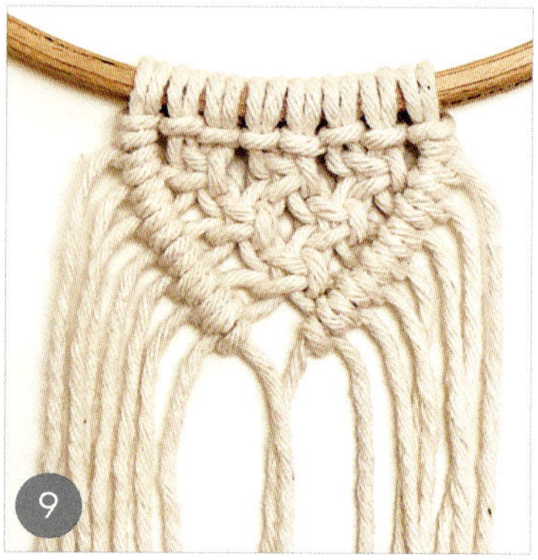
9

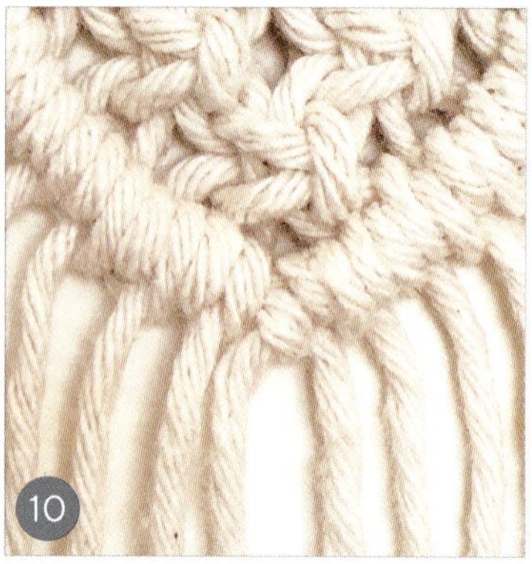
10

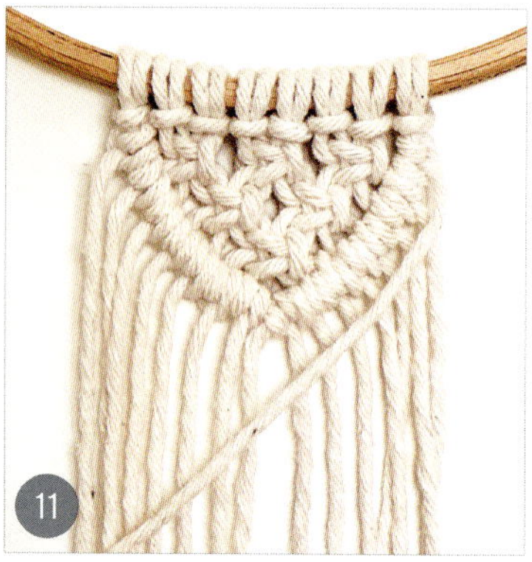
11

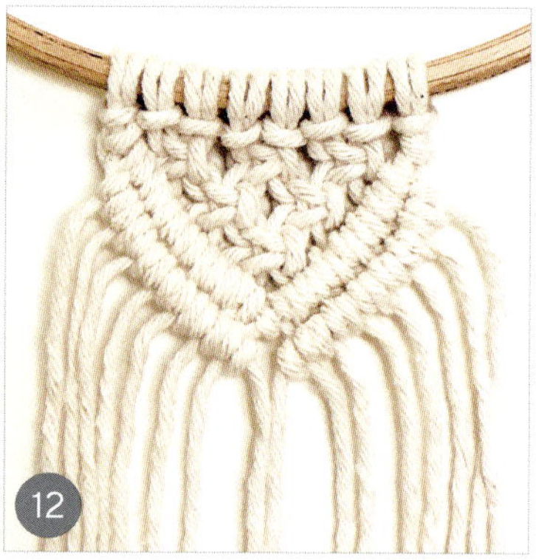
12

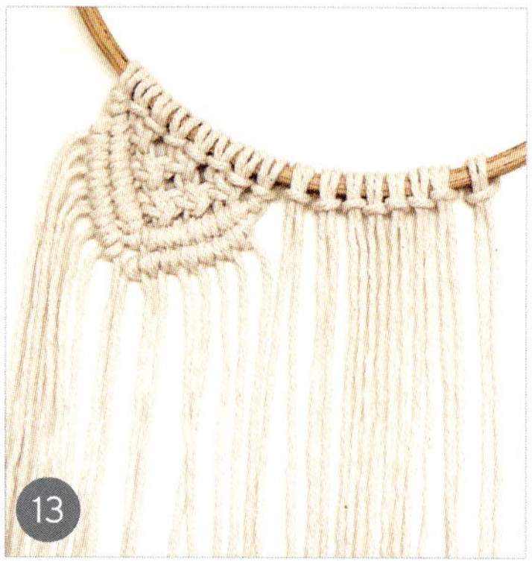
13

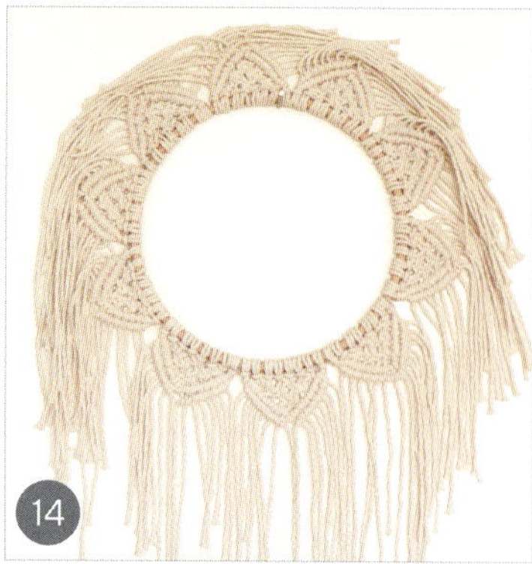
14

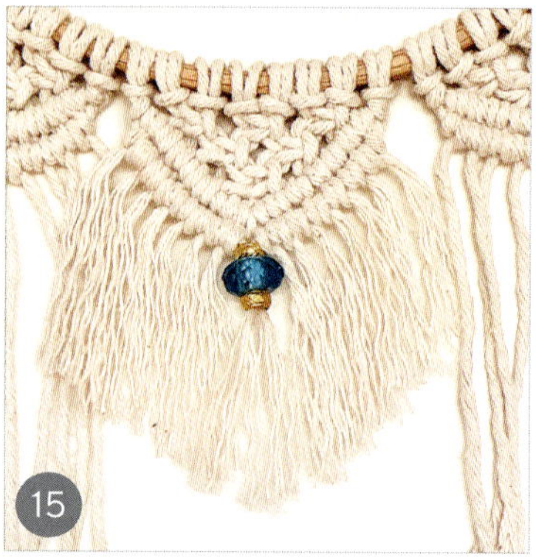
15

TOP-TIPP

Geben Sie einen Tropfen Superkleber auf die Enden Ihrer Fäden. Sowie er getrocknet ist, lässt sich der Faden wirklich leicht durch das Loch einer Perle fädeln.

4 Knüpfen Sie einen weiteren Kreuzknoten mit den nächsten Fäden, was zu zwei Kreuzknoten in einer Reihe unter den dreien aus Schritt 2 sowie einem weiteren ungenutzten Fadenpaar auf der rechten Seite führt.

5 Knüpfen Sie schließlich einen Kreuzknoten mit den vier mittleren Fäden, wodurch ein dreieckiges Muster aus Kreuzknoten entsteht, wie im Bild gezeigt.

6 Schieben Sie nun das erste und letzte unberührte Fadenpaar, das nicht ab Schritt 2 benutzt wurde, zurück zum Rest der Fäden und verwenden Sie, rechts beginnend, den rechts außen liegenden Faden und ziehen Sie ihn diagonal über das Makrameedreieck, um ihn als Trägerfaden zu verwenden.

7 Nehmen Sie den Faden, der unmittelbar links dieses Trägerfadens liegt und binden Sie einen Rippenknoten (siehe Seite 99) um den Trägerfaden. Nehmen Sie den nächsten links hängenden Faden, der nun derjenige ist, der unten aus einem Kreuzknoten hervorkommt, und binden Sie einen Rippenknoten um den Trägerfaden. Knüpfen Sie nun systematisch weitere Rippenknoten entlang des Trägerfadens, bis Sie zum untersten Kreuzknoten des Dreiecks gelangen. Sie knüpfen die Rippenknoten nur mit den beiden Fäden, die unten rechts von diesem Knoten heraushängen.

8 Nehmen Sie nun den ganz linken Faden und verwenden Sie diesen als Ihren Trägerfaden.

9 Schritt 7 wiederholen und systematisch Rippenknoten knüpfen – dieses Mal von links nach rechts entlang des gesamten Trägerfadens. Schließlich binden Sie einen Rippenknoten mit den beiden Fäden, die unten aus der linken Seite des Kreuzknotens herauskommen.

10 Um die beiden Knotenlinien zusammenzubringen, nehmen Sie einen Faden als Ihren Trägerfaden und knüpfen Sie mit dem anderen Faden einen letzten Rippenknoten um ihn herum. Dieses Bild zeigt, dass ich den rechten Faden als Trägerfaden genommen und den Knoten mit dem linken geknüpft habe. Es geht auf beide Seiten!

11 Sie können das Muster so lassen, ich habe mich aber dazu entschieden, eine weitere Reihe Rippenknoten hinzuzufügen, wieder außen rechts mit meinem Trägerfaden beginnend.

12 Folgen Sie Schritt 7–9, um die doppelte Knotenreihe direkt unterhalb zu knüpfen, wie in dem Bild gezeigt. Sie sehen, dass ich die untersten noch nicht miteinander verbunden habe, da ich dies später in diesem Projekt erledigen werde.

13 Nehmen Sie Ihre nächsten acht Fäden, falten Sie sie in der Mitte und befestigen Sie sie mit dem Ankerstich an dem Stickrahmen.

14 Schritt 2–13 wiederholen, um ein weiteres Blütenblatt zu knüpfen. Wiederholen Sie dann Schritt 2–13 weitere achtmal, sodass Sie am Ende gleichmäßig um den gesamten Ringumfang verteilte Blütenblätter vor sich haben.

15 Erinnern Sie sich, dass ich die untere Reihe in Schritt 12 nicht zusammengeknüpft habe? Nun, dieser Schritt sorgt für ein bisschen Feenstaub in Ihrem Design. Nehmen Sie Perlen mit großen Löchern, wie diese hübschen Gold- und Glasperlen, fädeln Sie die unteren beiden Fäden, die Sie verknüpft hätten, durch die Löcher und binden Sie sie fest. Für den letzten Schliff die Fransen in Form kämmen und zuschneiden.
Diesen Schritt bei allen Blütenblättern wiederholen.

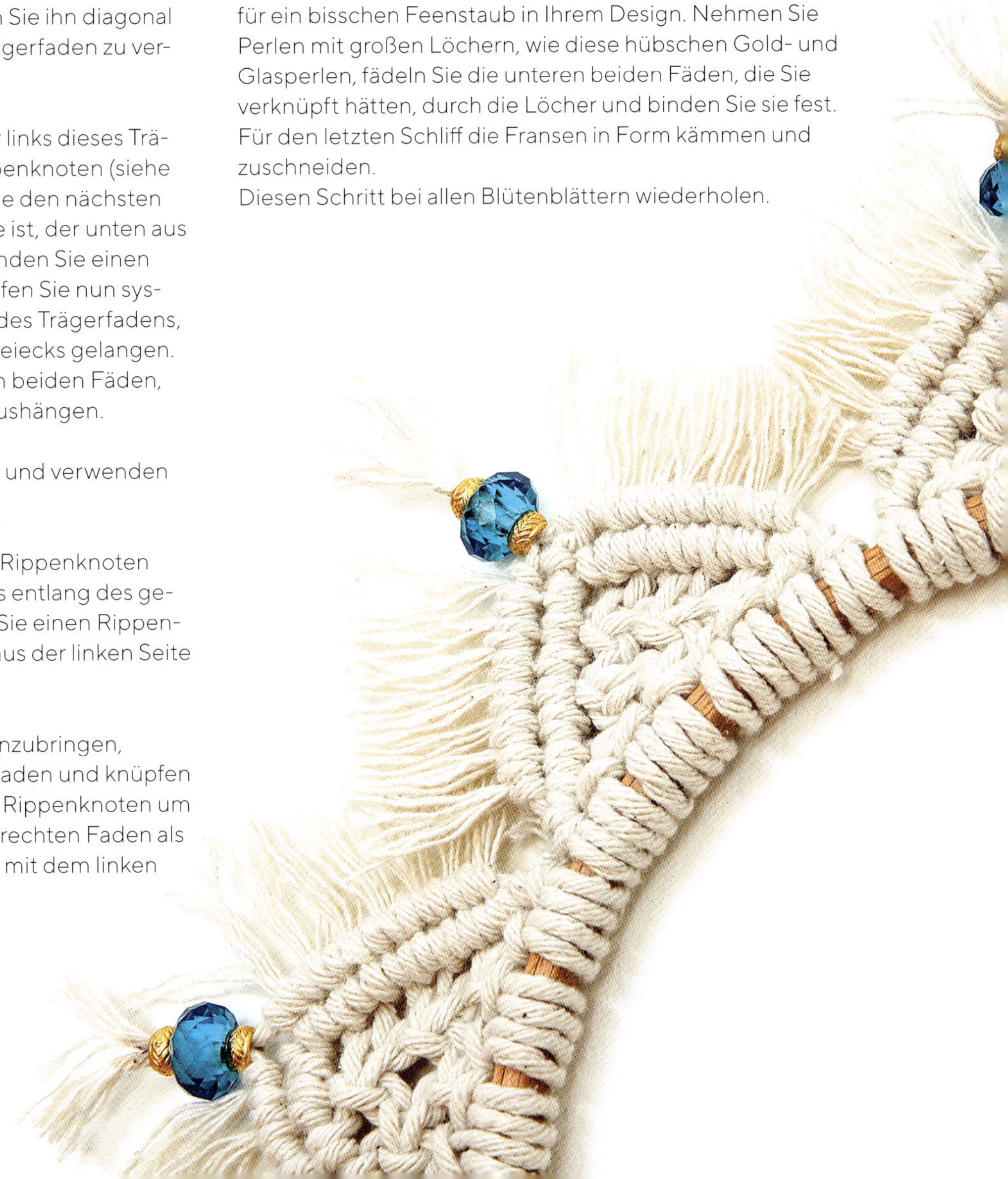

EINFACHES MANDALA

16 Schneiden Sie 38 Längen zu je 50 cm aus dem 5 mm dicken Makrameegarn zu. Nehmen Sie zwei Stück, falten Sie sie in der Mitte und bringen Sie sie an Ihrem Stickrahmen mit dem Ankerstich (siehe Seite 94) an. Binden Sie dann zwei Kreuzknoten direkt untereinander mit allen vier Fäden.

17 Nehmen Sie zwei weitere Garnstücke, falten Sie sie wieder in der Mitte und befestigen Sie sie mit dem Ankerstich an Ihrem Stickrahmen, rechts von denen, die Sie gerade bearbeitet haben, und knüpfen Sie dann mit den vier Fäden zwei Kreuzknoten (siehe Seite 96) direkt untereinander.

18 Die ersten zwei Fäden von links auslassen und mit den nächsten vier Fäden noch zwei Kreuzknoten übereinander knüpfen. Dadurch bleiben rechts zwei Fäden unbenutzt.

19 Nehmen Sie zwei weitere Fäden, falten Sie sie in der Mitte und bringen Sie sie wieder mit dem Ankerstich an Ihrem Stickring an, um dann mit diesen vier Fäden zwei Kreuzknoten direkt untereinander zu knüpfen.

20 Nehmen Sie die zwei Fäden, die auf der rechten Seite in Schritt 18 nicht verwendet wurden, und binden Sie zwei Kreuzknoten mit den beiden links liegenden Fäden, die in Schritt 19 dazugekommen sind.

21 Fügen Sie immer weiter zwei Fäden gleichzeitig hinzu und arbeiten Sie immer gegen den Uhrzeigersinn, während Sie Schritt 19 und 20 folgen, bis Sie einmal rund um Ihren Ring herumgekommen sind. Die letzte Verbindung geschieht mit den Fäden, die Sie in Schritt 8 links liegen gelassen haben, um alle Kreuzknoten aneinander zu befestigen.

22 Nachdem Sie dickes Garn verwendet haben, können Sie die Fransen ausbürsten und wie gewünscht zuschneiden. Ich habe einfach den Kreis nachempfunden. Haarspray kann helfen, wenn die Fransen ein bisschen strubbelig sind.

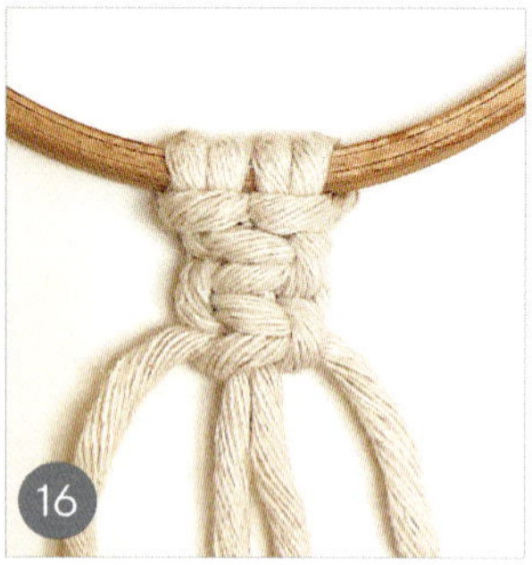

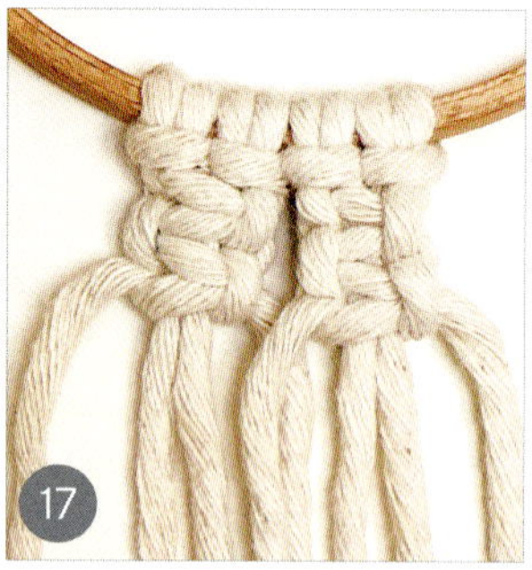

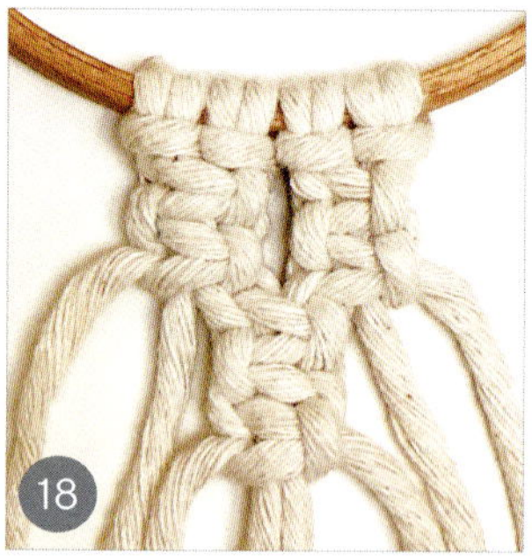

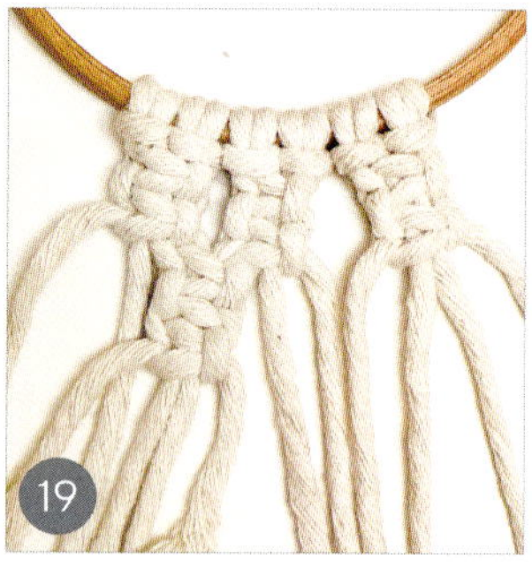

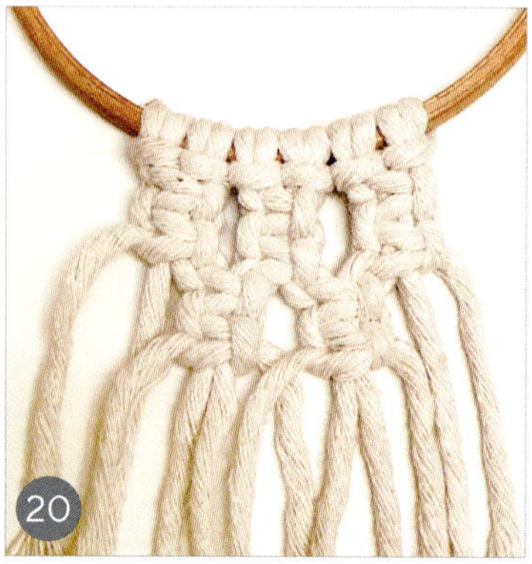

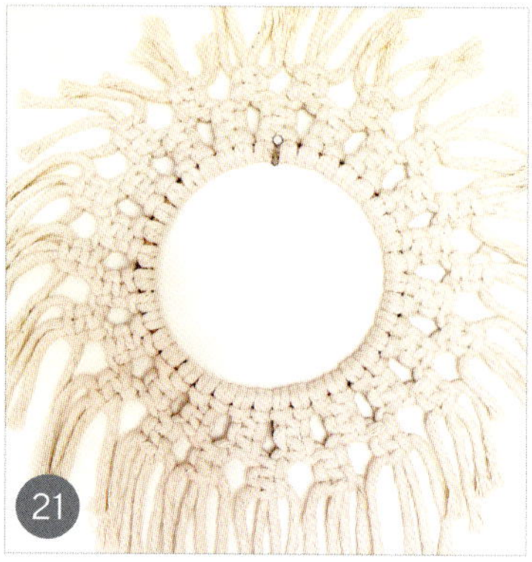

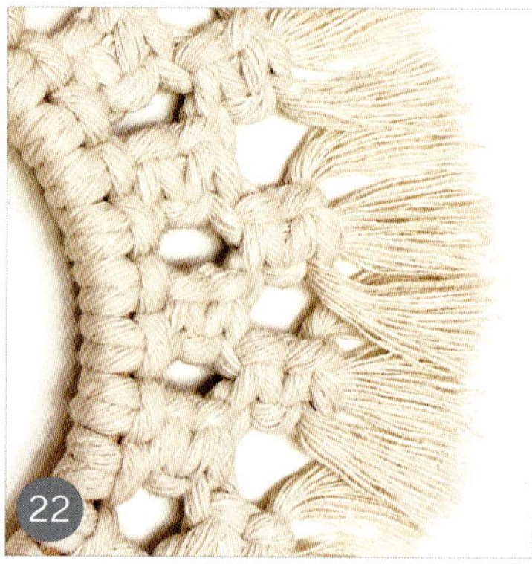

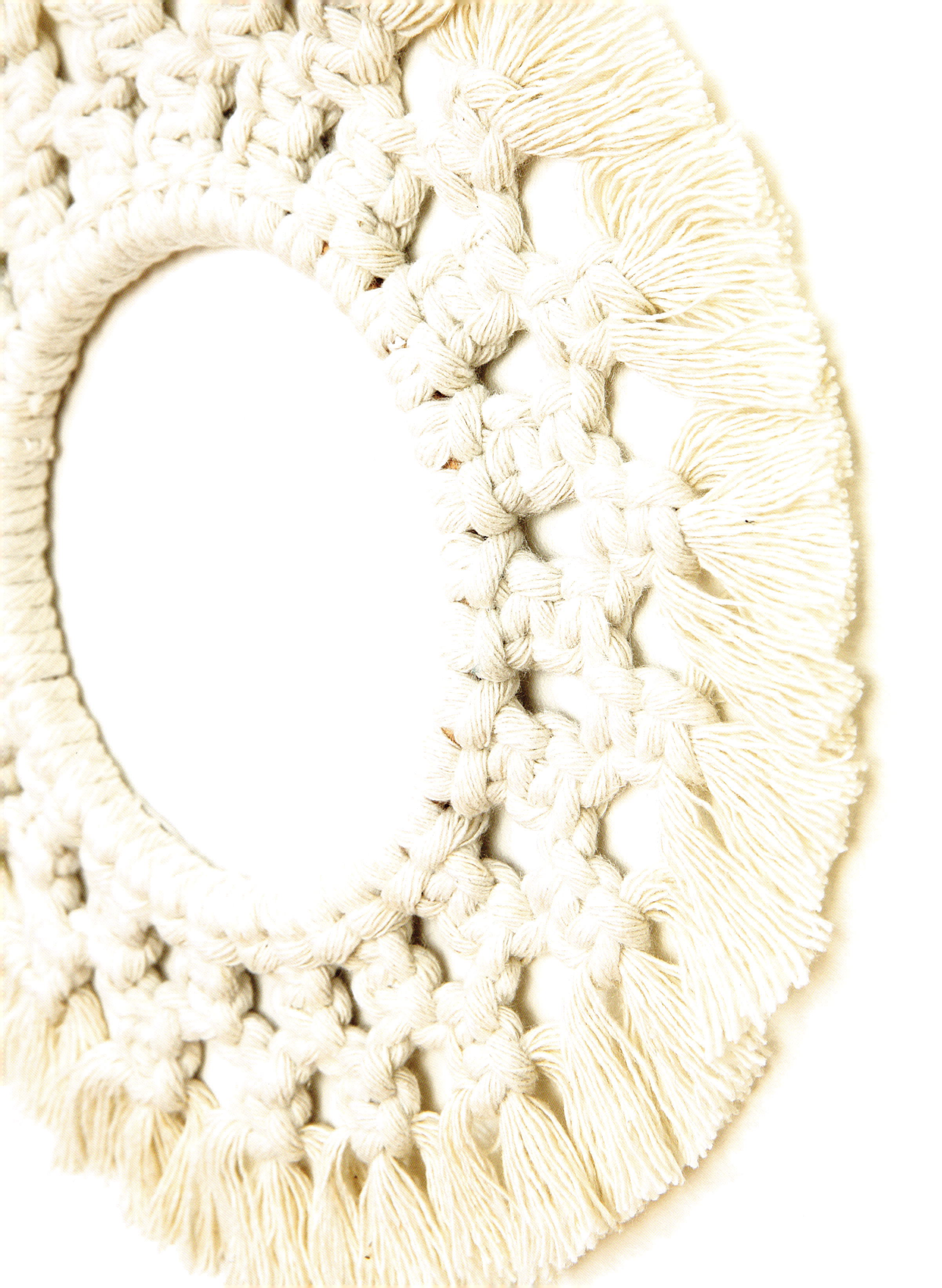

WOLLMANDALA MIT QUASTEN

23 Für dieses Design habe ich zwei Stickrahmen an einer Stelle aneinandergeklebt und 4-fädige Wolle verwendet. Schneiden Sie 16 Längen Wolle zu je 2,5 m zu, falten Sie jedes Stück in der Mitte und bringen Sie sie alle mit dem Ankerstich (siehe Seite 94) an dem kleineren Ring an.

24 Binden Sie mit den ersten vier Fäden einen Kreuzknoten (siehe Seite 96). Knüpfen Sie mit den nächsten vier Fäden einen Kreuzknoten und arbeiten Sie weiter, sodass Sie in Summe acht Kreuzknoten unter Verwendung aller Fäden an der Unterseite des kleinen Rings knüpfen.

25 Lassen Sie die ersten beiden Wollfäden aus, binden Sie dann einen Kreuzknoten mit den nächsten vier Fäden. Die ganze Reihe entlang weiter Kreuzknoten knüpfen, bis am Ende zwei Wollfäden auf der rechten Seite übrigbleiben.

26 Beginnen Sie die nächste Reihe Kreuzknoten, indem Sie die beiden linken Fäden, die in Schritt 25 nicht verwendet wurden, und die beiden darauffolgenden miteinander verknoten. Dies führt erneut zu einer Reihe aus acht Kreuzknoten, in der alle Wollfäden verwendet werden.

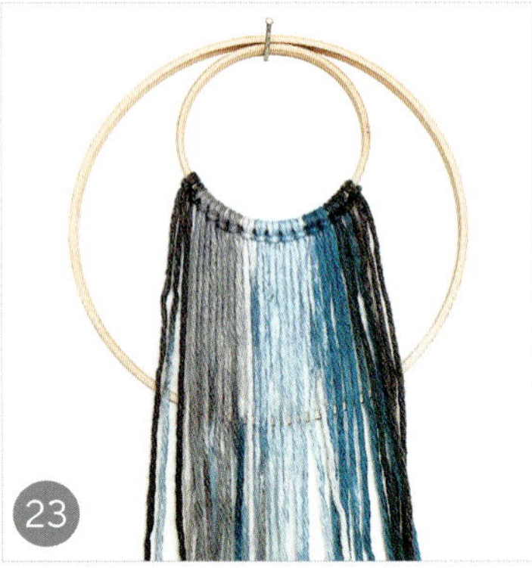

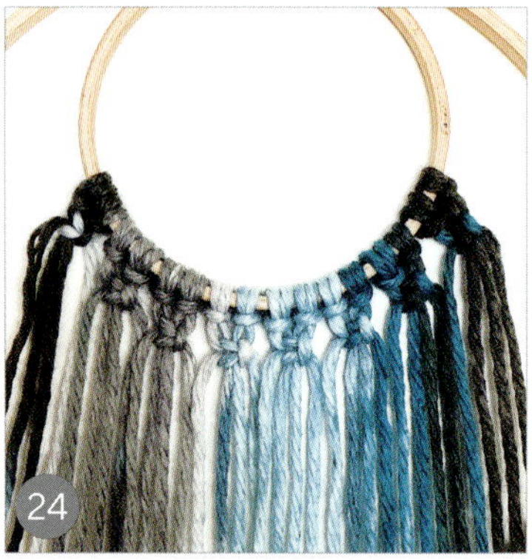

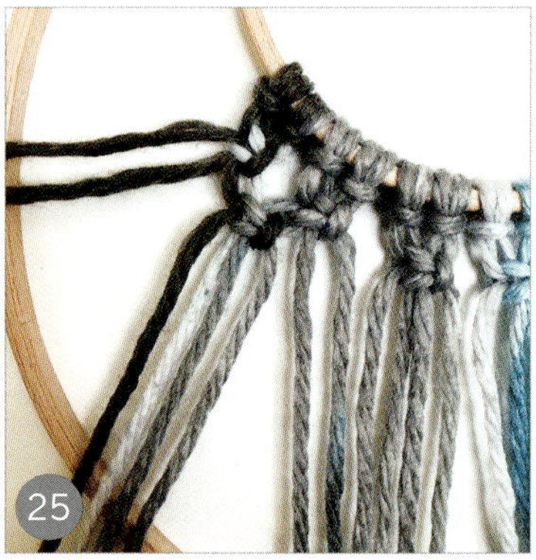

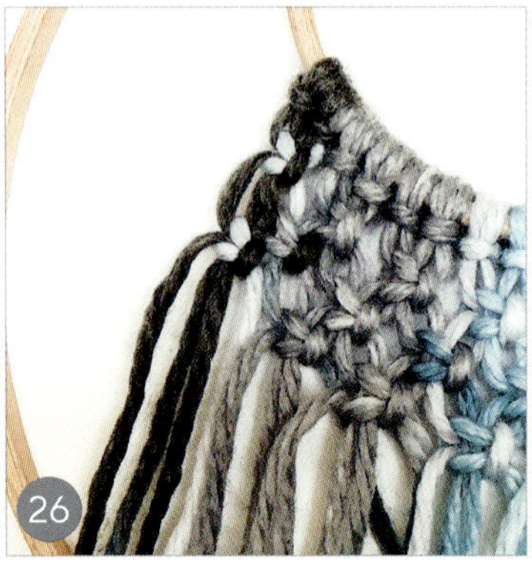

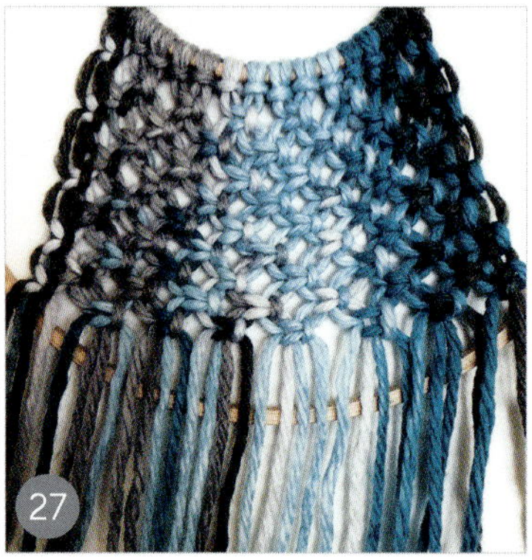

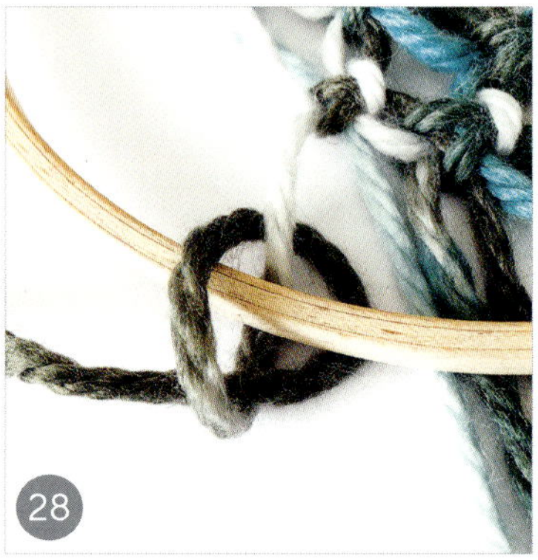

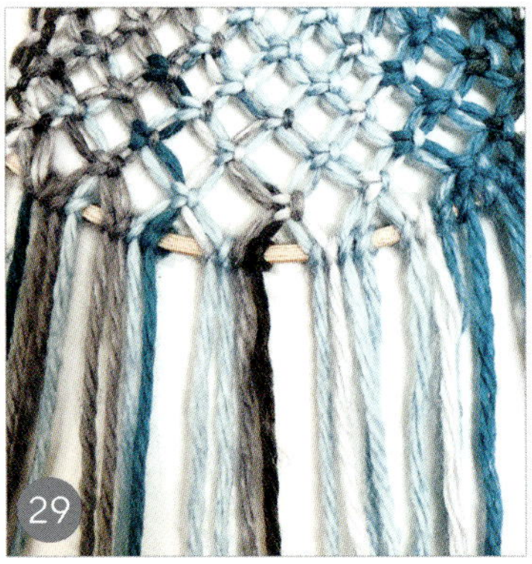

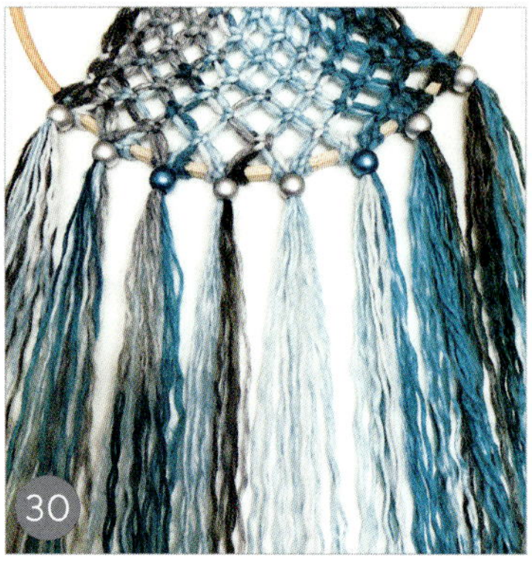

27 Wiederholen Sie weiterhin die Schritte 25 und 26, um alternierende Reihen aus Kreuzknoten zu knüpfen, bis Sie unten an den größeren Ring gelangen. Wolle ist sehr dehnbar, für einen offeneren Effekt sollten Sie der Unterseite also nicht zu nahekommen, damit Sie die Wolle festziehen können.

28 Ich habe von links nach rechts gearbeitet, also ganz links damit begonnen, den Faden hinter den Ring zu führen. Ziehen Sie das Ende herum auf die Vorderseite des Rings, führen es dann hinter sich selbst und zurück hinter den Ring, dann stecken Sie das Ende durch die so entstandene Schlinge an der Unterseite des Rings und ziehen Sie es fest, um es an Ort und Stelle zu halten.

29 Wiederholen Sie Schritt 28, um jeden einzelnen Faden unten an den Stickring zu binden, und kontrollieren Sie dabei die Spannung der Wolle, damit die Löcher zwischen den Kreuzknoten gleichmäßig verteilt sind.

30 Für den letzten Schliff habe ich Stickperlen an jeder Vierergruppe angebracht, sie jedoch angeklebt, anstatt einen Knoten zu binden, damit die Fransen hübsch gerade bleiben.

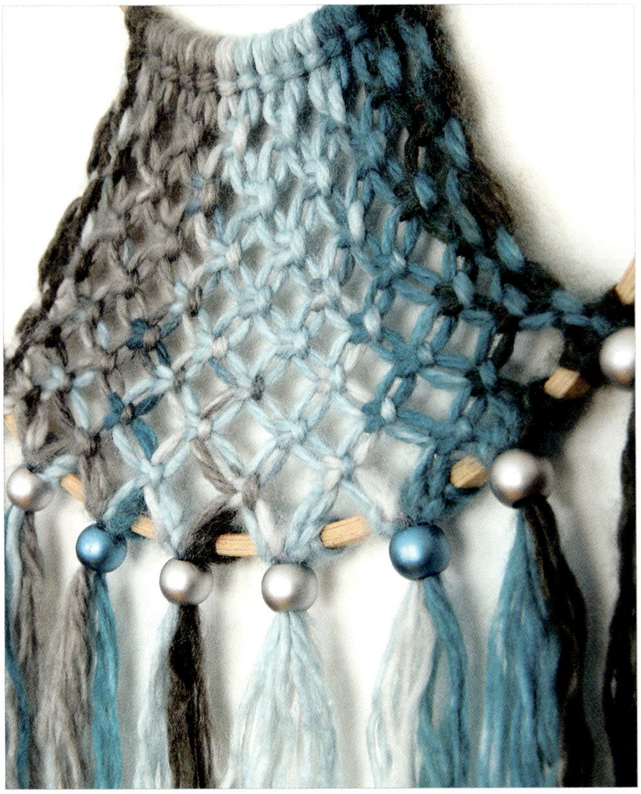

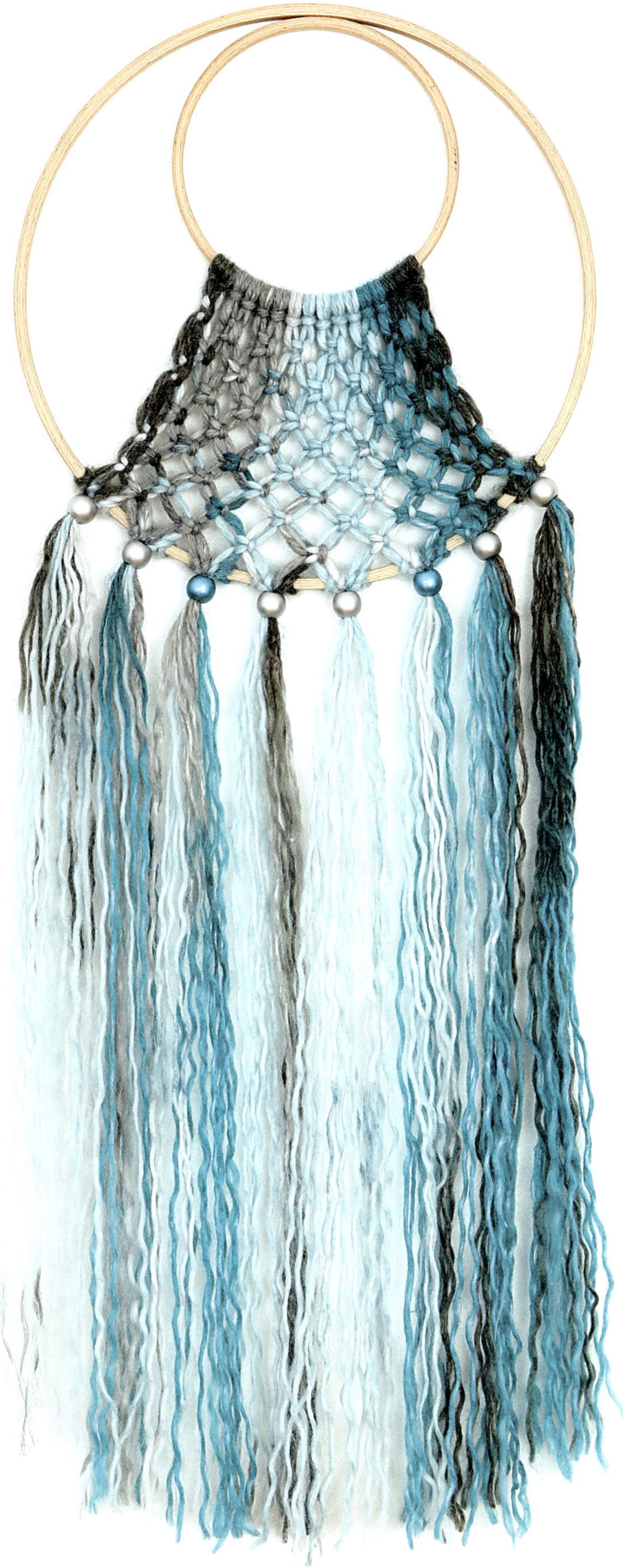

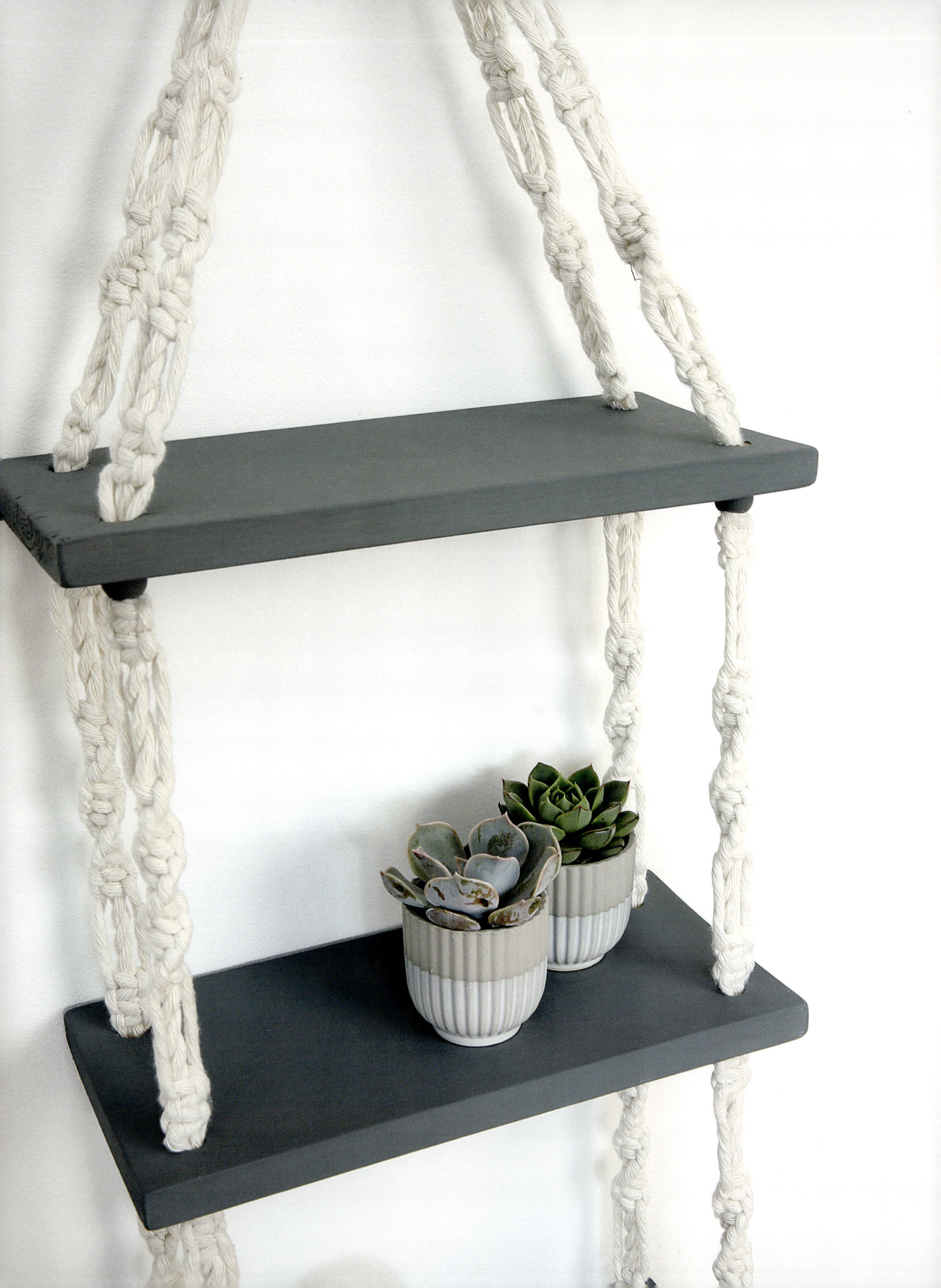

Schickes Regal

Tansy Wilson

Makramee ist berühmt für Blumenampeln und dieses Werkstück basiert auf dem gleichen Prinzip, aber durch die Regalfächer erhält es eine moderne Note. Sobald Sie die Makrameeknoten gemeistert haben, sind die Gestaltungsmöglichkeiten für dieses Projekt schier endlos!

SIE BENÖTIGEN

- Makrameegarn, 4 mm
- Vorhangring, 50 mm Durchmesser
- gehobeltes Brett, 120 x 15 x 2 cm
- Bohraufsatz, 10 mm, und elektrische Bohrmaschine oder Handbohrer
- Handsäge
- Schleifpapier
- Schere
- Kamm

Optional

- Farbe und Pinsel
- 12 Holzperlen, Durchmesser 18 mm (oder Dübel, 18 mm)

1 Schneiden Sie die drei Regalbretter auf die gewünschte Größe zu. Meine messen 35 x 15 x 2 cm und wurden allesamt aus einem 120 cm langen Stück geschliffenen Holz zugeschnitten. Schleifen Sie die Kanten mit dem Schleifpapier glatt und bohren Sie ein 10 mm großes Loch in jede Ecke der Bretter. Sie können jedes Regalbrett streichen oder natürlich lassen.

2 Schneiden Sie 8 Längen des 4 mm dicken Makrameegarns zu je 6 m Länge zu und fädeln Sie jedes Stück zur Hälfte durch den Vorhangring, sodass Sie 16 Garnlängen zu je 3 m vor sich haben. Falls Sie die Regalbretter gestrichen haben, wäre es ein hübsches Detail, auch den Vorhangring passend zu streichen.

3 Versuchen Sie, Ihre Fäden so anzuordnen, dass vier auf den weiteren vier zu liegen kommen. Nehmen Sie dann einen Faden des linken hinteren Paars und einen aus dem rechten hinteren Paar und knüpfen Sie einen Kreuzknoten (siehe Seite 96). Ziehen Sie sachte, damit sich die untenliegenden Fäden nicht verschieben.

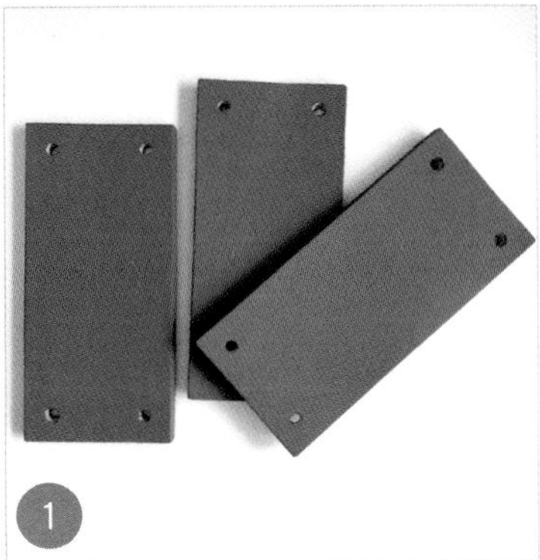

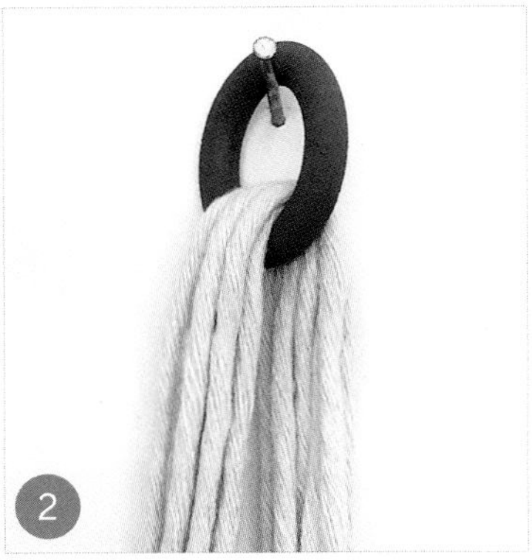

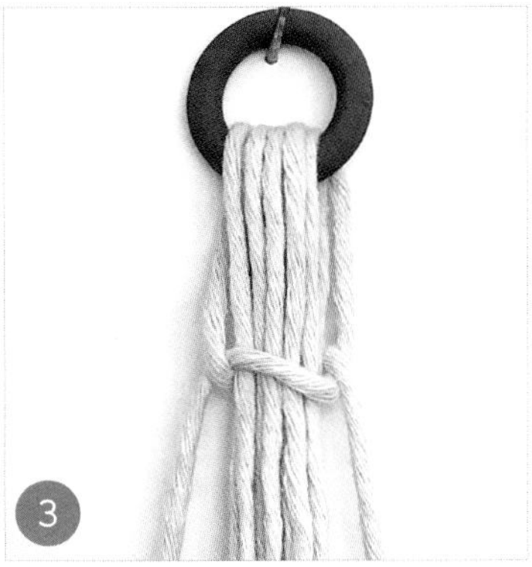

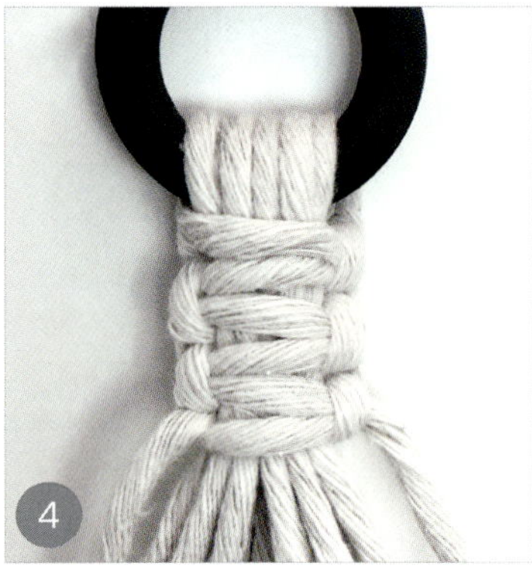
4

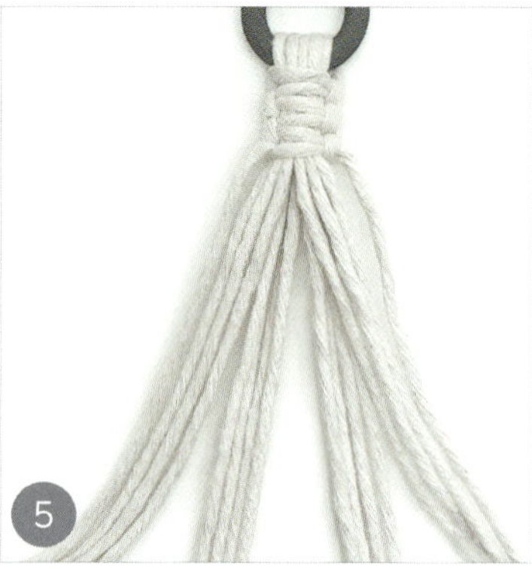
5

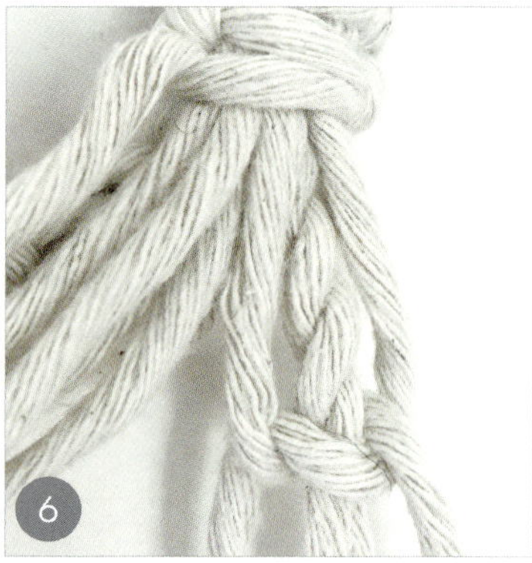
6

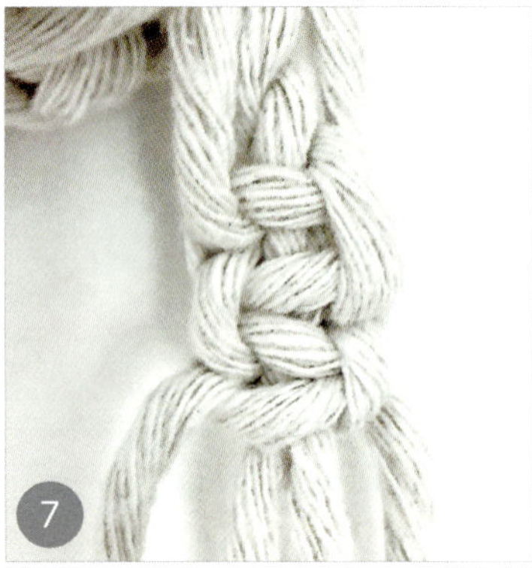
7

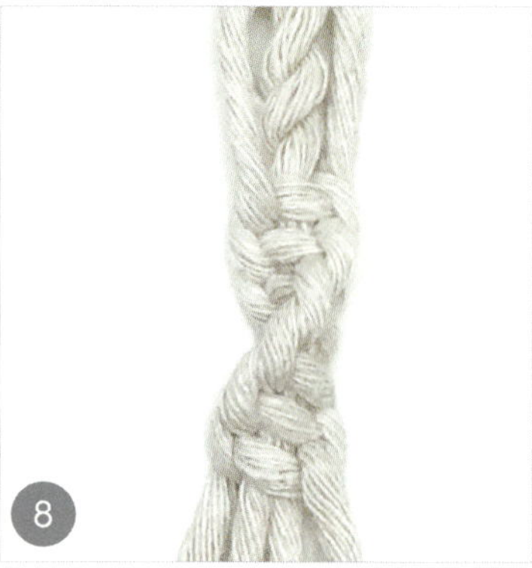
8

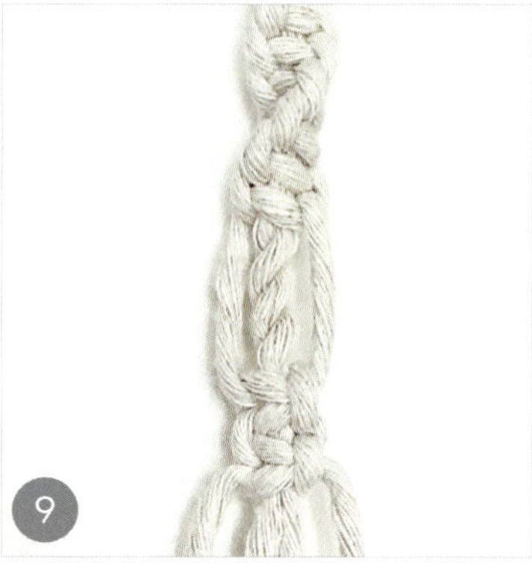
9

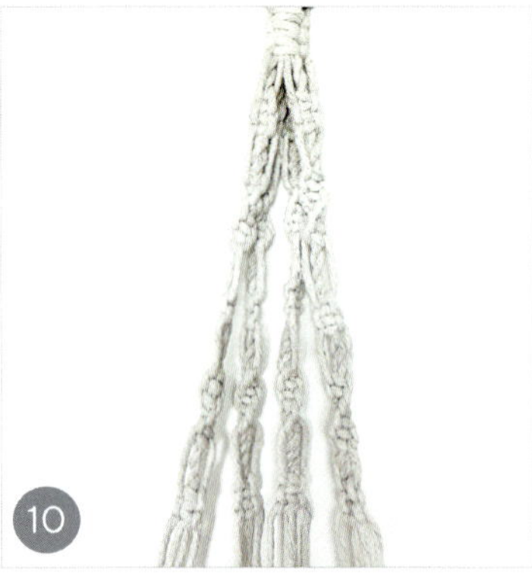
10

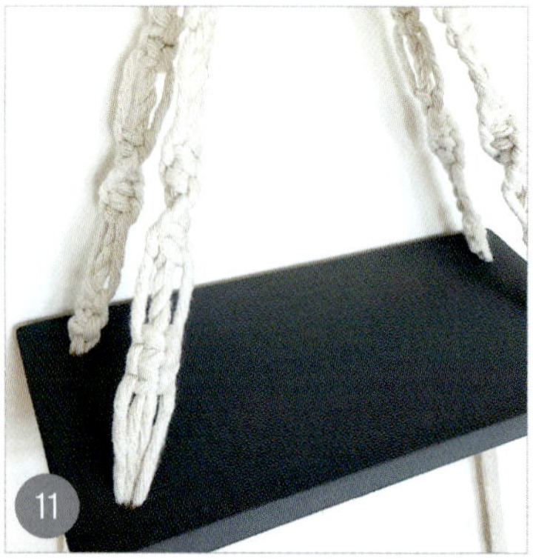
11

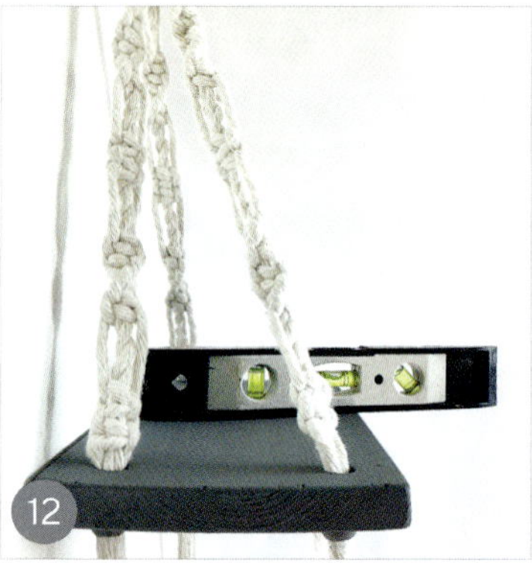
12

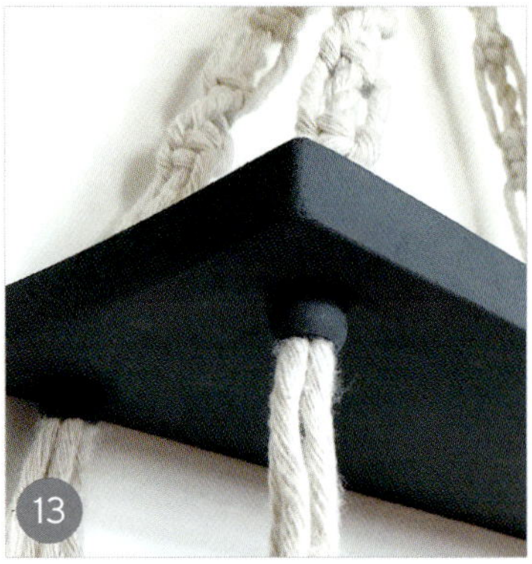
13

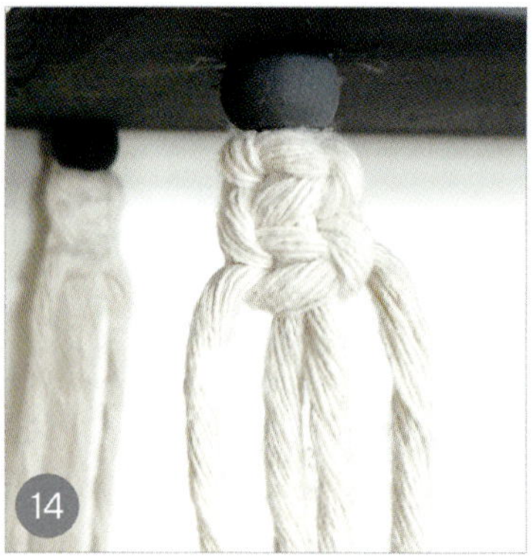
14

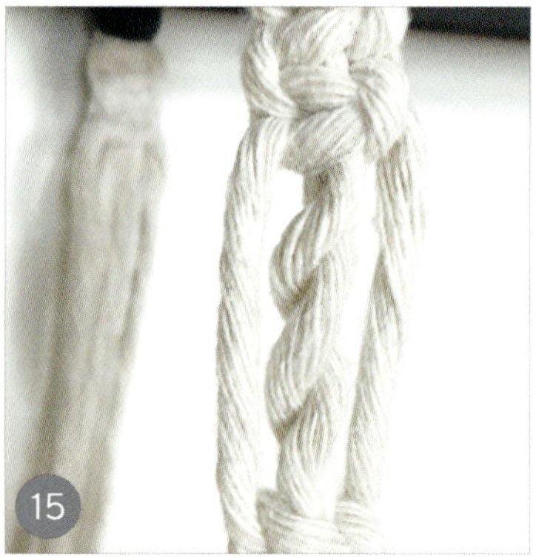
15

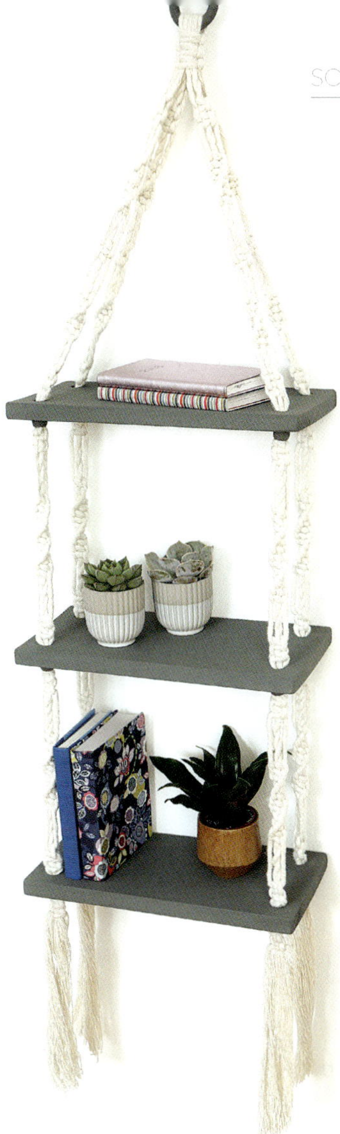

4 Den Kreuzknoten fertigstellen und darauf achten, dass er eng unter dem Vorhangring sitzt. Knüpfen Sie danach über alle Fäden zwei weitere Kreuzknoten direkt darunter.

5 Teilen Sie die 16 Fäden in vier Gruppen zu je vier Stück und breiten Sie sie aus, damit sie sich nicht verheddern. Versuchen Sie, darauf zu achten, dass die Fäden einander nicht zu sehr überlappen, dann sieht es weit ordentlicher aus. Es ist hilfreich, das gesamte Werkstück aufzuhängen, um die Maße und Höhen so gut wie möglich einzuschätzen.

6 Sie können nun mit Ihrer ersten Gruppe aus vier Fäden beginnen. Legen Sie sie ausgebreitet auf, damit sie nicht verheddern, picken Sie die beiden mittleren heraus und verdrehen Sie sie einige Male miteinander. Während Sie die Verdrehung festhalten, nehmen Sie die beiden äußeren Fäden und beginnen Sie etwa 4 cm unter dem Vorhangring mit einem Kreuzknoten.

7 Stellen Sie den Kreuzknoten fertig und knüpfen Sie einen weiteren direkt darunter.

8 Drehen Sie die mittleren beiden Fäden ein paar Mal ein und beginnen Sie mit einem weiteren Kreuzknoten etwa 4 cm unter der Unterseite des letzten Kreuzknotens. Diesmal beenden Sie ihn jedoch nicht, sondern wiederholen dieselbe Knüpfrichtung, damit der Kreuzknoten beginnt, sich selbst zu verdrehen. Knüpfen Sie den halben Kreuzknoten (siehe Seite 98) noch sechsmal für eine vollständige Umdrehung.

9 Nehmen Sie die beiden mittleren Fäden, die unten aus der Verdrehung herausschauen, verdrehen Sie sie wieder einige Male miteinander und knüpfen Sie zwei Kreuzknoten etwa 4 cm darunter.

10 Wiederholen Sie die Methode aus den Schritten 6–9 für jede Gruppe aus vier Fäden. Der Trick ist es, zu versuchen, sie so gleich wie möglich zu bekommen, aber setzen Sie sich nicht zu sehr unter Druck, da sie noch ein bisschen angepasst werden können, wenn das Regal weiter fortgeschritten ist.

11 Nehmen Sie Ihr erstes Regalbrett und führen Sie die vier Fäden hinten links durch das Loch hinten links, dann die vier Fäden hinten rechts durch das Loch hinten rechts usw., bis Sie alle Fäden durch die Löcher Ihres Regals gesteckt haben.

TOP-TIPP

Mit einer Wasserwaage finden Sie am leichtesten heraus, ob jedes Regalbrett perfekt in der Waage ist.

12 Da Ihr Regal an einem Nagel in der Wand hängen wird, müssen Sie die vorderen Fäden länger gestalten als die hinteren, damit das Regal in die Waage kommt. Ziehen Sie die Seile von der Unterseite des Regalbrettes, bis es so gerade wie möglich ist.

13 Sie können nun einen Knoten binden, um das Regal in seiner Position zu befestigen. Wenn Sie eine gute Heimwerkerin sind, können Sie aber auch ein 10 mm großes Loch in eine große Holzperle bohren. Alternativ können Sie das 10 mm große Loch auch oben in einen hölzernen Stab bohren und dann in 10 mm lange Stücke schneiden, um Donut-förmige Perlen zu erhalten, was dem Werkstück ebenfalls ein gewisses Extra verleiht.

14 Unabhängig davon, ob Sie einen Knoten geknüpft oder eine Holzperle verwendet haben, arbeiten Sie nun weiter mit einer Gruppe aus vier Fäden und knüpfen Sie zwei Kreuzknoten aufeinander.

15 Verdrehen Sie die beiden mittleren Fäden einige Male miteinander, dann beginnen Sie etwa 4 cm darunter mit einem Kreuzknoten.

16 Wie in Schritt 8 beenden Sie den Kreuzknoten nicht, sondern knüpfen erneut in dieselbe Richtung (Wellenknoten), damit die Knoten sich spiralförmig nach unten drehen. Wiederholen Sie diesen Vorgang 12-mal, um eine hübsche Spirale zu erhalten.

17 Verdrehen Sie die mittleren beiden Fäden einige Male miteinander und knüpfen Sie zwei Kreuzknoten etwa 4 cm darunter.

18 Nehmen Sie Ihr zweites Regalbrett und schieben Sie jede der vier Makrameekordeln durch die entsprechenden Löcher des Fachbretts. Adjustieren Sie erneut die Höhe, wo nötig, und binden Sie Knoten oder verwenden Sie hölzerne Donut-Perlen, um das Brett in seiner Position zu befestigen.

19 Wiederholen Sie die Schritte 14–18, um die letzten dekorativen Halterungen zu gestalten und das letzte Regalbrett hinzuzufügen.

20 Knüpfen Sie zwei weitere Kreuzknoten direkt unter Ihren Knoten oder Perlen und schneiden Sie die überschüssigen Fäden mit der Schere zu. Ich habe mich für hübsche, lange Quasten entschieden, die ich ausgekämmt habe, um ein ausgewogenes Design zu erhalten.

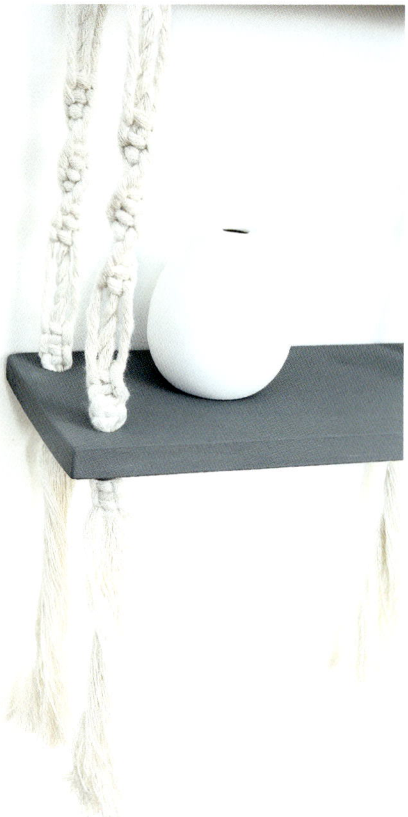

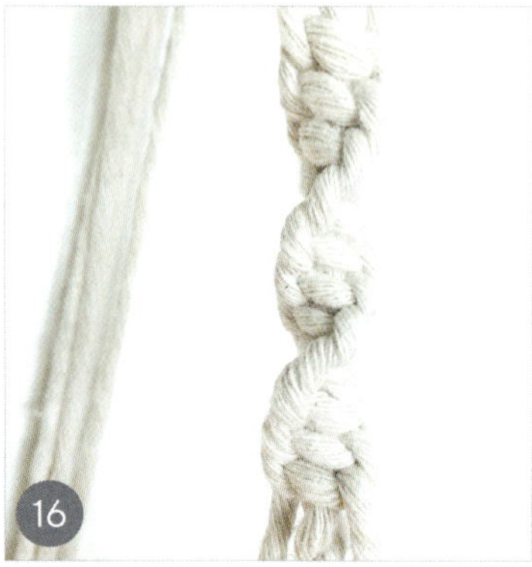

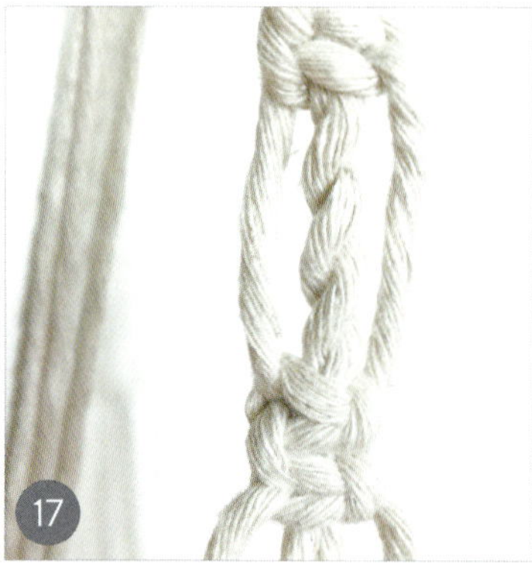

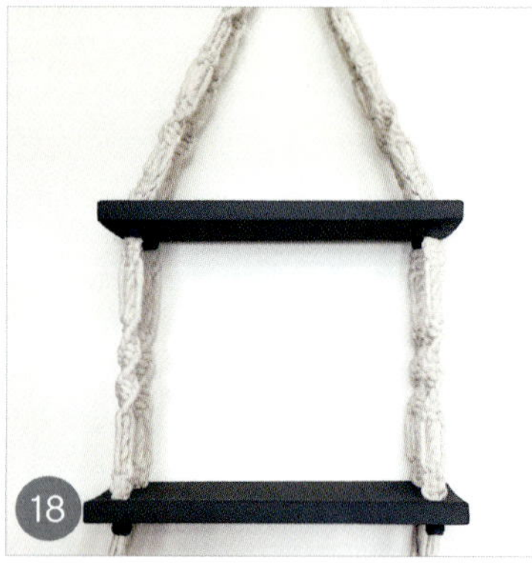

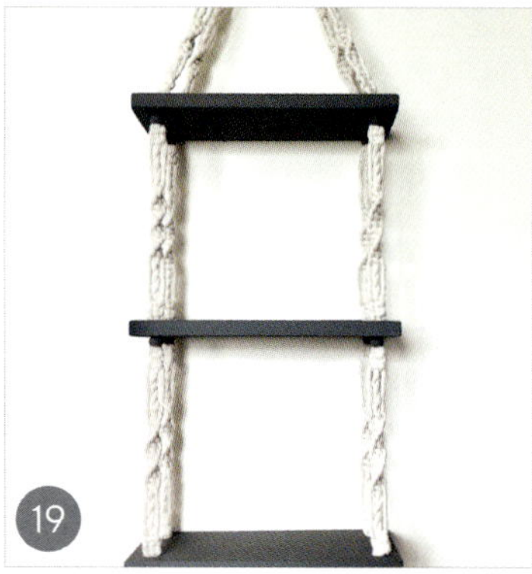

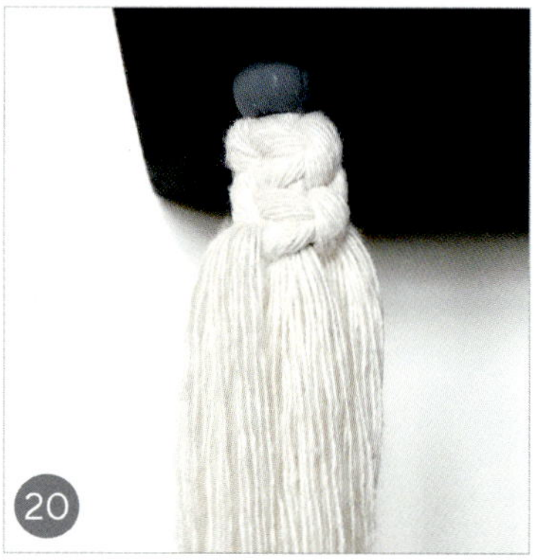

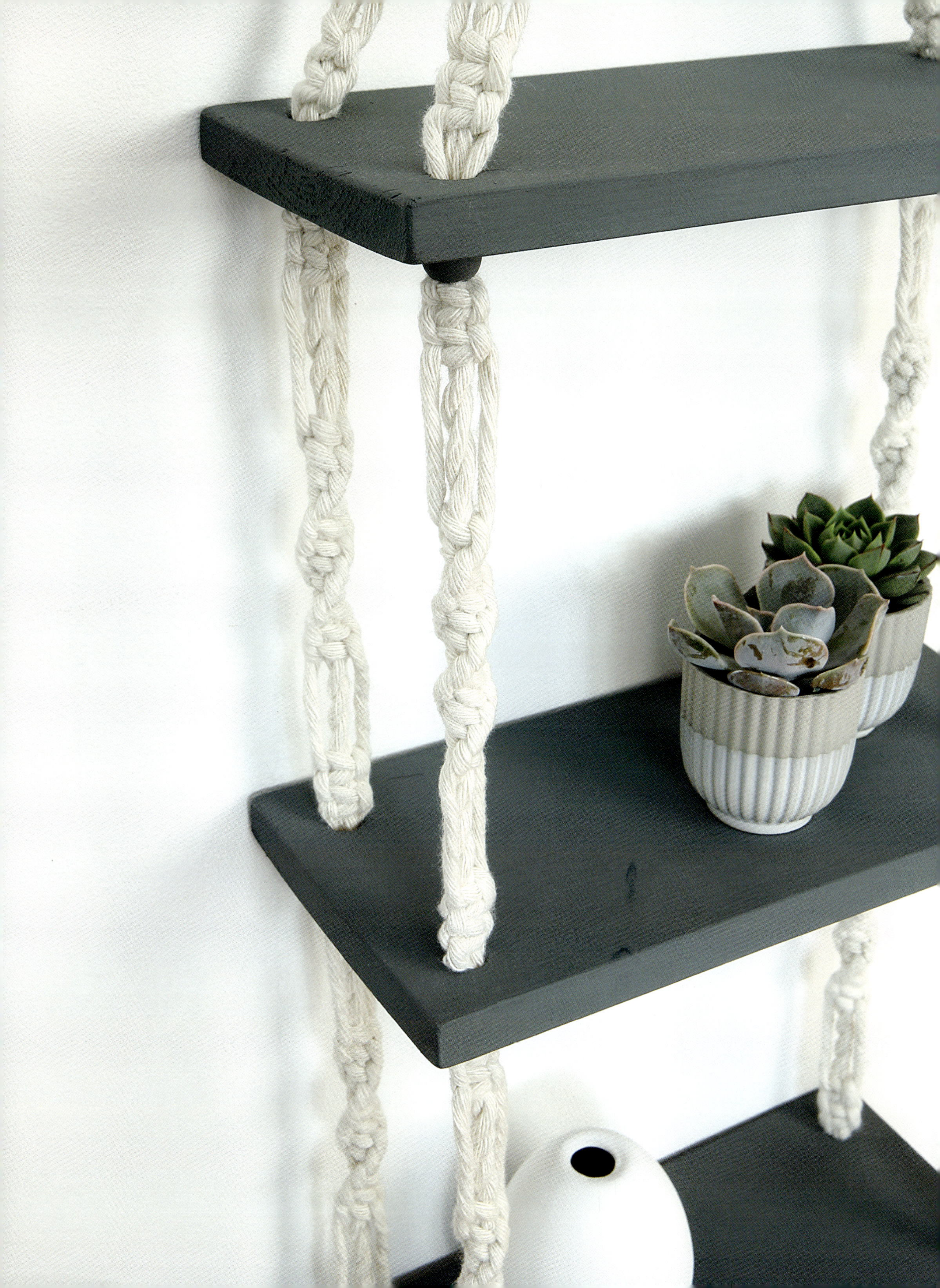

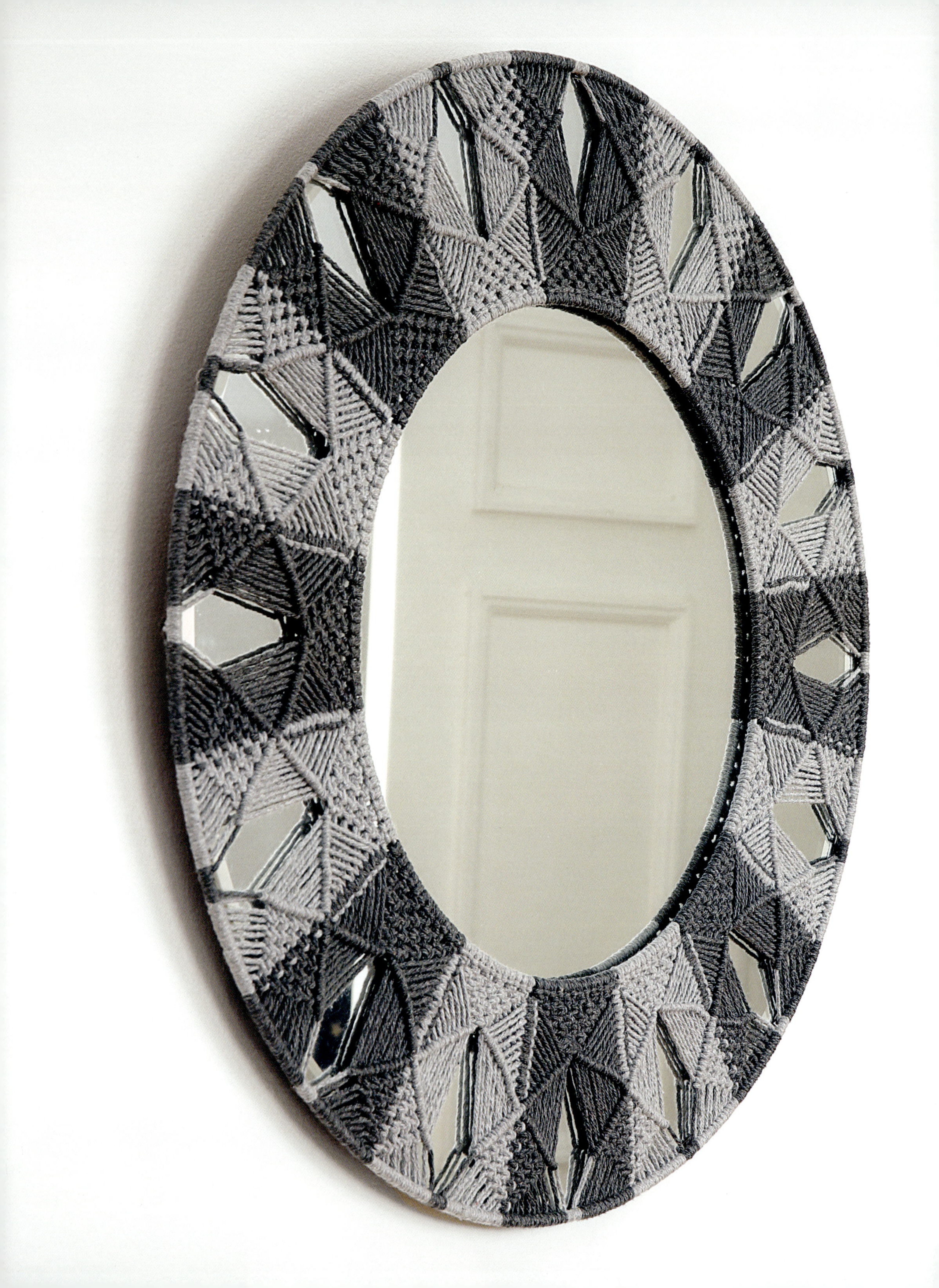

Geometrischer Spiegel

Sian Hamilton

Dieser Spiegel sieht atemberaubend an der Wand aus, aber es ist einiges an Geduld und Zeit notwendig, um ihn herzustellen. Übereilen Sie dieses Werkstück nicht, da die Knoten präzise geknüpft werden wollen. Dieses Muster ist komplex und setzt voraus, dass Sie bereits über einiges Wissen über Makramee verfügen.

SIE BENÖTIGEN

- Metallringe, 2 x ⌀ 35 cm und 1 x ⌀ 50 cm
- Makrameegarn, 2 mm, in zwei kontrastierenden Farben (ich habe Welcome Yarn von Barbante in Grau und Hellgrau verwendet)
- Runder Spiegel, ⌀ 50 cm (z. B. Spiegelfliese)
- Superkleber
- Schere

1 Für dieses Design benötigen Sie drei Ringe. Sie müssen aus Metall sein, damit sie das Gewicht des Spiegels tragen und der Spannung, der sie durch das Makramee ausgesetzt sind, standhalten können. Die Gesamtgröße dieses Spiegels beträgt 50 cm: Ein Ring muss gleich groß wie der Spiegel und zwei Ringe müssen als innere Ringe kleiner sein. Einer davon verläuft vorne, der andere hinten.

2 Für dieses Werkstück benötigen Sie eine Menge Garn! Schneiden Sie 96 Längen zu je 1 m in beiden Farben zu. Sie haben dann insgesamt 192 Längen. Gruppieren Sie sie zu 16 Strängen zu je 12 Längen. Falten Sie dann die Fäden in der Mitte und bringen Sie sie an dem 35 cm großen Ring mit dem Ankerstich (siehe Seite 94) an. Dabei die Farben abwechseln. Am Ende sollten Sie acht Abschnitte zu je zwölf doppelt genommenen Strängen, also 24 Fäden pro Abschnitt, vor sich haben.

3 Beginnen Sie mit einem dunkelgrauen Abschnitt. Schieben Sie die hellgrauen Fäden an jeder Seite aus Ihrem Arbeitsbereich beiseite, damit Sie mehr Platz haben. Knüpfen Sie eine Reihe mit sechs Kreuzknoten (siehe Seite 96). Dabei sollten alle Fäden des dunkelgrauen Bereichs verwendet werden.

4 Überspringen Sie die beiden äußeren Fäden und knüpfen Sie eine weitere Reihe Kreuzknoten, sodass diese zwischen den darüberliegenden Knoten zu liegen kommen.

5 Wiederholen Sie die Reihen mit den Kreuzknoten und überspringen Sie dabei jedes Mal zwei Fäden, um ein Dreieck zu knüpfen.

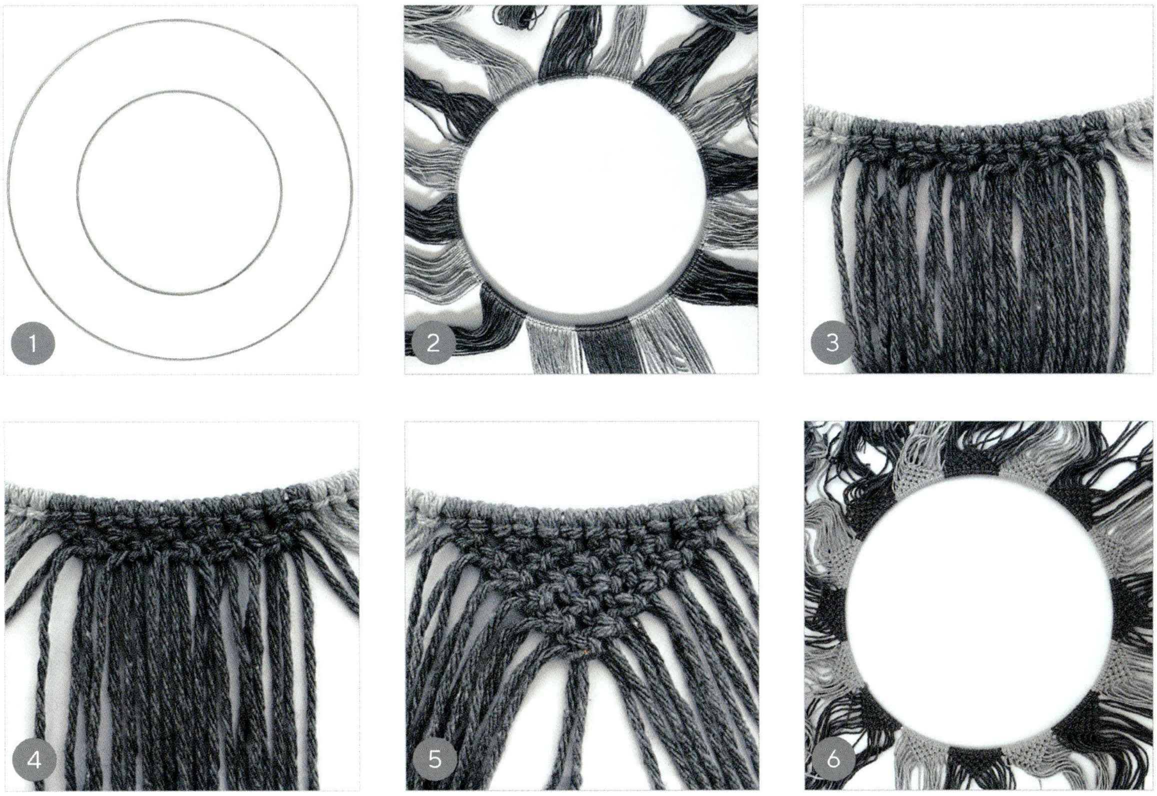

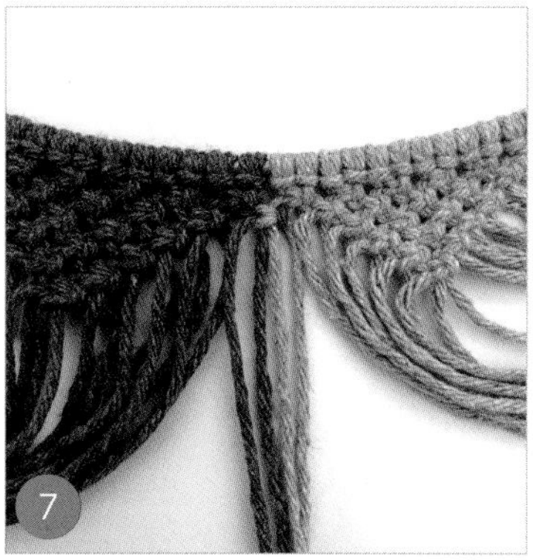
7

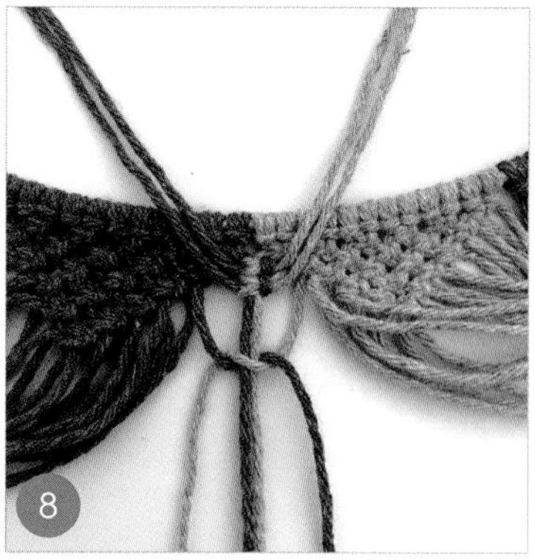
8

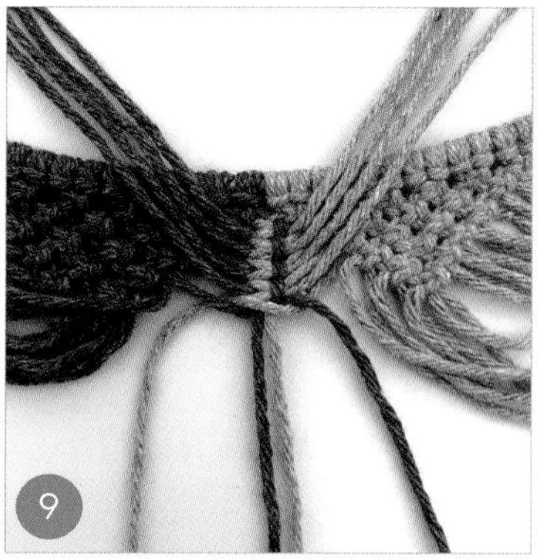
9

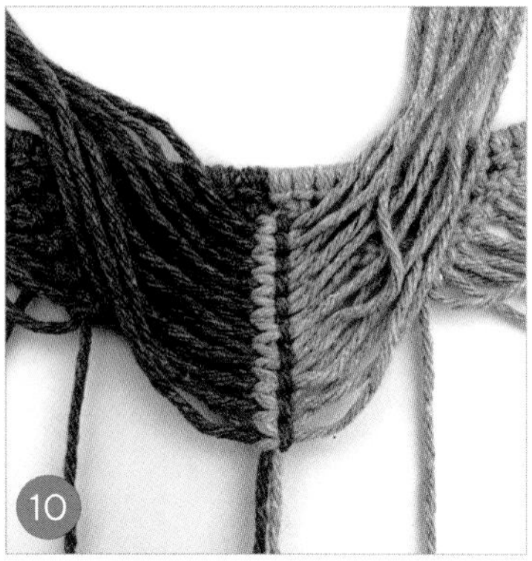
10

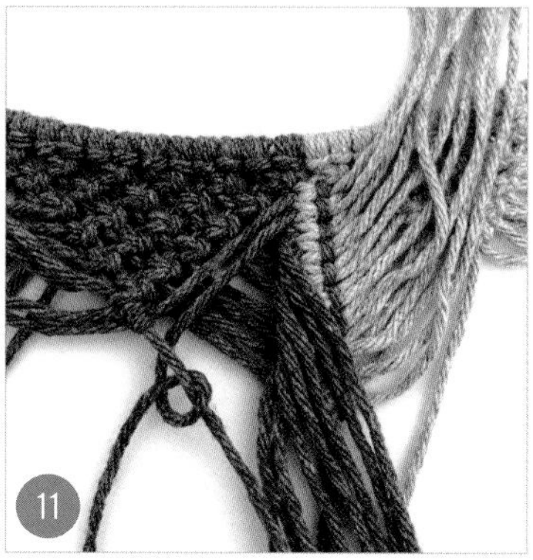
11

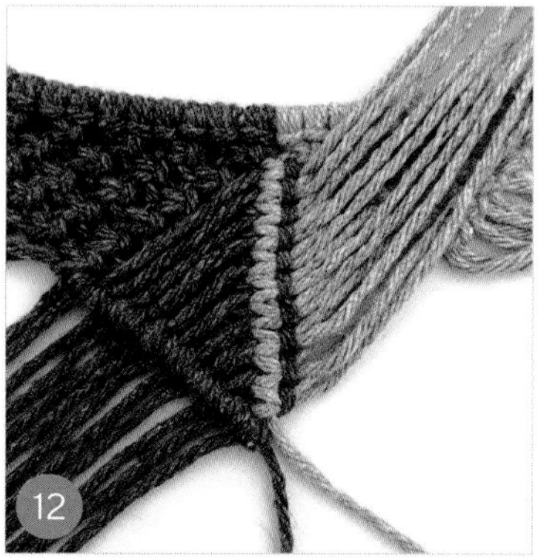
12

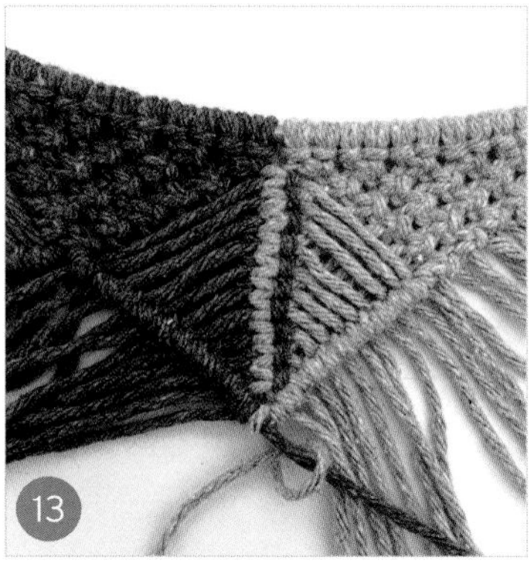
13

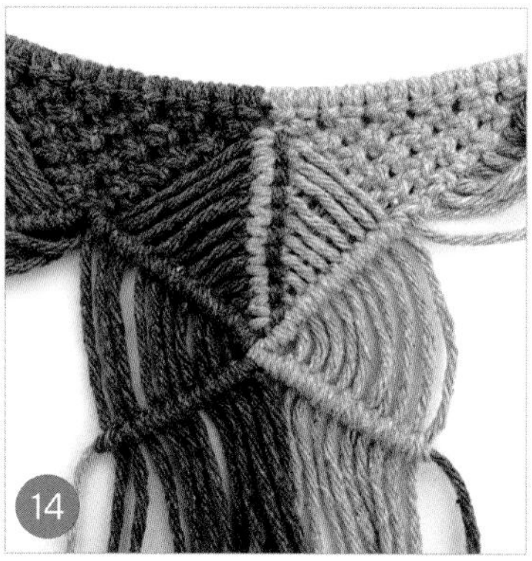
14

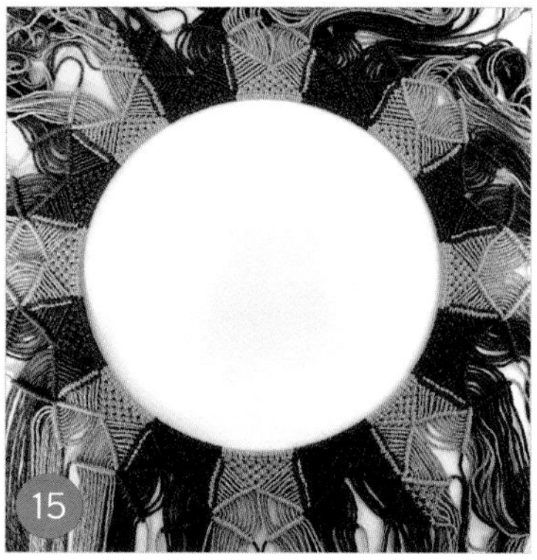
15

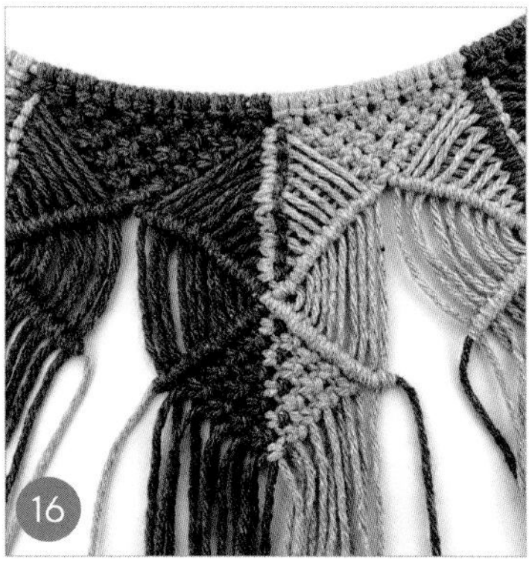
16

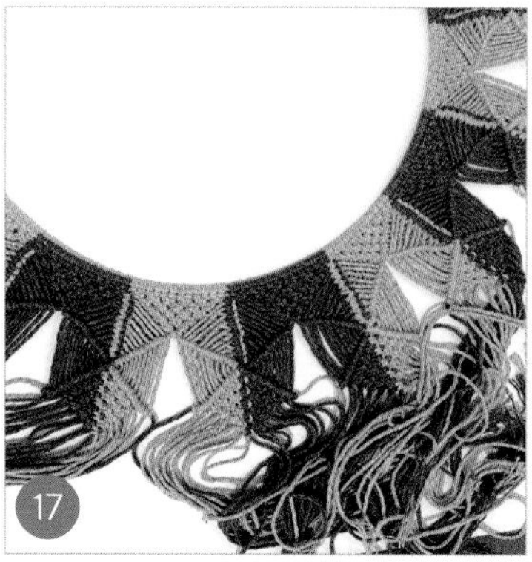
17

6 Bilden Sie rund um den Ring mit allen Farbabschnitten identische Dreiecke.

7 Legen Sie den Ring so auf, dass zwei Dreiecke zu Ihnen zeigen (dunkelgraues links und hellgraues rechts), nehmen Sie die äußeren, nebeneinanderliegen Fäden (oben beim Metallring) jeder Farbe auf. Dies werden die Trägerfäden (Fäden, um die Sie die Knoten knüpfen) für eine Säule aus Kreuzknoten. Nehmen Sie den nächsten Faden an jeder Seite auf und knüpfen Sie den ersten Kreuzknoten. Sie werden sehen, dass dieser Knoten eine Mischung aus beiden Farben ist.

8 Um die Säule zu knüpfen, nehmen Sie den nächsten Faden unten an jeder Seite (diese werden Arbeitsfäden genannt) und binden einen Kreuzknoten. Achten Sie darauf, die Fäden nur so fest wie nötig anzuziehen, um die Knoten flach zu halten.

9 Ziehen Sie die Fäden zu fest, beginnt die Säule, sich zu wellen. Falls Ihnen das passiert, lösen Sie die Arbeitsfäden behutsam, bis alles wieder flachliegt. Während Sie nach unten hin arbeiten, legen Sie die Arbeitsfäden des darüberliegenden Kreuzknotens beiseite, damit Sie genau sehen können, was Sie tun.

10 Verwenden Sie alle Fäden von den Rändern der Dreiecke. Nehmen Sie jedoch nicht die Trägerfäden des letzten Kreuzknotens unten am Dreieck. Wenn Sie alle verfügbaren Fäden verwendet haben, haben Sie zehn Kreuzknoten vor sich. Sollten Sie elf haben, lösen Sie den letzten, denn dann haben Sie einen zu weit geknüpft.

11 Für den nächsten Schritt knüpfen Sie eine Reihe aus Rippenknoten (siehe Seite 99) mit den Arbeitsfäden der Säule aus Schritt 10. Nehmen Sie den rechten Trägerfaden unten links aus dem Kreuzknoten in dem dunkelgrauen Dreieck.

Legen Sie alle dunkelgrauen Fäden von der linken Seite der Säule hinüber nach rechts, damit Sie sehen können, was Sie tun. In diesem Werkstück gibt es so viele Fäden, dass Sie Ihren Arbeitsbereich klar abgrenzen sollten, da es so leichter wird, den richtigen Faden zu ergreifen.

Nehmen Sie den dunkelgrauen Faden des ersten Kreuzknotens an der Säule auf und binden Sie einen Rippenknoten.

12 Mit jedem der dunkelgrauen Fäden links der Säule wiederholen. Versuchen Sie, die Rippenknotenreihe so gerade wie möglich zu halten. Stellen Sie sie mit dem linken Trägerfaden (er sollte dunkelgrau sein) der Säule fertig. Sie sollten alle farblich zusammengehörigen Fäden aufgebraucht haben. Werfen Sie einen Blick auf das Foto dieses Schritts, um zu überprüfen, ob Ihre Arbeit korrekt ist.

13 Wiederholen Sie die Schritte 11–12 für die andere Seite der Säule und arbeiten Sie dabei mit den hellgrauen Fäden. Denken Sie daran, langsam und besonnen zu knüpfen und sicherzugehen, dass Sie die Fäden in der richtigen Reihenfolge benutzen. Wenn Sie das Ende der Knotenreihe erreichen, nehmen Sie den dunkelgrauen Faden auf und binden Sie den letzten Rippenknoten mit dem hellgrauen Trägerfaden von der rechten Knotenreihe (wie im Foto des Arbeitsschritts gezeigt).

14 Arbeiten Sie mit denselben Trägerfäden, um mehr Rippenknoten zu binden. Folgen Sie dem Foto des Arbeitsschritts zur Orientierung.

Sie sollten eine Kreuzform knüpfen und dieselben Fäden verwenden wie für die Reihen oben. Es kann sich schwierig gestalten, dass die Linien gerade bleiben, wenn Sie die Knoten zu fest ziehen, darum achten Sie darauf und versuchen Sie, die Linien so gerade wie möglich zu halten.

Dieser Abschnitt des Werkstücks sollte mit allen Fäden arbeiten, beginnend mit dem rechten Trägerfaden in dem dunkelgrauen (linken) Dreieck (Faden, der unten aus dem Kreuzknoten kommt) hin zum linken hellgrauen Trägerfaden in dem hellgrauen Dreieck. Haben Sie dies korrekt ausgeführt, haben Sie einen dunkelgrauen Trägerfaden auf der rechten und einen hellgrauen Trägerfaden auf der linken Seite mit der Kontrastfarbe in den Rippenknoten.

15 Wiederholen Sie die Schritte 7–14, um dasselbe Muster zwischen jedem Dreiecksabschnitt zu gestalten.

16 Knüpfen Sie eine Kreuzknoten-Raute unten in die Kreuzform hinein. Beginnen Sie mit den vier Fäden oben an der Unterseite des Kreuzes. Die beiden linken Fäden sollten dunkelgrau, die beiden rechten hellgrau sein. Binden Sie einen Kreuzknoten.

In der nächsten Reihe sollte ein dunkelgrauer Knoten links und ein hellgrauer rechts liegen. Dies erzeugt ein Ziegelmuster aus Knoten. Jede Raute sollte neun Reihen haben und jede Reihe an Knoten zunehmen, bis zu fünf Stück, und dann bis zu einem Knoten wieder abnehmen.

17 Schritt 16 in allen Abschnitten wiederholen.

TOP-TIPP

Wenn Sie eine andere Größe verwenden, achten Sie darauf, genug Rahmen zu haben, um den Spiegel an Ort und Stelle zu halten.

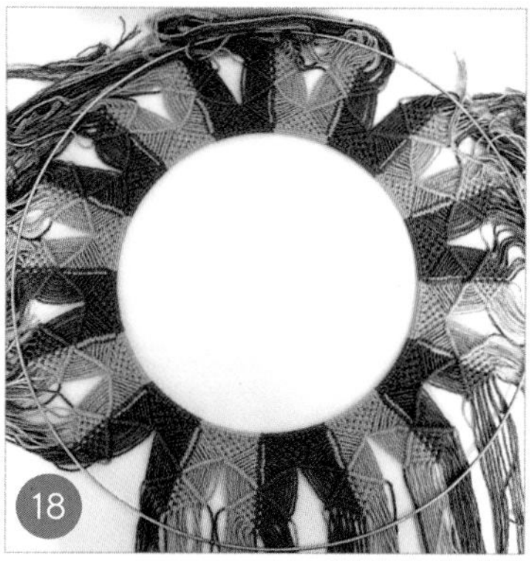

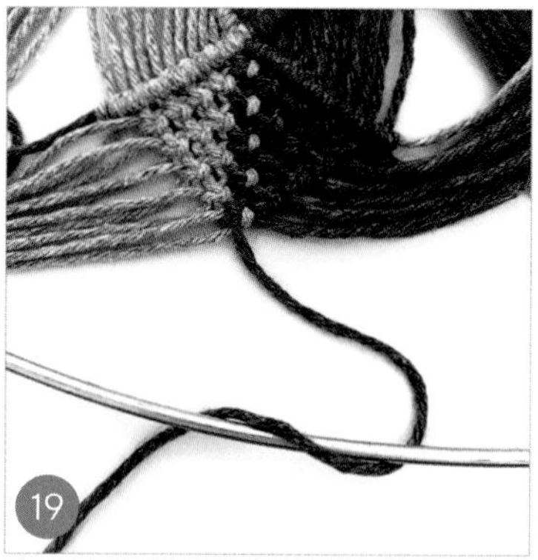

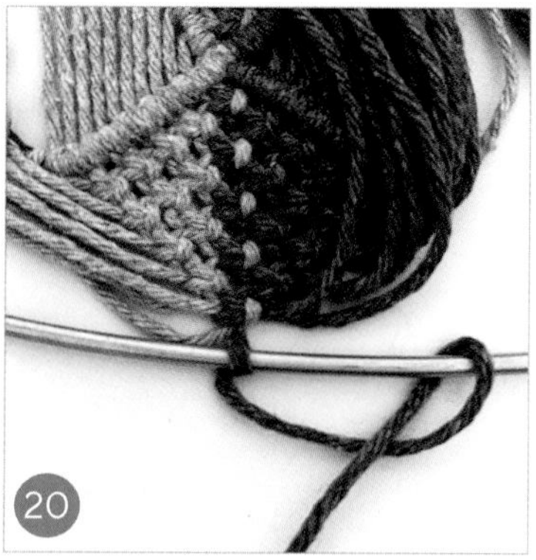

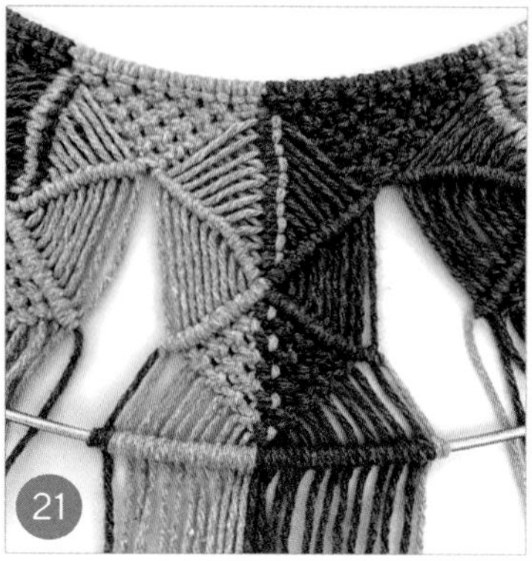

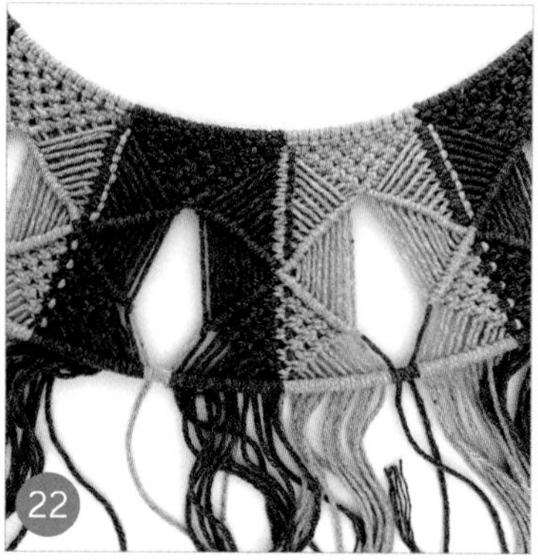

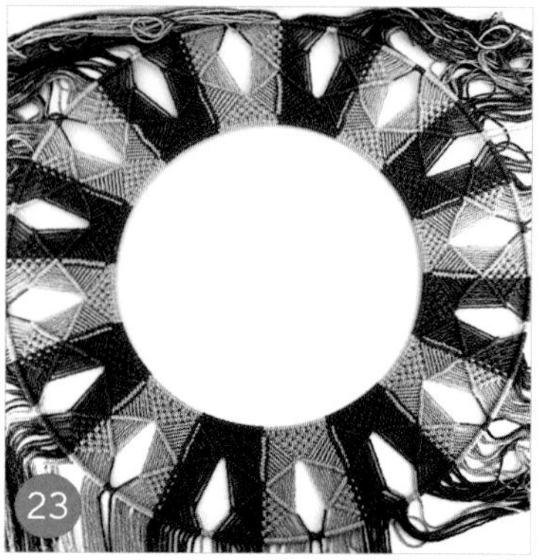

18 Legen Sie den 50 cm großen Metallring über die Makramee-Arbeit und überprüfen Sie, ob Ihr Werkstück in das Innere des Rings passt. Sollte dies nicht der Fall sein, müssen Sie ein bisschen zupfen, um es auszudehnen oder zu verkleinern.

19 Das Makrameemuster wird mit Rippenknoten an den größeren Rahmen gebunden, wobei der Metallring als Trägerfaden verwendet wird. Beginnen Sie bei jedem Abschnitt in der Mitte und verwenden Sie die Trägerfäden des unteren Kreuzknotens. Verknüpfen Sie zuerst die beiden Trägerfäden und arbeiten Sie dann nach außen.

Nehmen Sie einen dunkelgrauen Faden von der Unterseite eines Kreuzknotens auf und beginnen Sie mit dem Rippenknoten, indem Sie die Schnur um den Ring legen. Führen Sie den Faden unter den Ring, darüber und wieder darunter nach links. Dieser erste Knoten ist schwierig, da Sie nur wickeln und nicht knoten!

20 Ziehen Sie an dem Faden, bis der Kreuzknoten direkt unter dem Ring sitzt. Schlingen Sie den Faden erneut um den Ring auf der rechten Seite des ersten Knotens. Der Faden sollte bereits unter dem Ring liegen. Von unterhalb erst über und dann unter den Ring führen und dabei den Faden nach links durch die entstandene Schlinge bringen. Diesen Vorgang für alle rechtsliegenden dunkelgrauen Fäden und einen hellgrauen Faden am Ende wiederholen.

21 Kehren Sie zur Mitte zurück und binden Sie noch einen Rippenknoten mit dem hellgrauen Trägerfaden. Ändern Sie die Richtung für alle Rippenknoten auf der linken Seite. Den Faden unter den Ring führen und dann über und durch die entstandene Schlinge nach rechts bringen. Festziehen und wiederholen, bis Sie alle hellgrauen Fäden und einen dunkelgrauen verwendet haben.

22 Diese Arbeitsschritte an allen Teilen wiederholen. Ich habe anfangs an der gegenüberliegenden Seite gearbeitet, um sicherzugehen, dass der innere Ring in der Mitte sitzt.

23 Nachdem Sie das gesamte Muster an den größeren Ring angeknüpft haben, überprüfen Sie, ob das Werkstück mittig ausgerichtet ist.

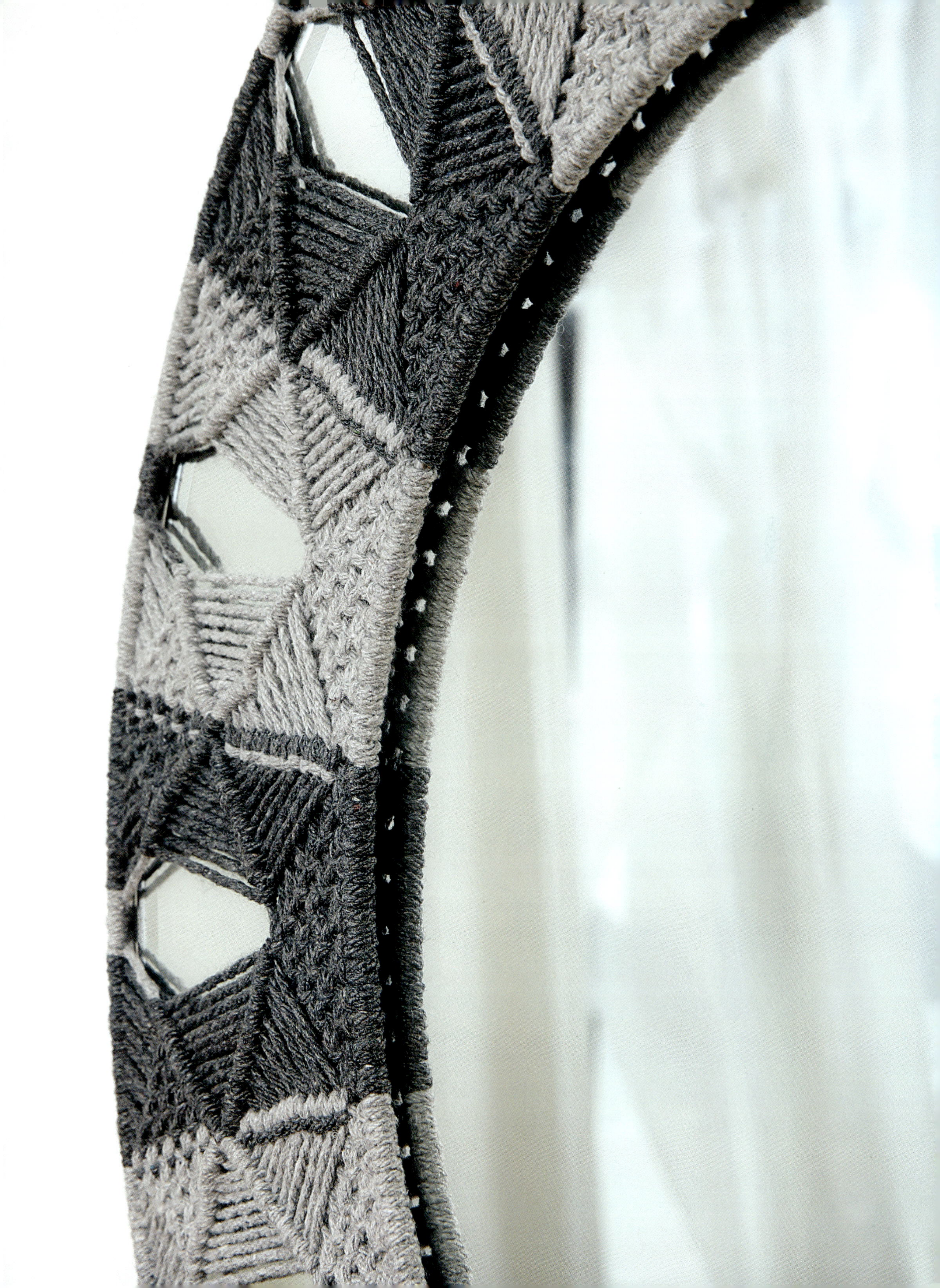

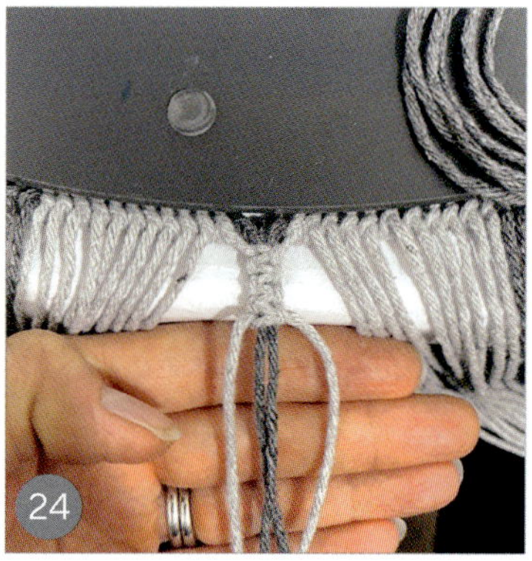
24

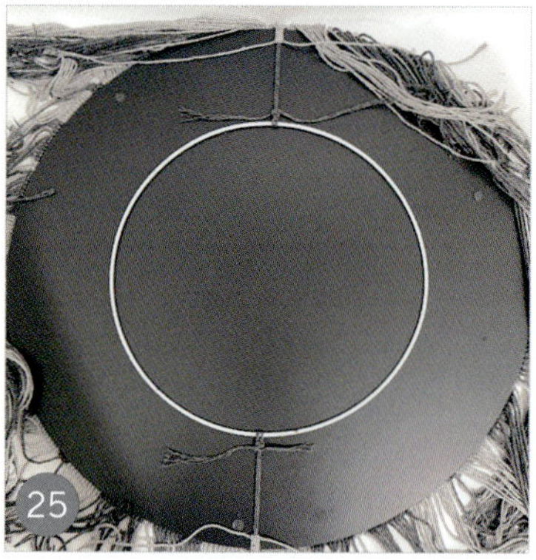
25

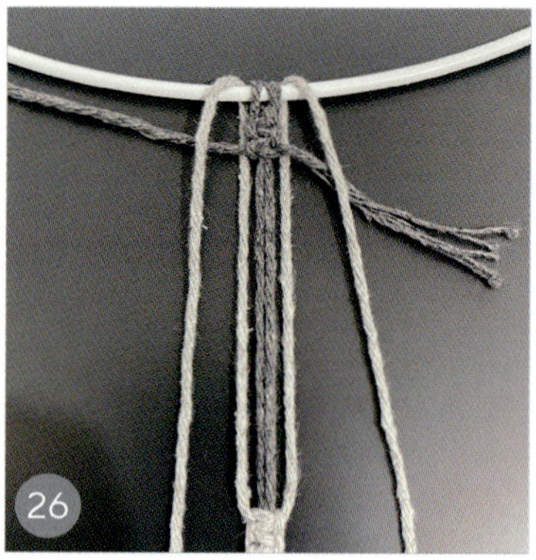
26

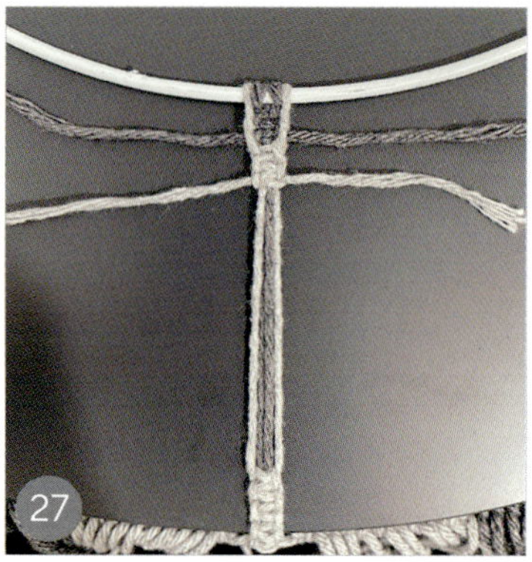
27

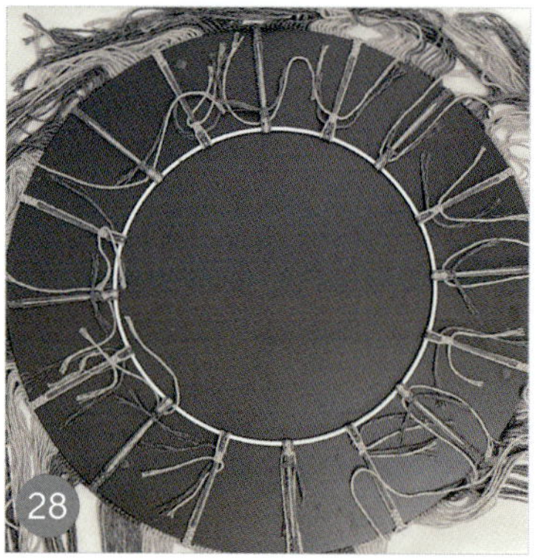
28

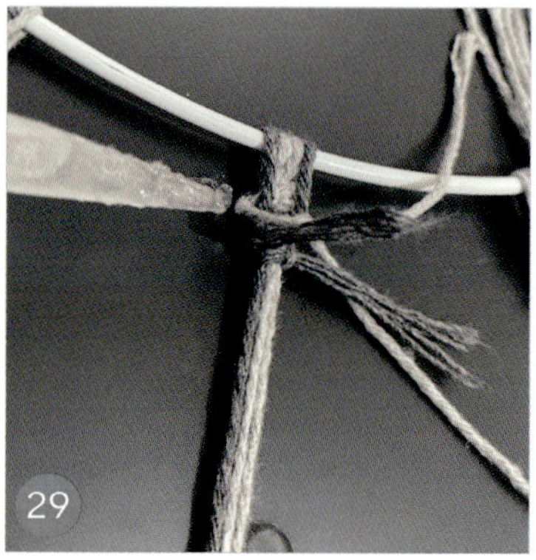
29

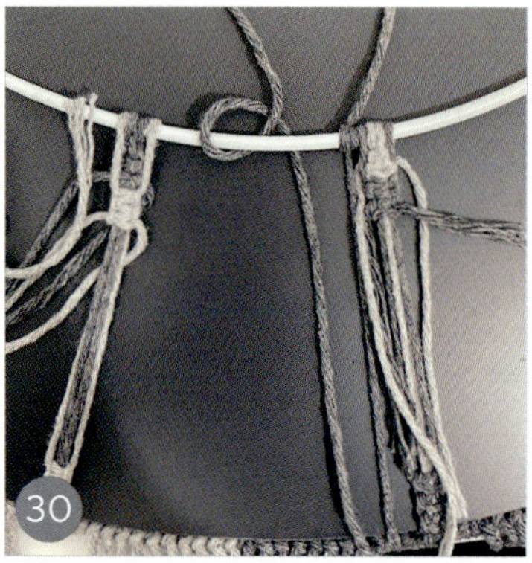
30

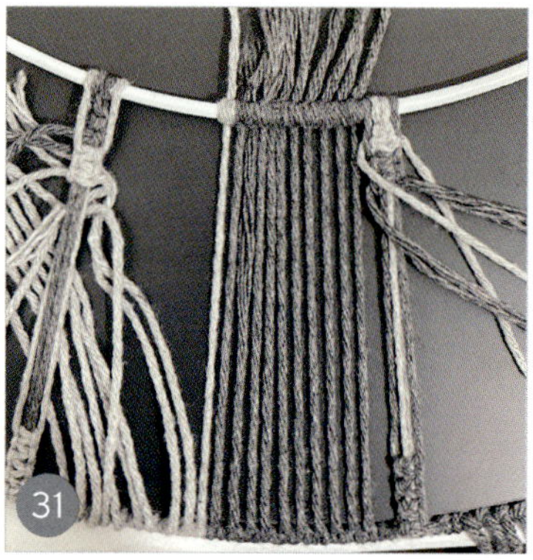
31

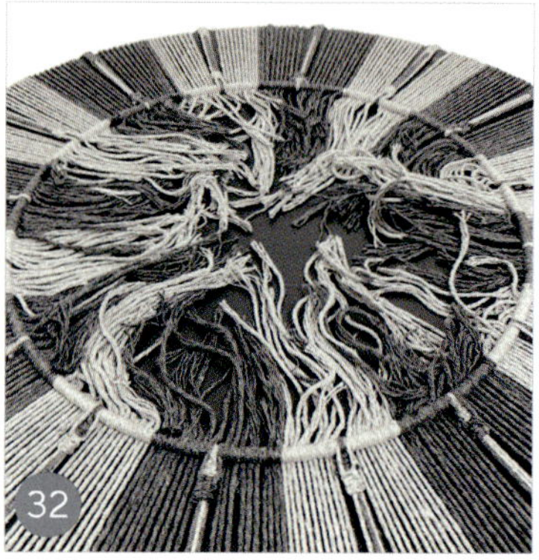
32

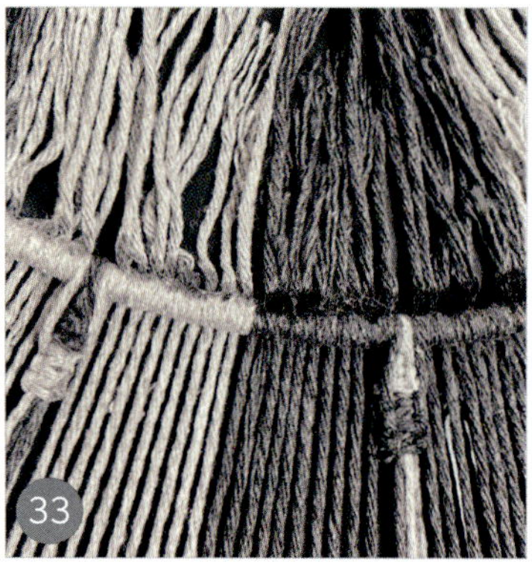
33

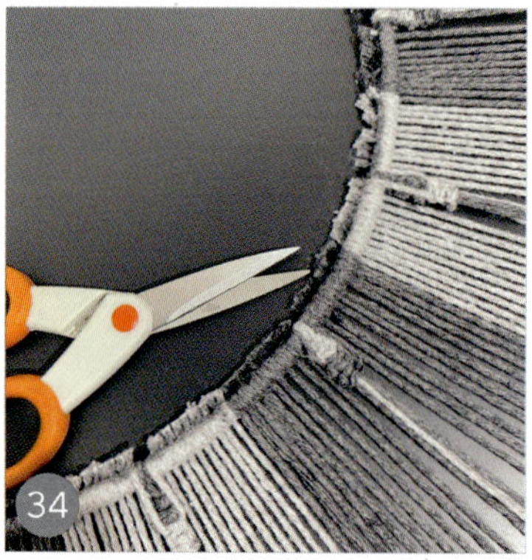
34

24 Um die Makramee-Arbeit an dem Spiegel zu befestigen, wird ein weiterer 35 cm großer Ring verwendet. Um zu beginnen, legen Sie das Werkstück mit der Vorderseite nach unten auf und legen den Spiegel ebenfalls mit der Vorderseite nach unten darauf. Suchen Sie sich einen Abschnitt, wo zwei dunkelgraue Fäden mit Hellgrau an jeder Seite liegen. Verwenden Sie Dunkelgrau als Trägerfäden und knüpfen Sie vier Kreuzknoten. Drehen Sie die Makramee-Arbeit und den Spiegel um 180° und knüpfen Sie erneut vier Kreuzknoten mit Dunkelgrau als Trägerfäden und Hellgrau als Arbeitsfäden.

25 Legen Sie den 35 cm großen Ring in die Mitte des Spiegels. Verwenden Sie ein Maßband, um sicherzugehen, dass der Abstand zwischen dem Ring und dem Spiegel durchgehend 15 cm misst.

Bringen Sie die beiden dunkelgrauen Trägerfäden, die Sie gerade verwendet haben, unter den Ring, über die Oberseite und knüpfen Sie drei oder vier Kreuzknoten mit denselben Fäden, um den Ring an Ort und Stelle zu halten. Drehen Sie Makramee und Spiegel erneut.

Auf der gegenüberliegenden Seite wiederholen, um den 35 cm großen Ring zu befestigen. Arbeiten Sie an dieser Stelle genau und nehmen Sie sich Zeit, damit diese ersten beiden Knotenlinien gleichmäßig verlaufen. Sie müssen auf beiden Seiten arbeiten, damit der Ring nicht herumrutscht, während Sie die restlichen Fäden verbinden.

26 Bringen Sie Hellgrau hinauf zum inneren Ring. Führen Sie die Fäden unter den Ring und an jeder Seite entlang der Kreuzknoten, die dort bereits sind.

27 Knüpfen Sie ein paar Kreuzknoten mit diesen Fäden, um sie zu befestigen.

28 Arbeiten Sie auf dieselbe Weise um die Befestigungsfäden am Rand und befolgen Sie die Schritte 24–27. Es sollte acht Abschnitte mit je zwei dunkelgrauen Fäden zwischen zwei hellgrauen Fäden und acht Abschnitte mit je zwei hellgrauen Fäden zwischen zwei dunkelgrauen Fäden geben. Arbeiten Sie gleichmäßig um die Kante, da dies hilft, dass der innere Ring an seinem Platz bleibt. Sie sollten insgesamt 16 solcher Fadengruppen haben.

29 Diese 16 Teile sollten den inneren Ring und den Spiegel an ihrem Platz halten. Versuchen Sie den Spiegel aufzustellen, um zu überprüfen, ob er nicht herumrutscht, sondern gut befestigt ist. Wenn Sie zufrieden sind, geben Sie einen kleinen Tropfen Superkleber auf jedes Fadenende. Seien Sie mit dem Superkleber sehr vorsichtig auf Spiegelrückseiten, da er ein Erblinden der Spiegel verursachen kann. Arbeiten Sie also sehr sorgsam oder legen Sie während des Klebens ein Stück Papier zwischen Spiegel und Fäden. Nachdem dieser Spiegel schwer ist und an einer Wand hängen wird, sorgt der Klebstoff dafür, dass keiner der Knoten wieder aufgeht.

30 Unter Verwendung aller losen Fäden, die zwischen den geknoteten Abschnitten liegen, knüpfen Sie Rippenknoten und verwenden den inneren Ring als Trägerfaden, so wie Sie es bereits mit dem 50 cm großen Ring in den Schritten 19–20 gemacht haben, um die Arbeit daran zu befestigen.

31 So wird die Kante des Spiegels gleichmäßig und ordentlich.

32 Knüpfen Sie weiter, bis jeder Faden an den inneren Ring geknotet ist.

33 Tragen Sie an der Kante des inneren Rings ein bisschen Klebstoff auf und achten Sie darauf, den Ring nicht an den Spiegel zu kleben. Verwenden Sie ein Stück Papier, falls notwendig. Der Kleber soll nur verhindern, dass die Knoten nicht wieder aufgehen.

34 Wenn der Klebstoff getrocknet ist, schneiden Sie alle losen Enden zurecht. Der innere Ring fungiert als Haken zum Aufhängen des Spiegels, weshalb Sie keinen anderen Haken benötigen.

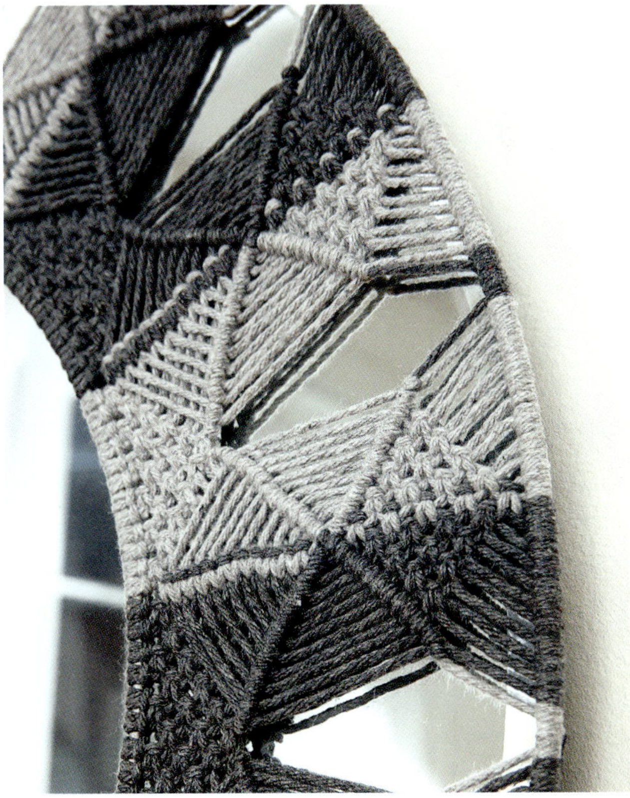

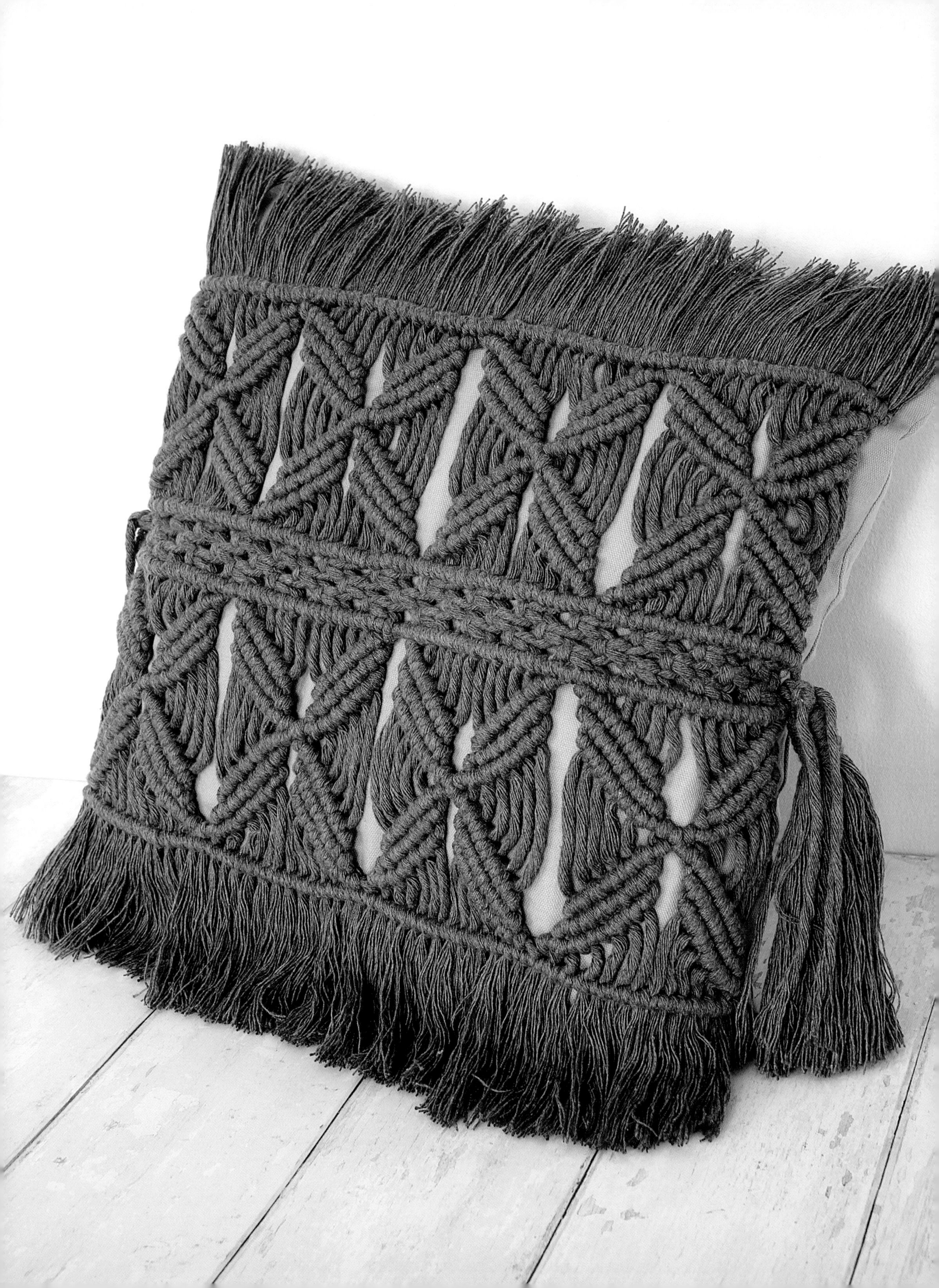

Cooles Kissen

Sian Hamilton

Dekorative Zierkissen verleihen einem Raum erst Stil und Gemütlichkeit. Warum gestalten Sie Ihre nicht selbst, anstatt Stangenware zu kaufen?
Dieses Projekt bedient sich eines farbigen Standardkissens. Als Basis für das Design können Sie entweder einen Kissenbezug oder ein schlichtes, farblich dazupassendes Kissen verwenden.

SIE BENÖTIGEN

- Makrameegarn, 4 mm (ich habe 100 m einfach gedrehtes Welcome Yarn von Barbante in Dark Grey verwendet)
- Makrameebrett und 6 Vielzweckklammern (Foldback-Klammern)
- Maßband
- Kissen, 40 x 40 cm, in dazupassender Farbe
- Nadel und farblich passendes Garn
- Stecknadeln
- Schere
- Kreppband und weitere Vielzweckklammern (optional)
- Häkelnadel (optional)

1 Folgen Sie den Schritten auf Seite 102, um ein Makrameebrett einzurichten. Für ein 40 cm großes Kissen schneiden Sie 56 Längen Garn zu je 1,5 m zu.

Für dieses Muster wird jeder Faden mit einem Rippenknoten (siehe Seite 99) an die Schnur gebunden. Nehmen Sie einen Faden und platzieren Sie ihn so unter der Schnur, dass das Ende etwa 10 cm darüber hinaussteht. Bringen Sie das untere lange Ende nach vorne über die Schnur über die linke Seite wieder zurück nach unten. Orientieren Sie sich an dem Foto dieses Schritts.

2 Um den Rippenknoten fertigzustellen, führen Sie das lange Ende erneut über die Schnur nach rechts und bringen Sie das Ende von hinten durch die eben entstandene Schlinge. Orientieren Sie sich am Foto dieses Arbeitsschritts.

3 Den Knoten mit beiden Händen festziehen und die Enden festhalten.

4 Schritt 1 und 2 wiederholen, um alle 56 Fäden anzuknoten.

5 Teilen Sie die Fäden in zwei Gruppen zu je 28 Stück. Die Fäden sind sehr lang und können sich leicht verheddern.

6 Nehmen Sie in der Mitte, wo Sie gerade die Fäden in zwei Gruppen geteilt haben, je einen Faden von jeder Seite auf und überkreuzen Sie sie.

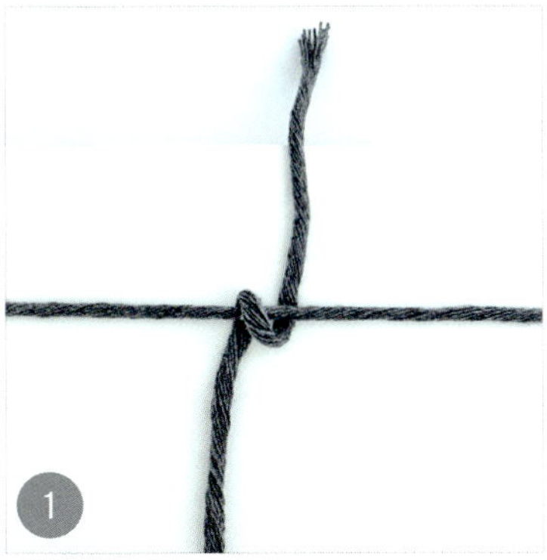

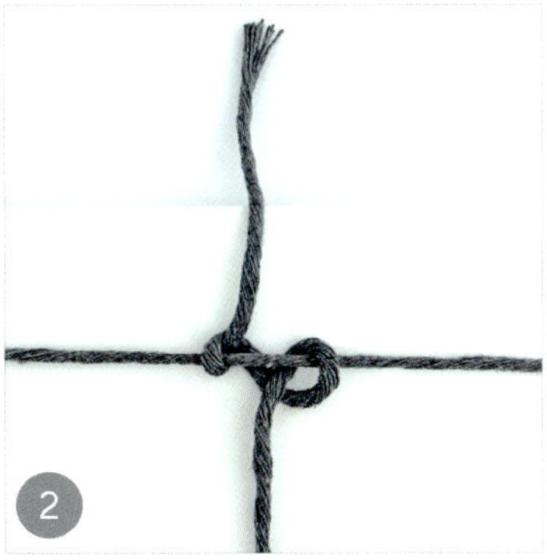

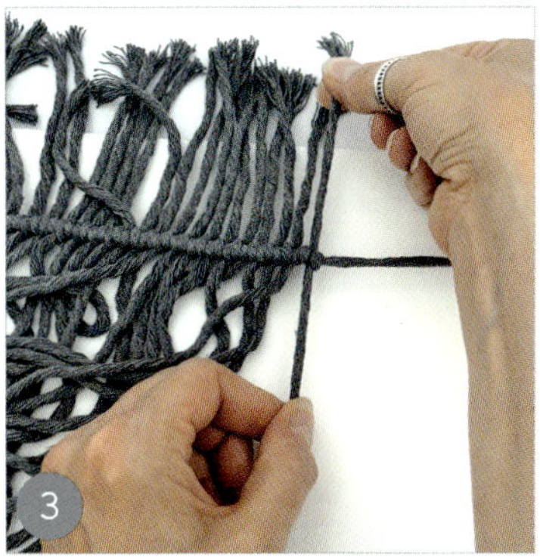

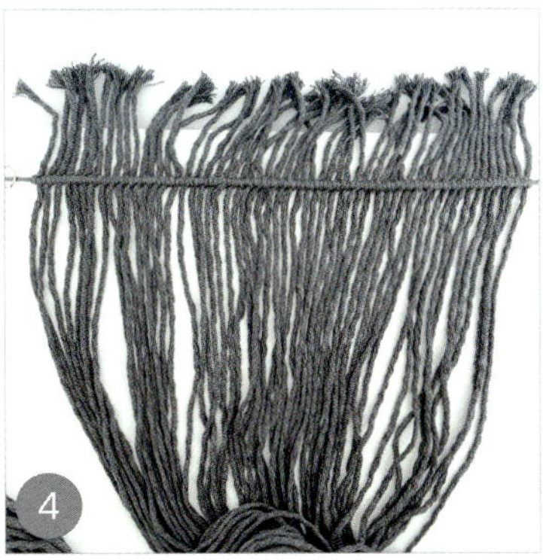

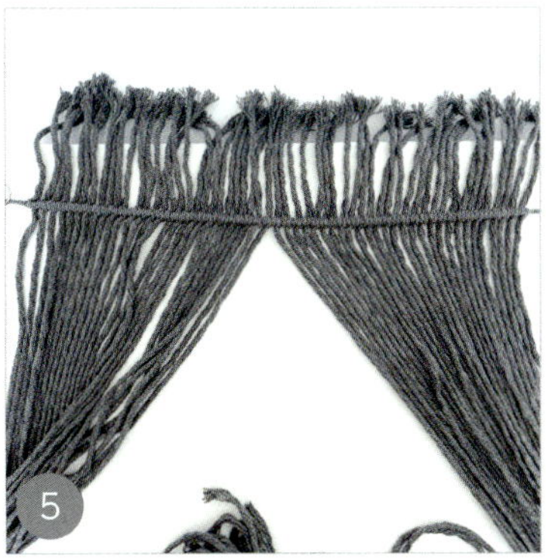

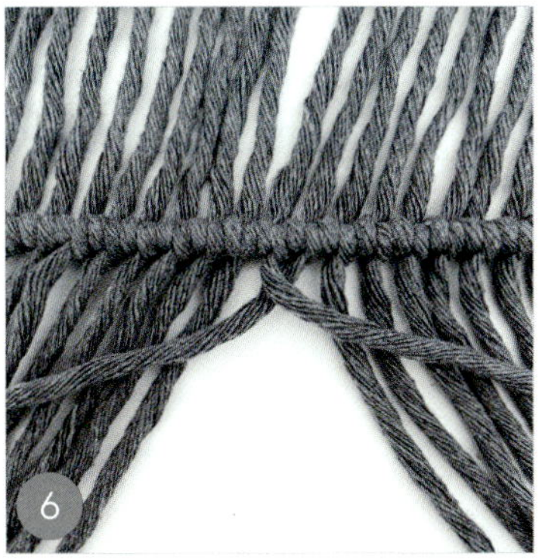

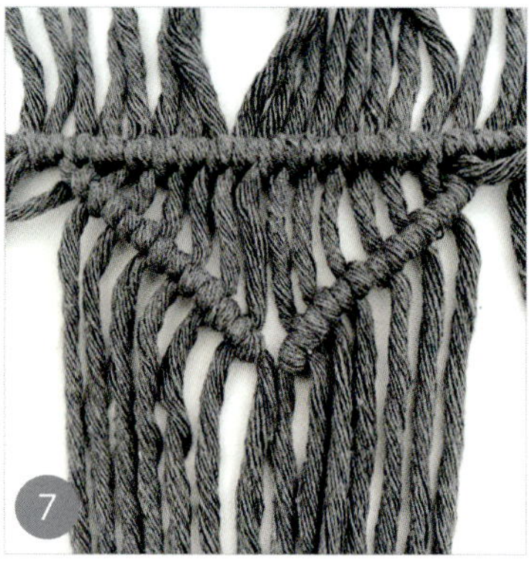
7

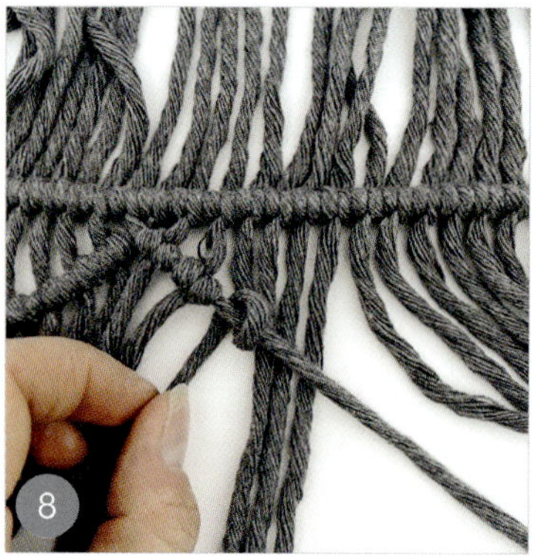
8

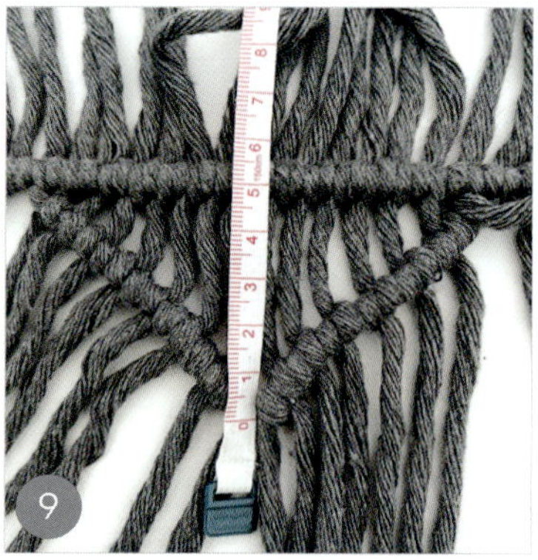
9

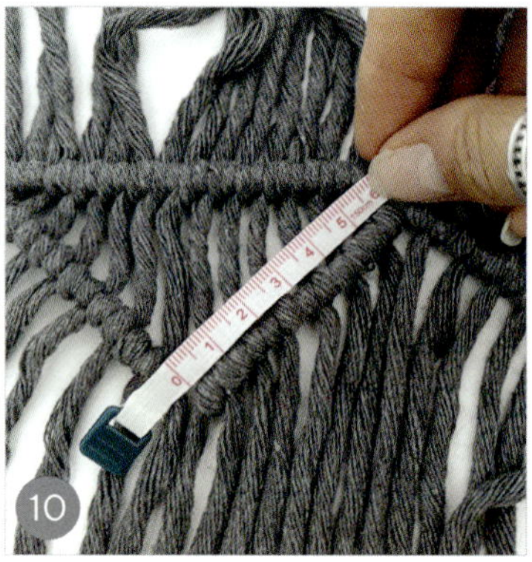
10

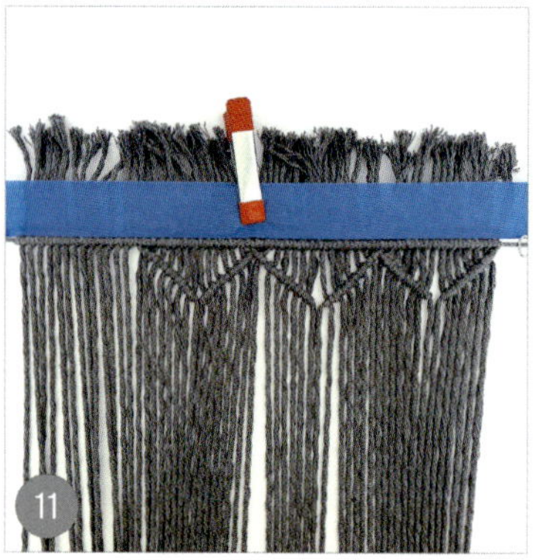
11

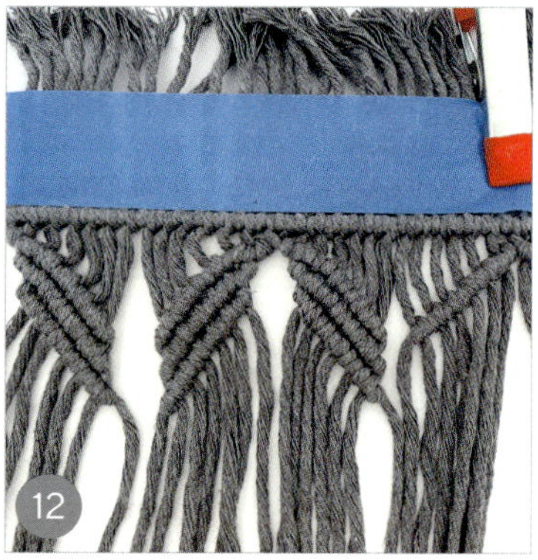
12

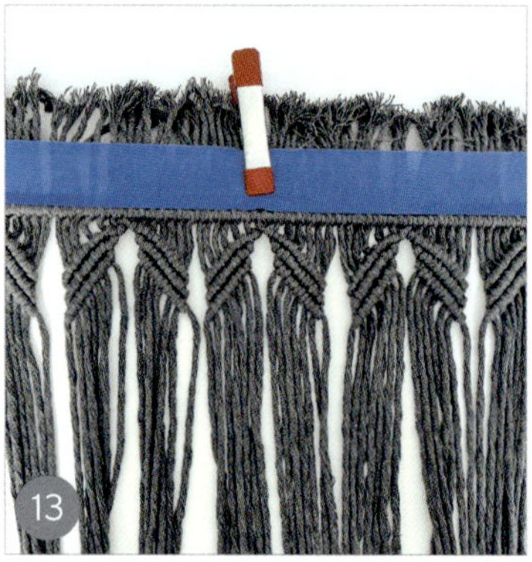
13

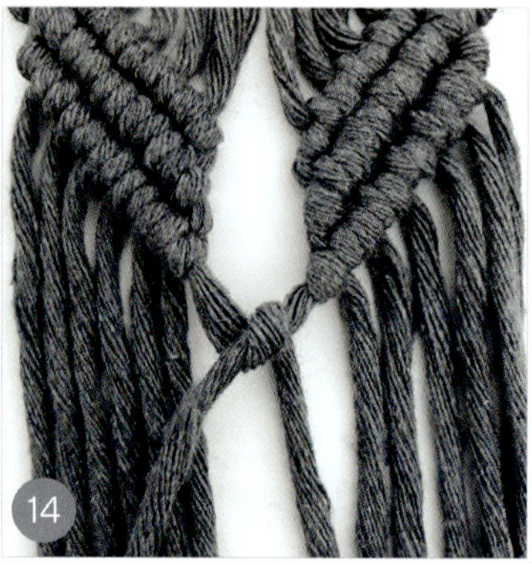
14

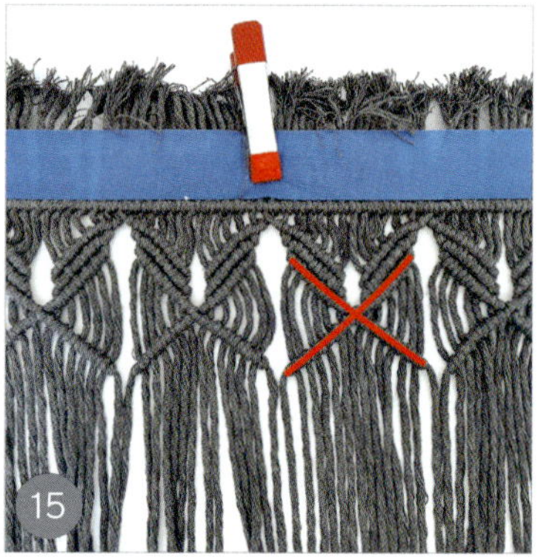
15

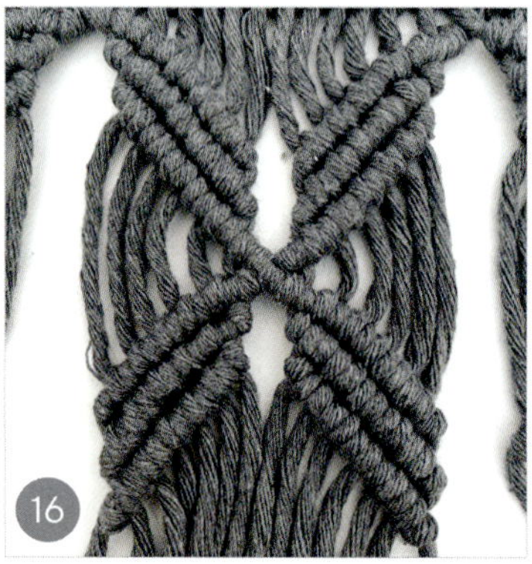
16

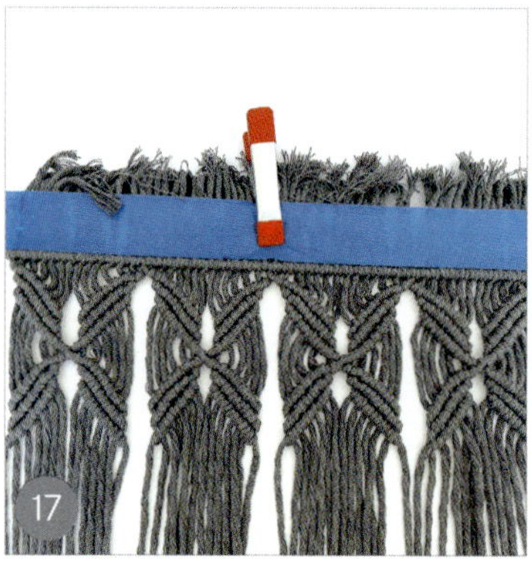
17

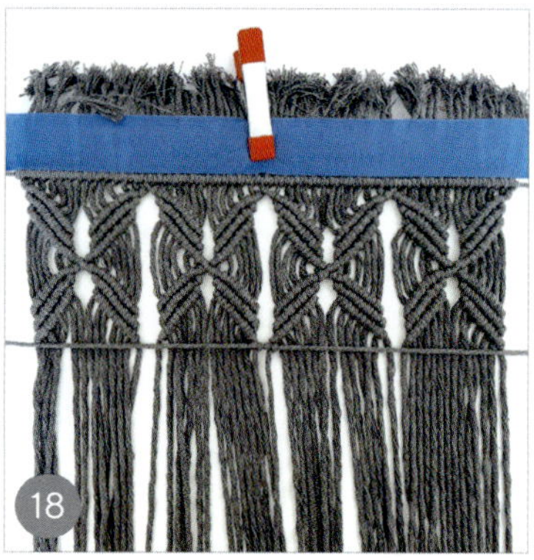
18

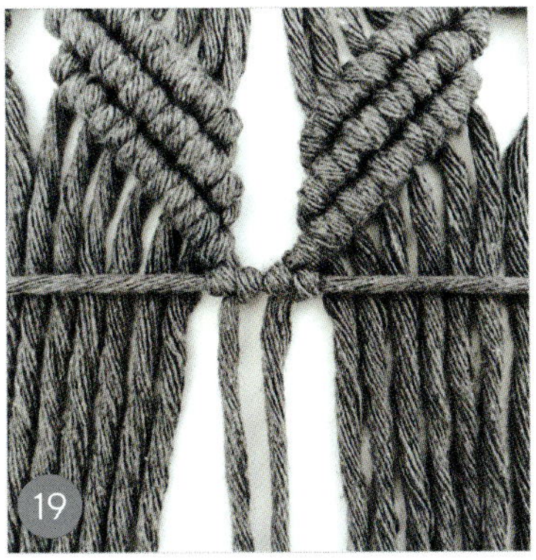

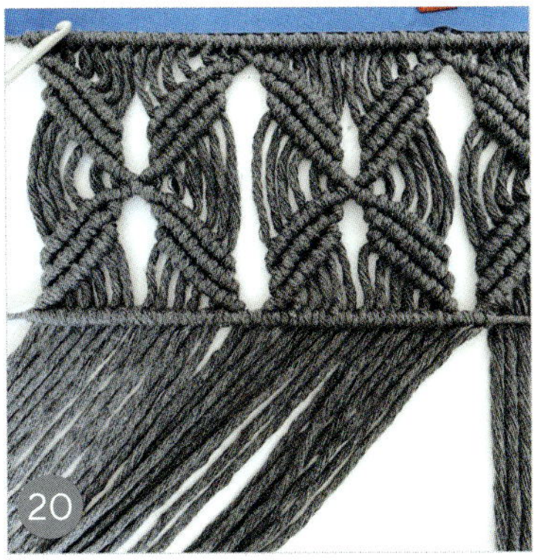

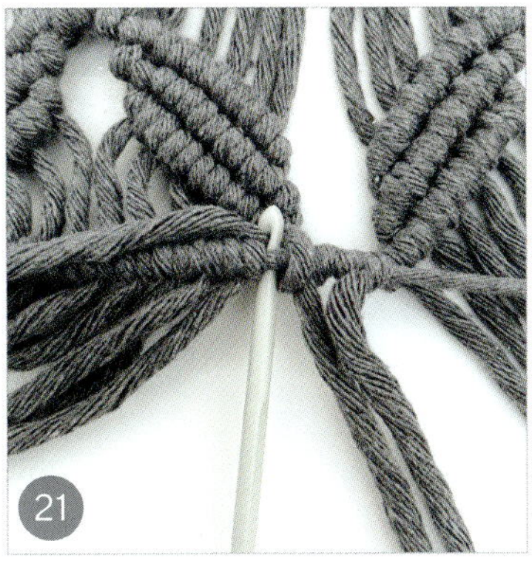

7 Die erste Reihe wird ein Satz aus vier nach unten zeigenden Dreiecken. Jede Rippe benötigt sieben Fäden: einen als Trägerfaden und sechs als Arbeitsfäden. Das Foto des Arbeitsschritts zeigt ein fertiges Dreieck. Die nächsten Schritte führen Sie zur Gestaltung dieser Form. Nehmen Sie sich die Zeit, damit das erste Dreieck richtig wird, da alles Weitere den Winkeln folgt, die mit diesen ersten diagonalen Linien angelegt werden.

8 Knüpfen Sie eine Reihe aus Rippenknoten und verwenden Sie den Faden, den Sie in Schritt 6 überkreuzt haben, als Trägerfaden. Halten Sie ihn in einem 45°-Winkel und binden Sie die Knoten mit sechs Fäden. Dies kann sich schwierig gestalten, lassen Sie sich also Zeit. Der Faden soll gerade über dem Knoten liegen und nicht zu locker oder fest sein. Bringen Sie die Rippenknoten nicht zu nahe aneinander, da die Fäden über der diagonalen Linie sonst nicht gerade werden.

9 Idealerweise sollte die Tiefe des Dreiecks etwa 5 cm betragen. Verwenden Sie in dieser frühen Phase ein Maßband, um zu überprüfen, dass Sie die richtige Tiefe festlegen. Wenn dies am Anfang nicht klappt, bekommen Sie später Probleme.

10 Die diagonalen Reihen sollten ca. 5,5 cm messen.

11 Das Gewicht aller Fäden kann die Mitte der Makramee-Arbeit hinunterziehen, deswegen habe ich Kreppband verwendet, um sie in einer geraden Linie zu halten und eine zusätzliche Vielzweck-Klammer, damit sie nicht verrutscht. Dieser Schritt ist nicht zwingend, kann Ihnen aber beim Knüpfen helfen.

TOP-TIPP

Werfen Sie abgeschnittene Garnenden nicht weg, da sie für jedes Projekt fabelhafte Quasten ergeben! Folgen Sie dazu den Schritten auf Seite 101.

12 Wenn Sie alle ersten Reihen der Dreiecke fertiggestellt haben, knüpfen Sie zwei weitere Reihen Rippenknoten in jedem diagonalen Abschnitt.

13 Die Dreiecksabschnitte sollten drei Reihen Rippenknoten an jeder Seite aufweisen. Beginnen Sie jede Reihe mit dem ersten Faden am äußeren Rand als Trägerfaden.

14 An der Spitze des Dreiecks müssen Sie die Fäden verbinden. Nehmen Sie den rechten Trägerfaden der unteren Knotenreihe und knüpfen Sie einen weiteren Knoten mit dem Trägerfaden der linken Seite als Arbeitsfaden hinzu.

15 Fahren Sie mit diesem Trägerfaden fort und beginnen Sie, mit den Fäden, die unter dem Dreieck hängen, zu knüpfen. Das Ziel ist es hier, jede Dreiecksform in ein Kreuz zu verwandeln (in Rot auf dem Foto gezeigt). Halten Sie die Reihen so geradlinig wie möglich.

16 Zwei weitere Reihen aus Rippenknoten unter den Kreuzen knüpfen.

17 Schritt 16 für alle vier Kreuze wiederholen.

18 In der Mitte dieses Musters befindet sich ein gerader Abschnitt, der zusätzliche Fäden als Trägerfäden benutzt. Schneiden Sie ein Stück Faden so zu, dass er über Ihr Brett passt, und klemmen Sie ihn gerade unter Ihren Kreuzen von links nach rechts, sodass er die Unterkante der Diagonalen berührt.

19 Beginnen Sie mit Fäden in der Mitte die Rippenknoten zu knüpfen, da dies dazu beiträgt, den Trägerfaden zu fixieren.

20 Kehren Sie zum linken Rand zurück und knoten Sie jeden Faden an diesen Trägerfaden. Versuchen Sie, das Muster mit gleichmäßigen Abständen zu knüpfen. Dabei hilft es, bereits die mittleren Fäden verknüpft zu haben (siehe Schritt 19).

21 Wenn Sie Probleme damit haben, den Faden beim Knüpfen der Rippenknoten durchzuziehen, können Sie eine Häkelnadel zu Hilfe nehmen.

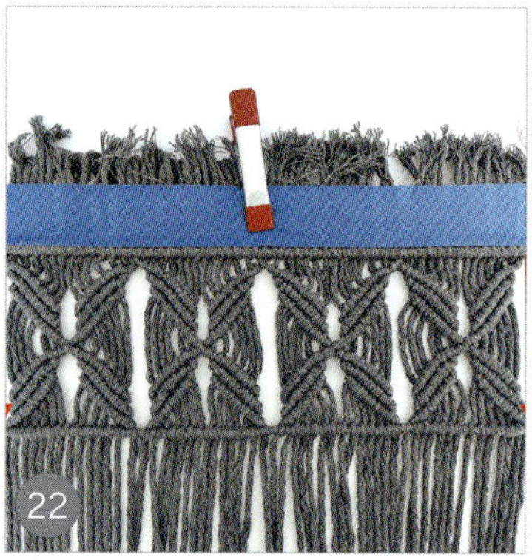
22

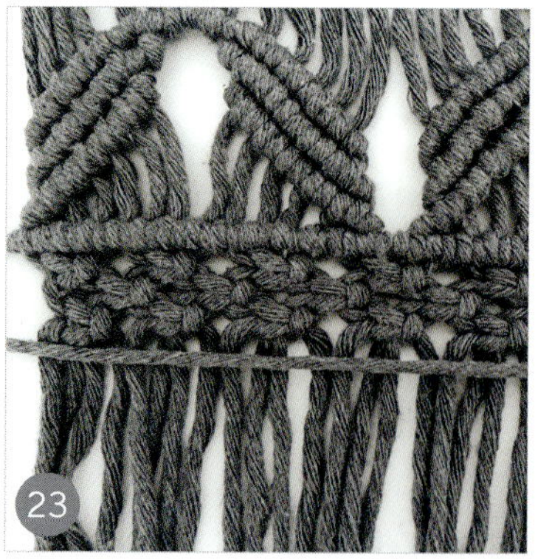
23

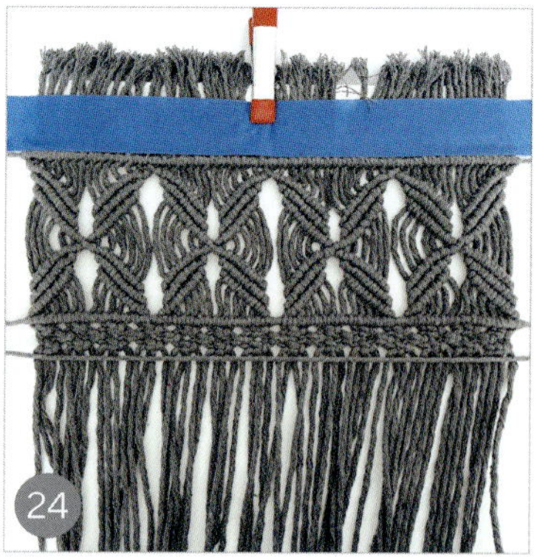
24

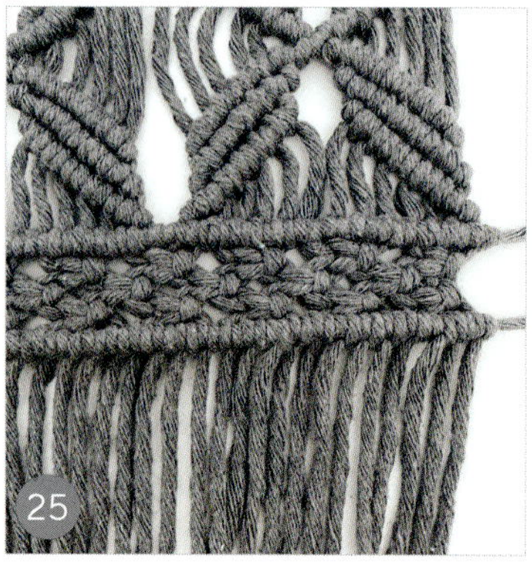
25

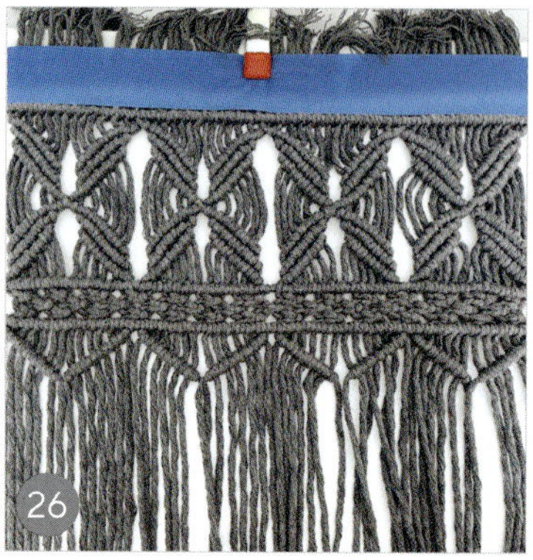
26

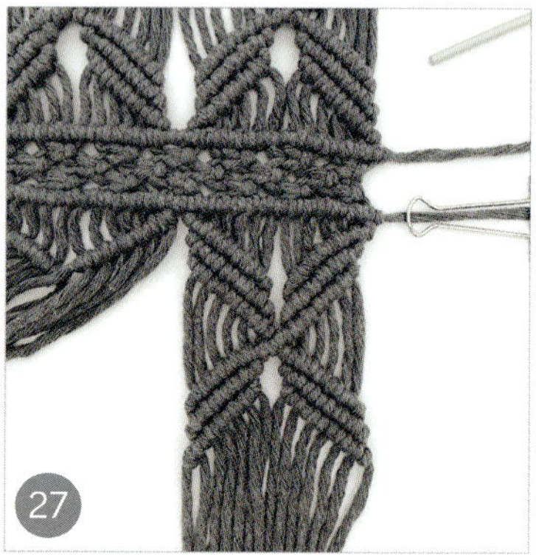
27

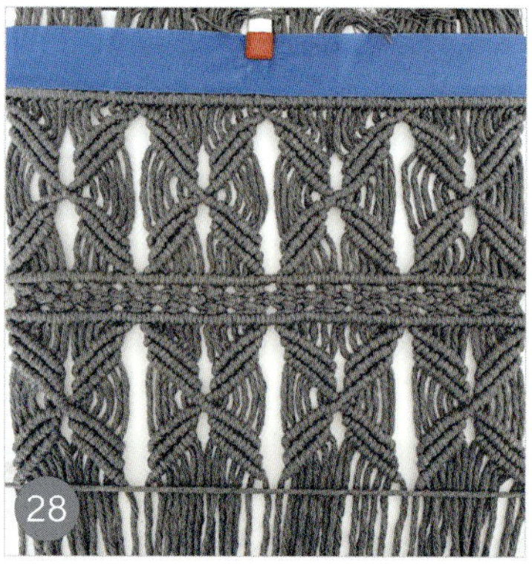
28

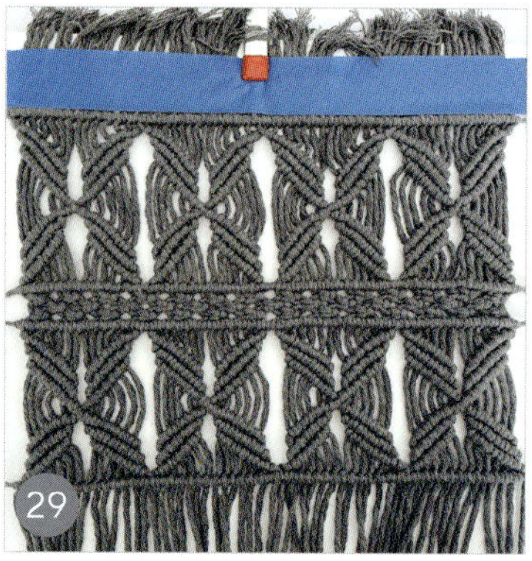
29

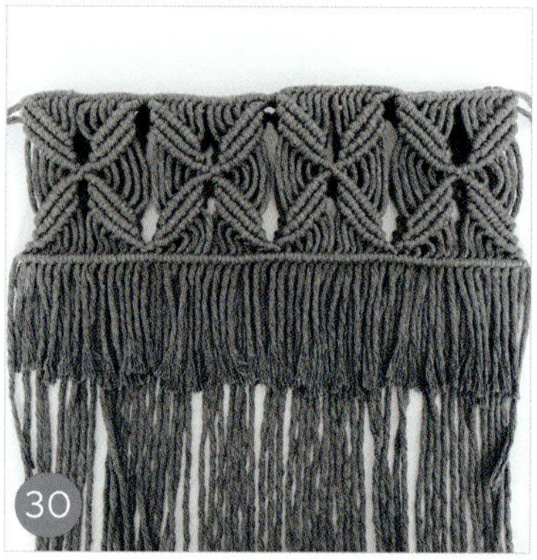
30

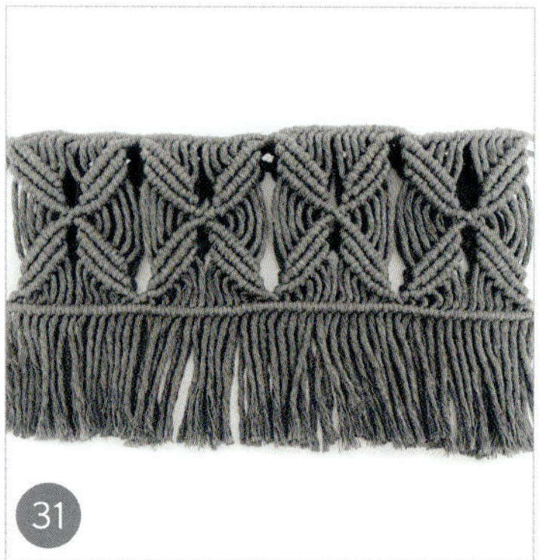
31

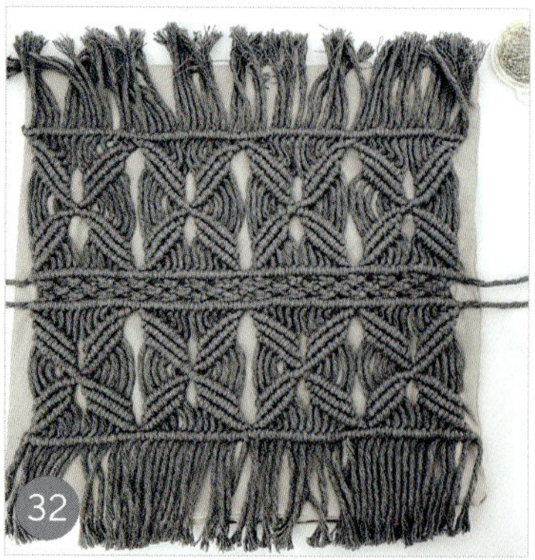
32

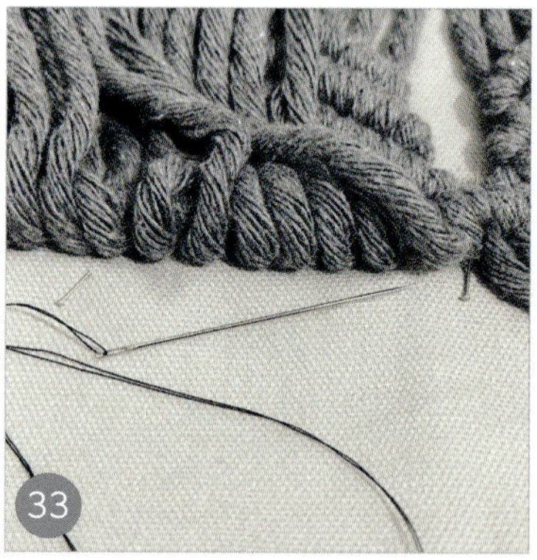
33

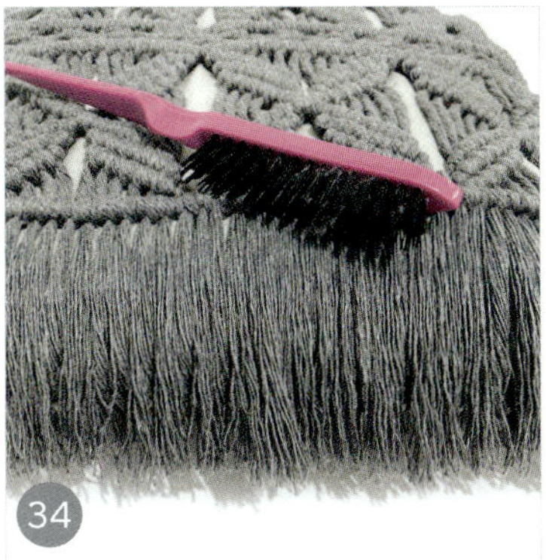

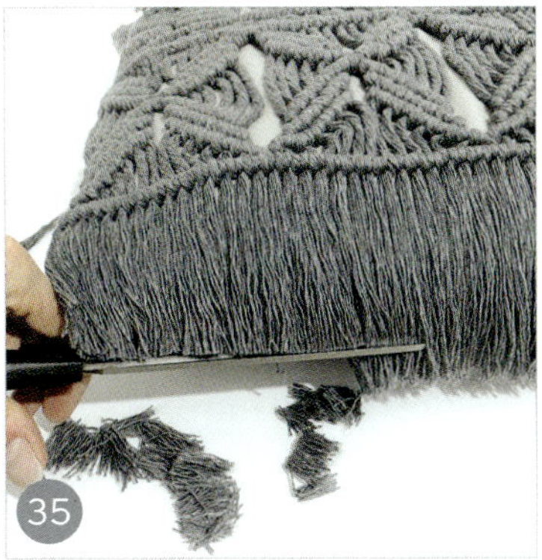

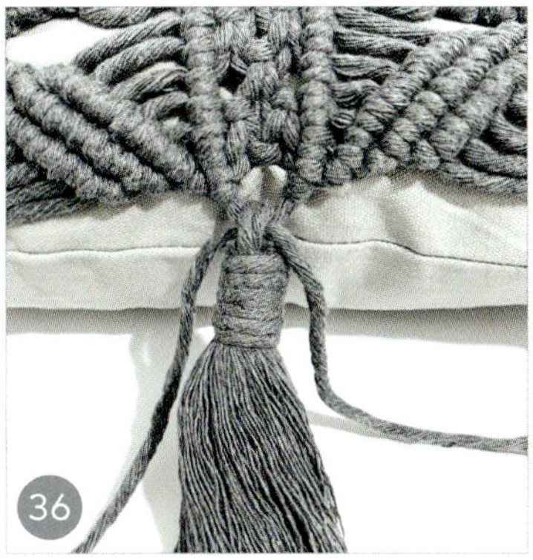

22 Haben Sie die Reihe fertiggestellt, stellen Sie sicher, dass die Kanten mit der Oberseite abschließen. Sie sollten die gleiche Breite haben. Ist dies nicht der Fall, passen Sie die Knoten an, um sie breiter oder schmaler zu gestalten.

23 Fügen Sie drei Reihen Kreuzknoten (siehe Seite 96) mit allen Fäden hinzu. Die erste und die dritte Reihe beginnen mit Fäden am Werkstückrand. Lassen Sie in der zweiten Reihe die ersten beiden Fäden aus, um ein Ziegelmuster zu gestalten.

24 Klemmen Sie einen weiteren Faden unter die Kreuzknoten, wie in Schritt 18.

25 Schritt 19–22 wiederholen, um eine zweite Reihe aus Rippenknoten unter den Kreuzknoten zu knüpfen.

26 Das Muster wiederholt nun den oberen Abschnitt mit den Kreuzen. Folgen Sie den Schritten 8–10, um einen weiteren Abschnitt mit diagonalen Rippenknotenreihen zu gestalten, überkreuzen Sie jedoch nicht die mittleren Fäden.

27 Schritt 12–17 wiederholen, um vier weitere Kreuze zu gestalten. Halten Sie Ihr Maßband parat und messen Sie die Abschnitte aus, um sicherzugehen, dass sie gleich lang wie die oben geknüpften Kreuze sind.

28 Wenn Sie alle vier Kreuze fertiggestellt haben, schneiden Sie eine weitere Garnlänge zu und klemmen Sie sie an das Brett unter die Kreuze. Sie können die Fäden, die den Abschnitt mit den Kreuzknoten halten, von den Klemmen lösen und diese Klammern zum Befestigen verwenden.

29 Wiederholen Sie die Schritte 19–20, um die untere Reihe mit Rippenknoten zu knüpfen.

30 Nehmen Sie die Makramee-Arbeit vom Brett und falten Sie sie an den Kreuzknoten-Reihen in der Mitte, um die Oberkante (Fransen) über den Fadenenden zu sehen.

31 Schneiden Sie die Enden an die Oberkante angepasst zu, um passende Fransen zu gestalten. Schneiden Sie oben und unten die Trägerfäden (an den Seiten der Fransen) passend zu, lassen Sie jedoch die seitlichen Trägerfäden in der Mitte lang.

32 Glätten Sie das Werkstück und legen Sie es über das Kissen. Richten Sie es mittig aus und stecken Sie es zum Befestigen mit Stecknadeln fest.

33 An einem Ende mit Fransen beginnend, halten Sie die Fransen über die Makramee-Arbeit und nähen Sie mit Nadel und Faden durch Werkstück und Kissen. Nähen Sie rundherum um das Kissen und achten Sie darauf, mit jedem Stich die Fäden und das Kissen zu erwischen.

34 Kämmen Sie die Fransen mit einer Haarbürste mit Nylon-Borsten aus, falls Sie eine haben, oder nehmen Sie Ihre Finger, um die Fäden einfach zu trennen.

35 Schneiden Sie die Fransen mit einer scharfen Schere zu, sodass sie bündig mit der Kissenkante enden.

36 An den Seiten mit den langen Trägerfäden in der Mitte können Sie entweder Quasten mit Fadenresten aus Schritt 31 (siehe Seite 101) gestalten und an die Seiten knoten oder einfach hübsche Schleifen mit den Fäden binden und überschüssiges Garn abschneiden.

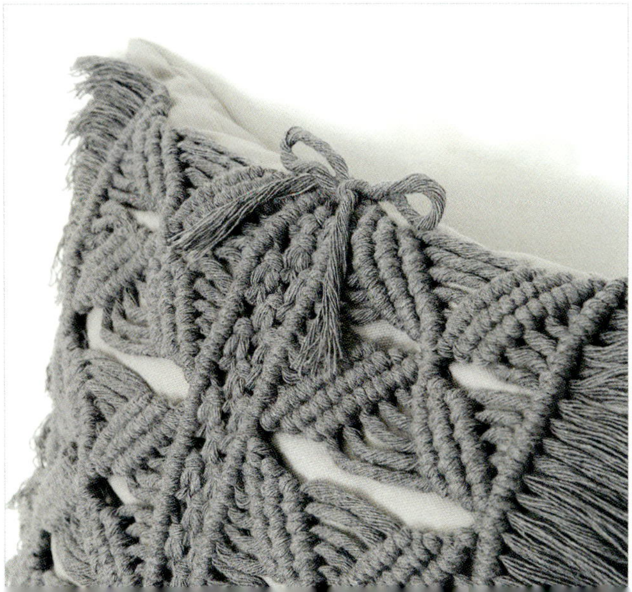

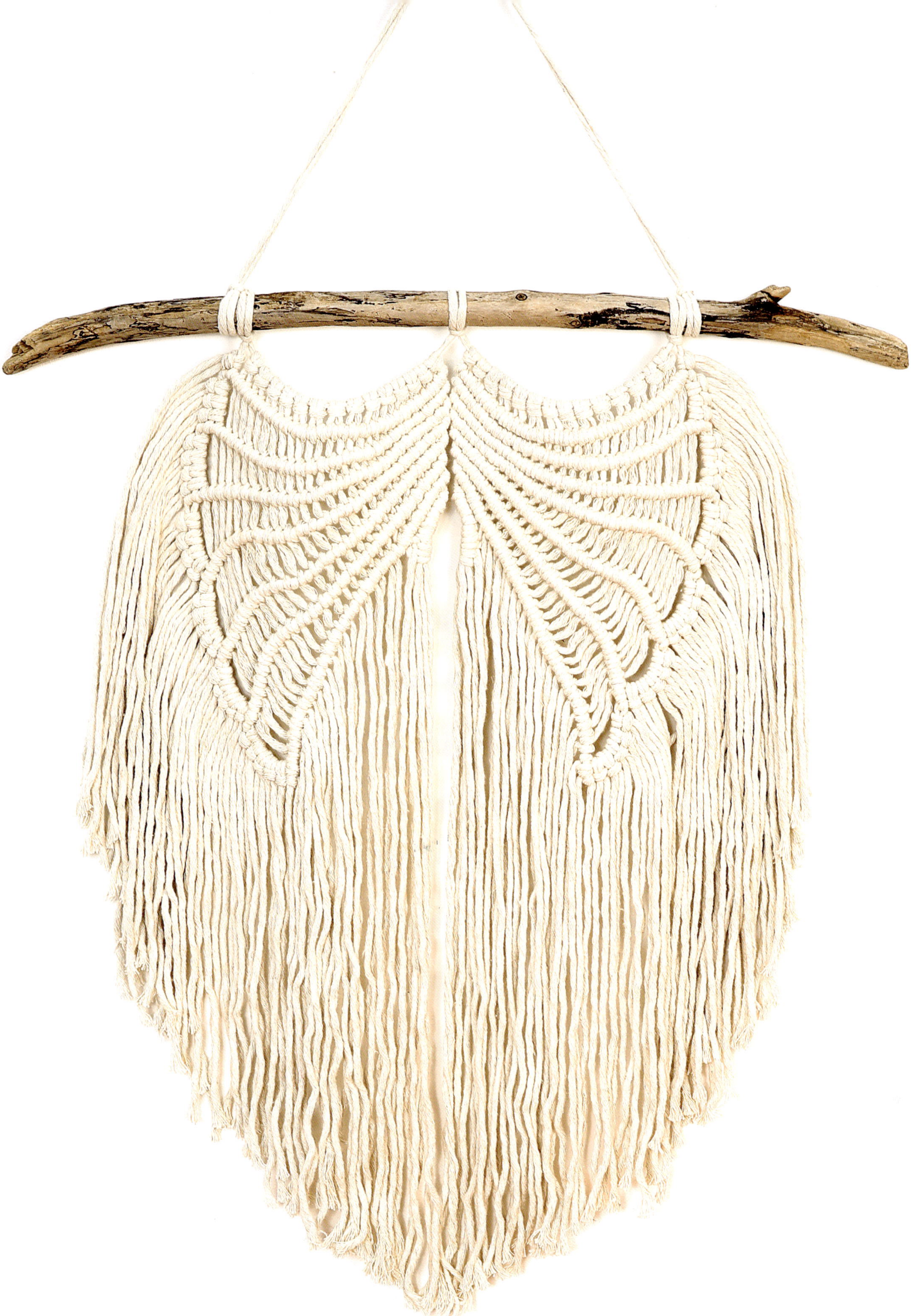

Wandbehang Engelsflügel

Tansy Wilson

Engelsflügel symbolisieren Liebe, Spiritualität und Schutz – was für ein fantastisches Thema für diesen hübschen Wandbehang! Es werden nur der Ankerstich (siehe Seite 94) und der Rippenknoten (siehe Seite 99) verwendet, weshalb dieses Werkstück trotz seiner Größe ein ideales Einsteigerprojekt ist.

SIE BENÖTIGEN

- Makrameegarn, 4 mm
- 1 Stück Treibholz, Stab oder Stock, ca. 80 cm lang
- Schere

1 Schneiden Sie ein 3,5 m langes Stück Makrameegarn zu und befestigen Sie es in der Mitte Ihres Treibholzstückes mit einem Ankerstich. Sie können auch einen hölzernen Stab oder Stock verwenden.

2 Nehmen Sie den rechten Faden, der aus dem Ankerstich hervorkommt, und legen Sie ihn so, dass er eine kleine Schlinge bildet, in dem Sie das Ende vor, oben, über und dann hinter das Treibholz führen, um es dann durch die Schlinge von hinten nach vorne zu bringen.

3 Nehmen Sie dasselbe Garnende und führen Sie es nun nach rechts, über die Vorderseite der Schlinge und bringen Sie das Ende hinter das Treibholz und dann darüber, sodass eine kleinere Schlinge entsteht.

4 Fassen Sie nun dasselbe Garnende, bringen Sie es durch diese kleinere Schlinge von vorne nach hinten und ziehen Sie das Ende nach unten. Tatsächlich wurde so ein Ankerstich auf der rechten Seite Ihres Treibholzes geknüpft.

5 Wiederholen Sie Schritt 2–4 mit dem linken Faden, der aus dem mittleren Ankerstich aus Schritt 1 hervorkommt, um auf der linken Seite des Treibholzes einen weiteren Ankerstich zu knüpfen.

6 Schneiden Sie nun 28 Längen des 4 mm starken Makrameegarns zu je 3 m zu und bringen Sie davon 14 Stück zur Hälfte genommen mit dem Ankerstich an der linken Schlinge an; die restlichen 14 an der rechten Schlinge. Sie können an dieser Stelle an den Schlingen zupfen und sie festziehen, damit alle 28 Fadenpaare ordentlich beieinandersitzen und symmetrisch aussehen.

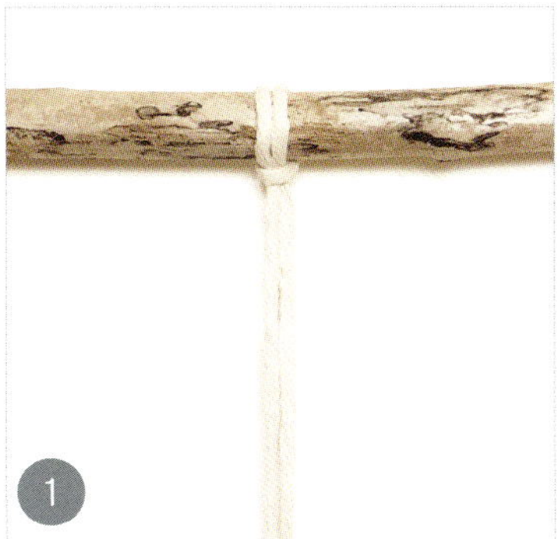

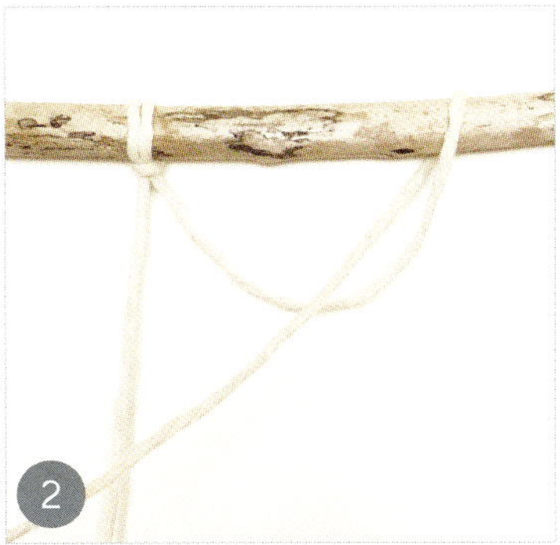

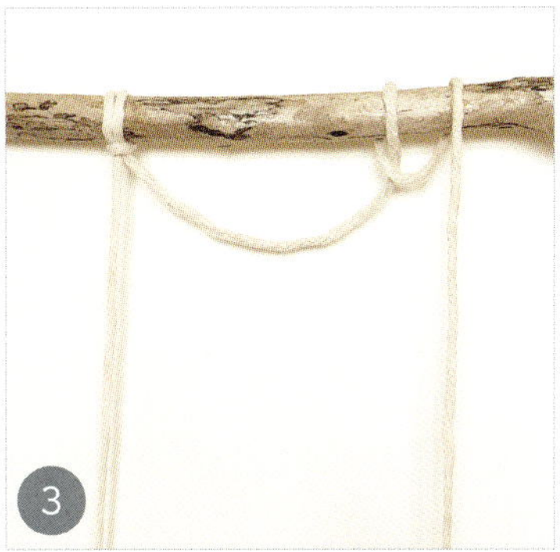

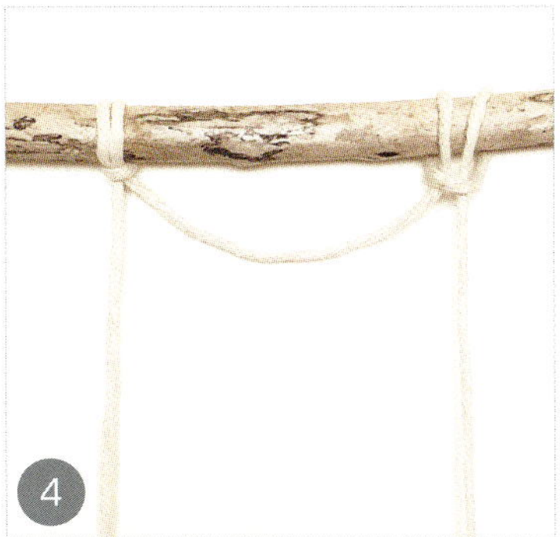

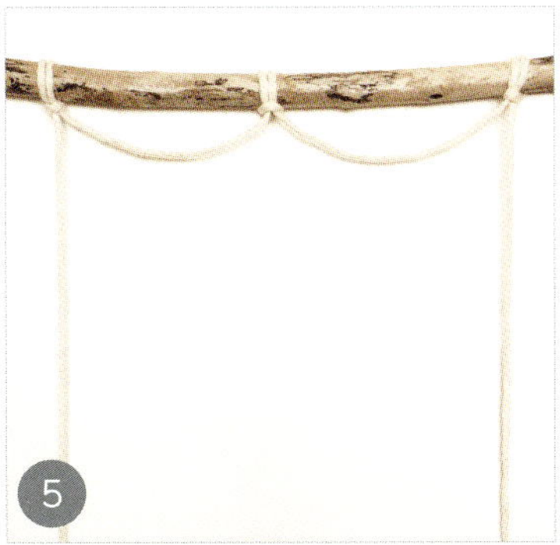

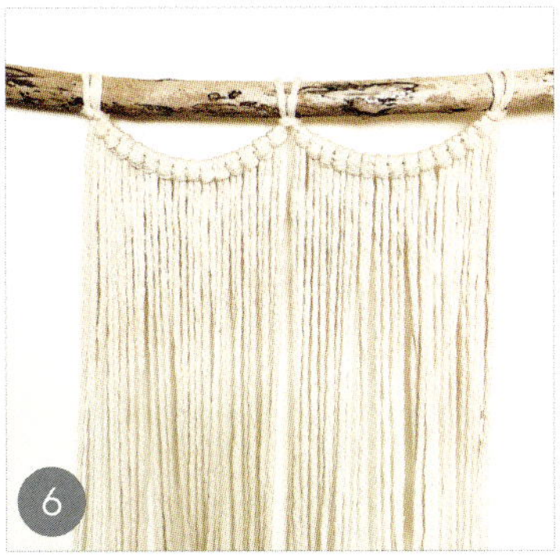

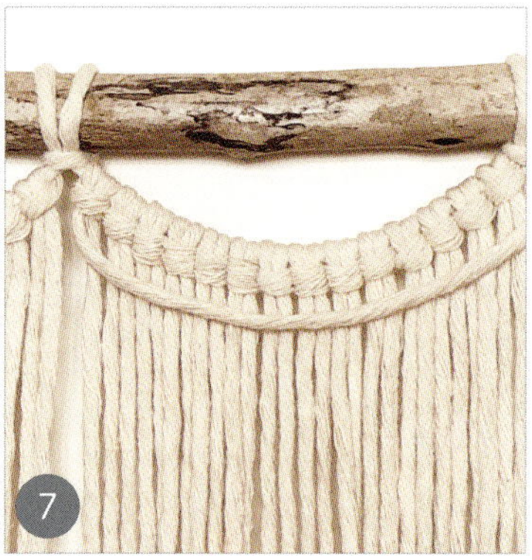

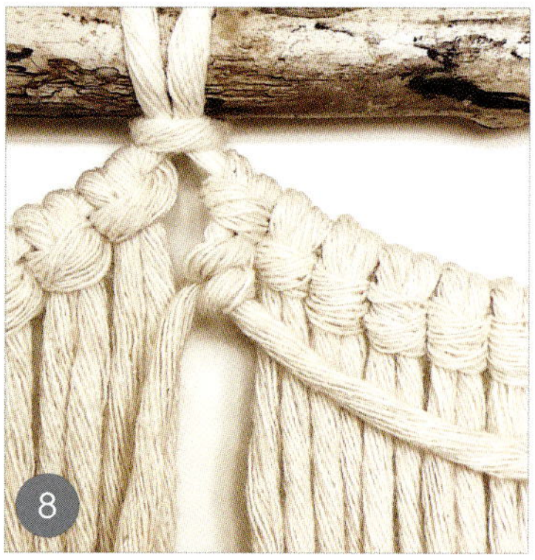

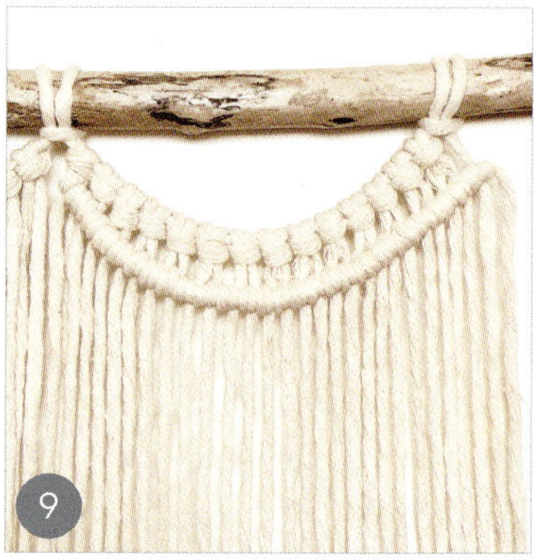

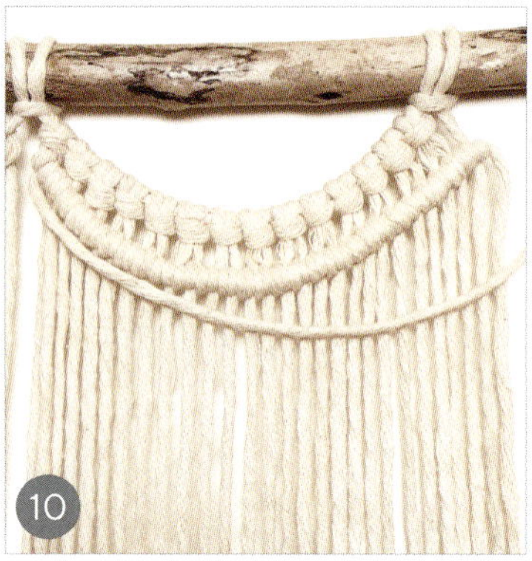

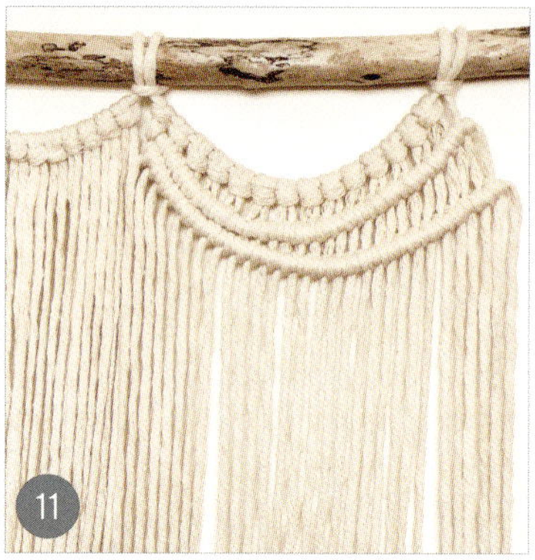

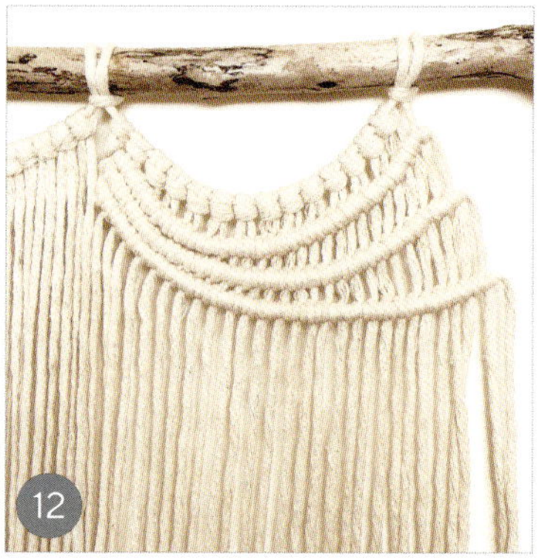

7 Ich habe mit dem rechten Flügel begonnen, also sind die folgenden Schritte für die rechte Seite anzuwenden.

Sie müssen nun nur den Rippenknoten anwenden. Nehmen Sie Ihren Trägerfaden, das ist der erste links liegende Faden von den 28 Fäden auf der rechten Seite. Ziehen Sie ihn mit einer lockeren Schlinge, die die obere Schleife nachzeichnet, nach rechts.

8 Nehmen Sie Faden Nummer 2, der direkt neben dem Trägerfaden liegt. Er ist der „Partnerfaden" des ursprünglichen Ankerstichs. Binden Sie ihn mit einem Rippenknoten an den Trägerfaden.

9 Arbeiten Sie sich systematisch von links nach rechts durch, nehmen Sie den nächsten Faden (Nummer 3) und knüpfen Sie ihn mit einem Rippenknoten an den Trägerfaden. Nehmen Sie Faden Nummer 4 und knüpfen Sie einen Rippenknoten an den Trägerfaden. Wiederholen Sie diesen Vorgang, bis Sie jeden herabhängenden Faden an den Trägerfaden geknüpft haben.

10 Kehren Sie in die Mitte des Werkstücks zurück und nehmen Sie einen weiteren Trägerfaden. Wieder ist dies der Faden ganz links, der von der rechten Fadengruppe herabhängt.

11 Arbeiten Sie wieder systematisch von links nach rechts und knüpfen Sie Rippenknoten entlang des Trägerfadens.

12 Wiederholen Sie die Schritte 10 und 11 und kehren Sie immer wieder zur Mitte des Werkstücks zurück, wann immer Sie eine Schlinge fertiggestellt haben, um sich einen neuen Trägerfaden zu holen, auf den Sie Rippenknoten knüpfen.

13 Wenn Sie sich bis zur vierten Rippenknotenreihe vorarbeiten, können Sie beginnen, die Form des Trägerfadens zu ändern, um die Flügelform zu gestalten. Fahren Sie damit in der fünften und sechsten Reihe fort.

14 Die Schritte 10 und 11 wiederholen, bis Sie insgesamt sieben Rippenknotenreihen geknüpft haben.

15 Kehren Sie zur Mitte zurück, nehmen Sie den linken Faden als Trägerfaden und knüpfen Sie mit dem nächsten Partnerfaden einen Rippenknoten (Faden Nummer 2). Ziehen Sie nun den Rest dieses Partnerfadens und den Trägerfaden nach rechts, sodass zwei Trägerfäden entstehen.

16 Führen Sie Faden Nummer 3 mit und knüpfen Sie einen Rippenknoten um den Trägerfaden und den ursprünglichen Partnerfaden Nummer 2. Nehmen Sie den Rest von Faden Nummer 3 und ziehen Sie ihn nach rechts, um drei Trägerfäden zu bilden.

17 Nehmen Sie Faden Nummer 4, knüpfen Sie einen Rippenknoten um alle drei Trägerfäden und geben Sie den restlichen Faden hinzu, um vier Trägerfäden zu erhalten.

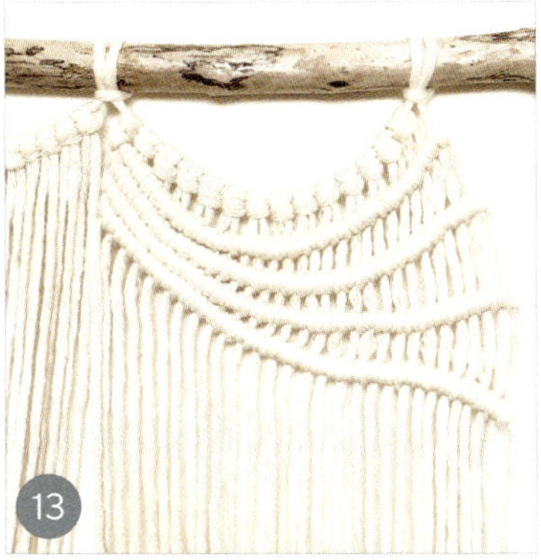

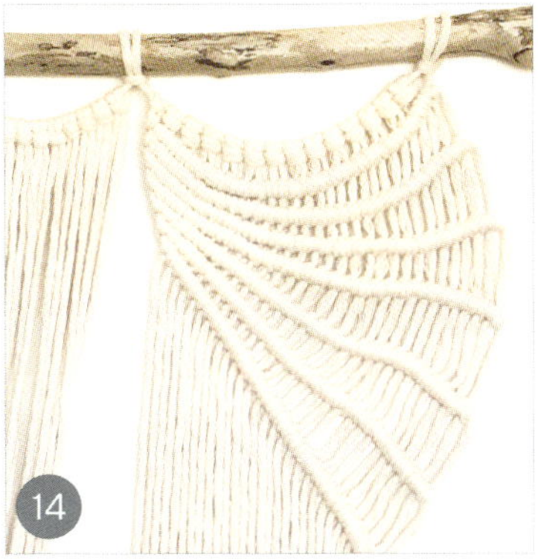

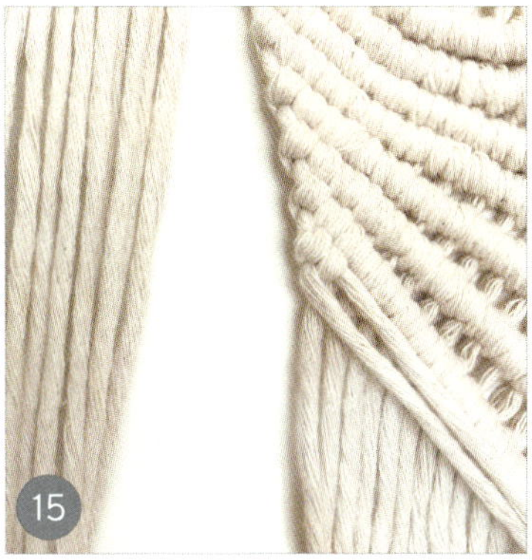

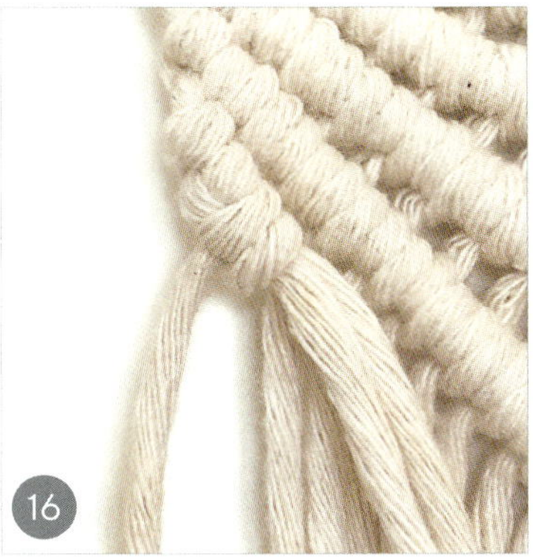

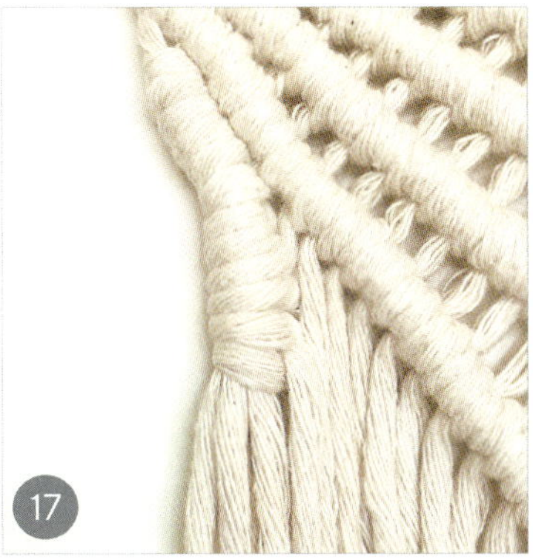

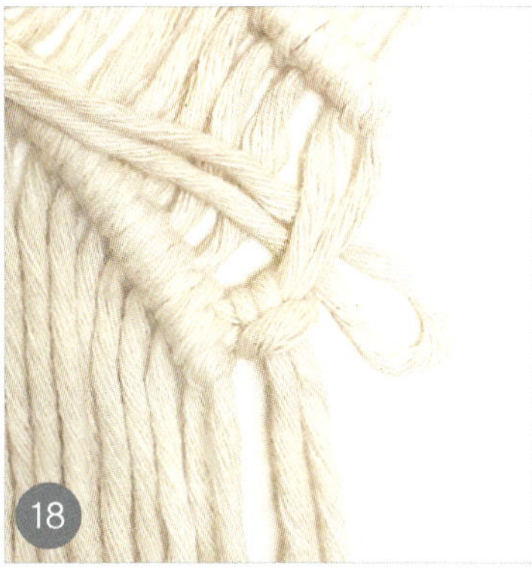

Mit Faden Nummer 5 wiederholen und einen Rippenknoten um alle vier Trägerfäden knüpfen, dann den Rest des Fadens zu diesen hinzufügen, um fünf Trägerfäden zu erhalten. Nehmen Sie schließlich Faden Nummer 6 und knüpfen Sie einen Rippenknoten um alle fünf Trägerfäden. Sie werden bemerken, dass die Rippenknoten jedes Mal dicker werden.

18 An dieser Stelle können Sie die rechten Fäden grob zuschneiden und die Abschnitte für die folgenden Schritte verwenden, falls sie lang genug sind. Sind sie es nicht, müssen Sie 16 Längen zu je 60 cm zuschneiden, um die Fransen für den rechten Flügel zu gestalten. Falten Sie eine dieser Längen in der Mitte und knüpfen Sie sie mit einem Ankerstich an das rechte Fadenpaar zwischen den unteren beiden Reihen.

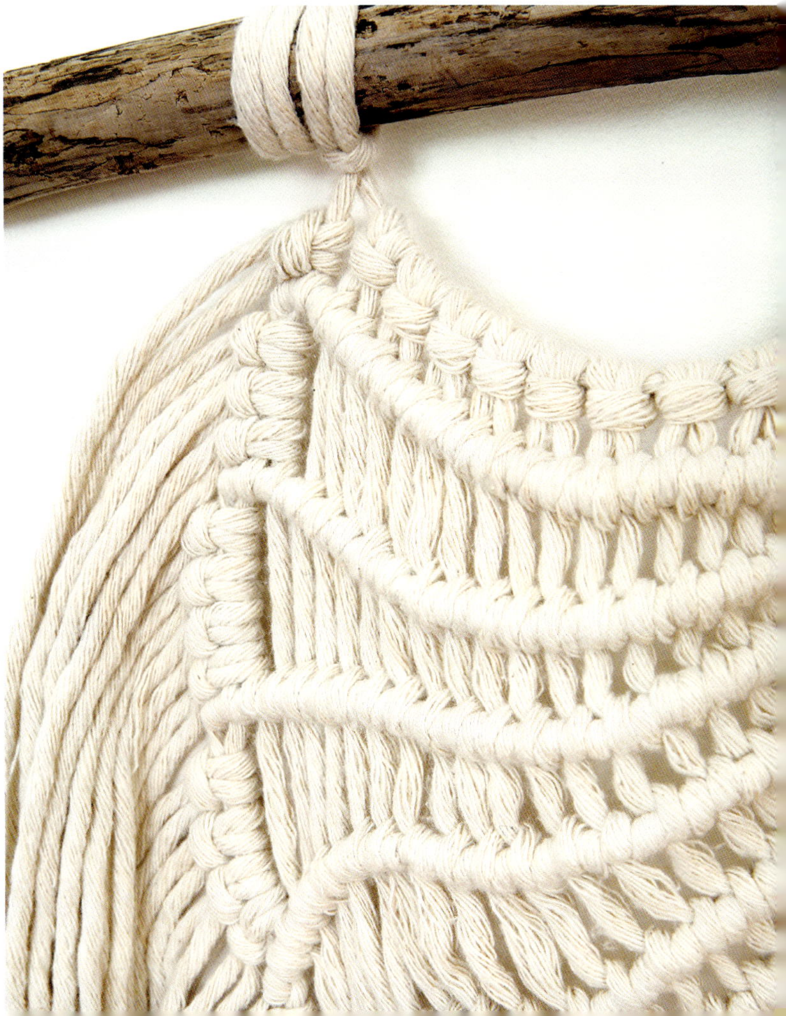

TOP-TIPP

Wenn Sie ein großes Projekt knüpfen, ist es am besten, das Werkstück aufzuhängen, damit die Fäden gerade hängen und sich nicht verheddern. Für die Aufhängung binden Sie ein Stück Faden an jedem Ende des Treibholzes mit einem Ankerstich fest und verknoten die vier Enden einfach oben in der Mitte.

19 Falten Sie einen weiteren 60 cm langen Faden in der Mitte und binden Sie ihn zum selben Fadenpaar zwischen die unteren beiden Reihen. Wiederholen, bis Sie diesen Abschnitt ausgefüllt haben.

20 Wiederholen Sie die Schritte 18–19, um Fransen entlang der rechten Seite Ihres Flügels einzuknüpfen. Eventuell benötigen Sie mehr als 16 Fäden, was schlichtweg davon abhängt, wie groß die Abstände zwischen Ihren Reihen sind.

21 Sie müssen den gesamten Knüpfvorgang der Makramee-Arbeit nun von Schritt 7–20 wiederholen, um den linken Flügel zu gestalten – diesmal aber ist Ihr Trägerfaden aus der Mitte der Faden ganz rechts auf der linken Seite. Versuchen Sie, die Formen jeder Reihe so symmetrisch wie möglich zu halten, um einen realistischeren Flügeleffekt zu erzielen.

22 Wenn Sie beide Flügel fertig geknüpft haben, können Sie beginnen, die grundsätzliche Form mithilfe einer scharfen Schere zuzuschneiden. Ich habe eine leichte V-Forum gewählt, indem ich die Fransen recht lang gelassen habe, aber in diesem Arbeitsschritt können Sie Ihre eigene Flügelform frei gestalten.

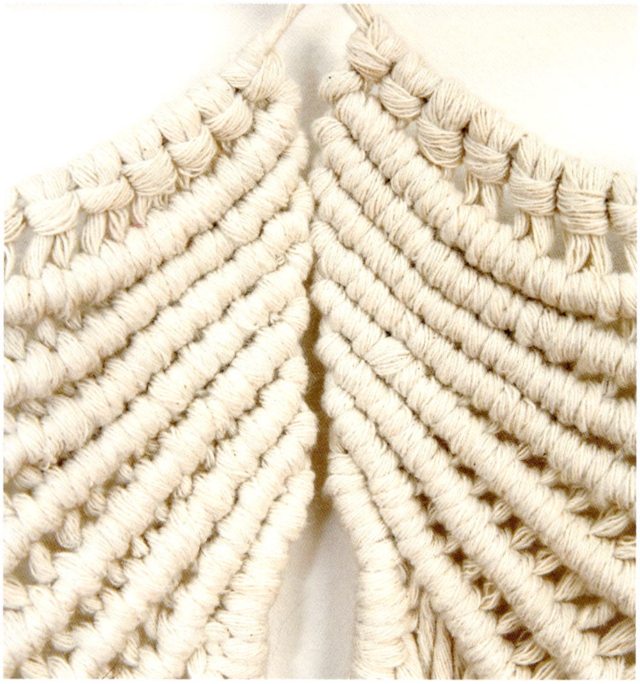

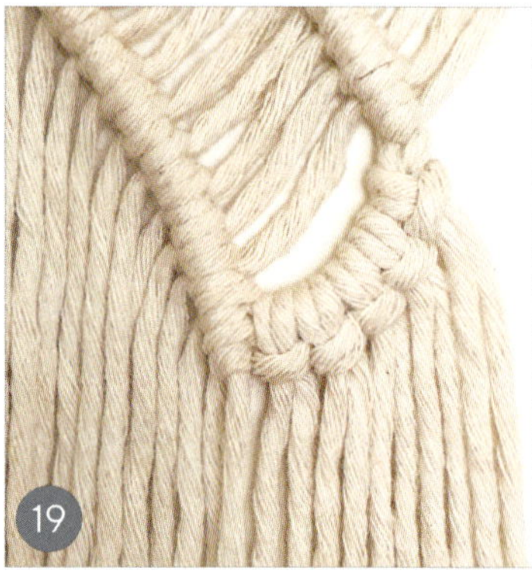
19

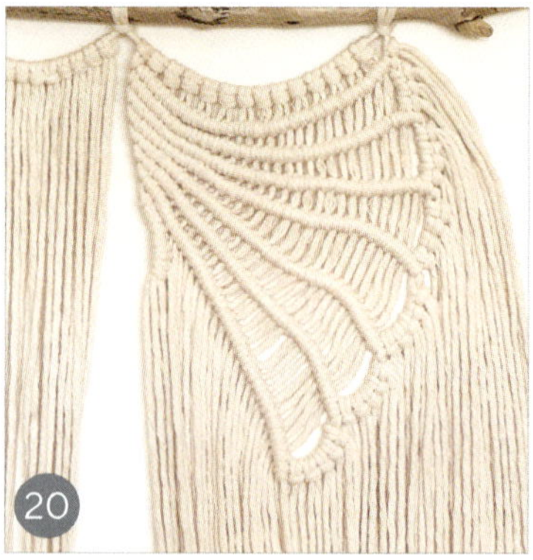
20

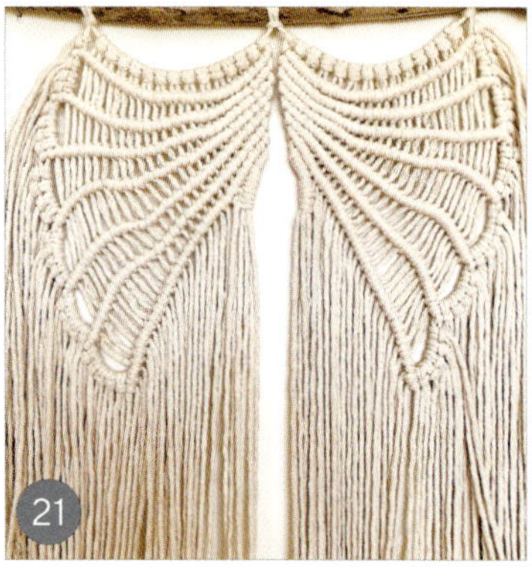
21

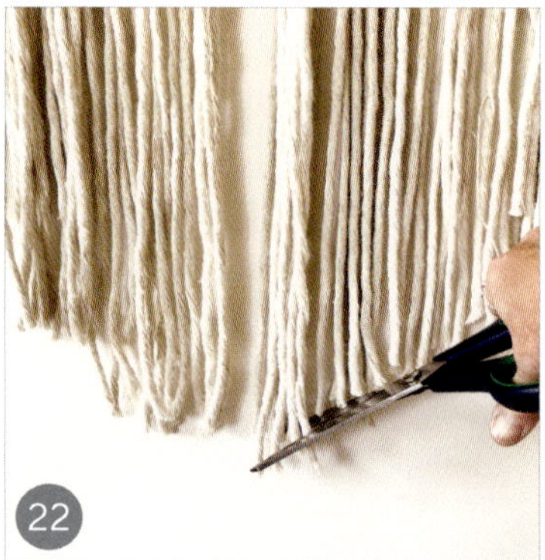
22

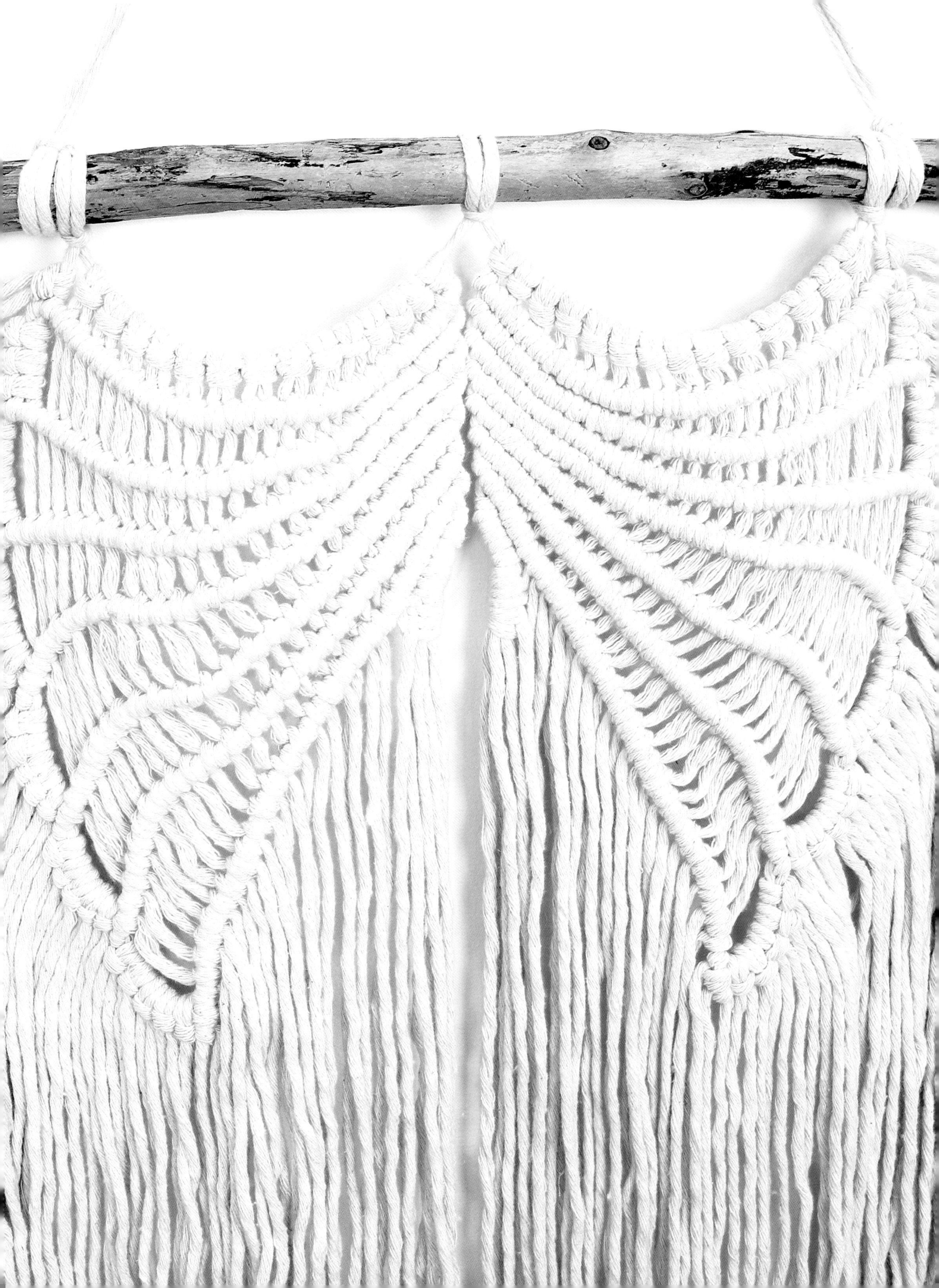

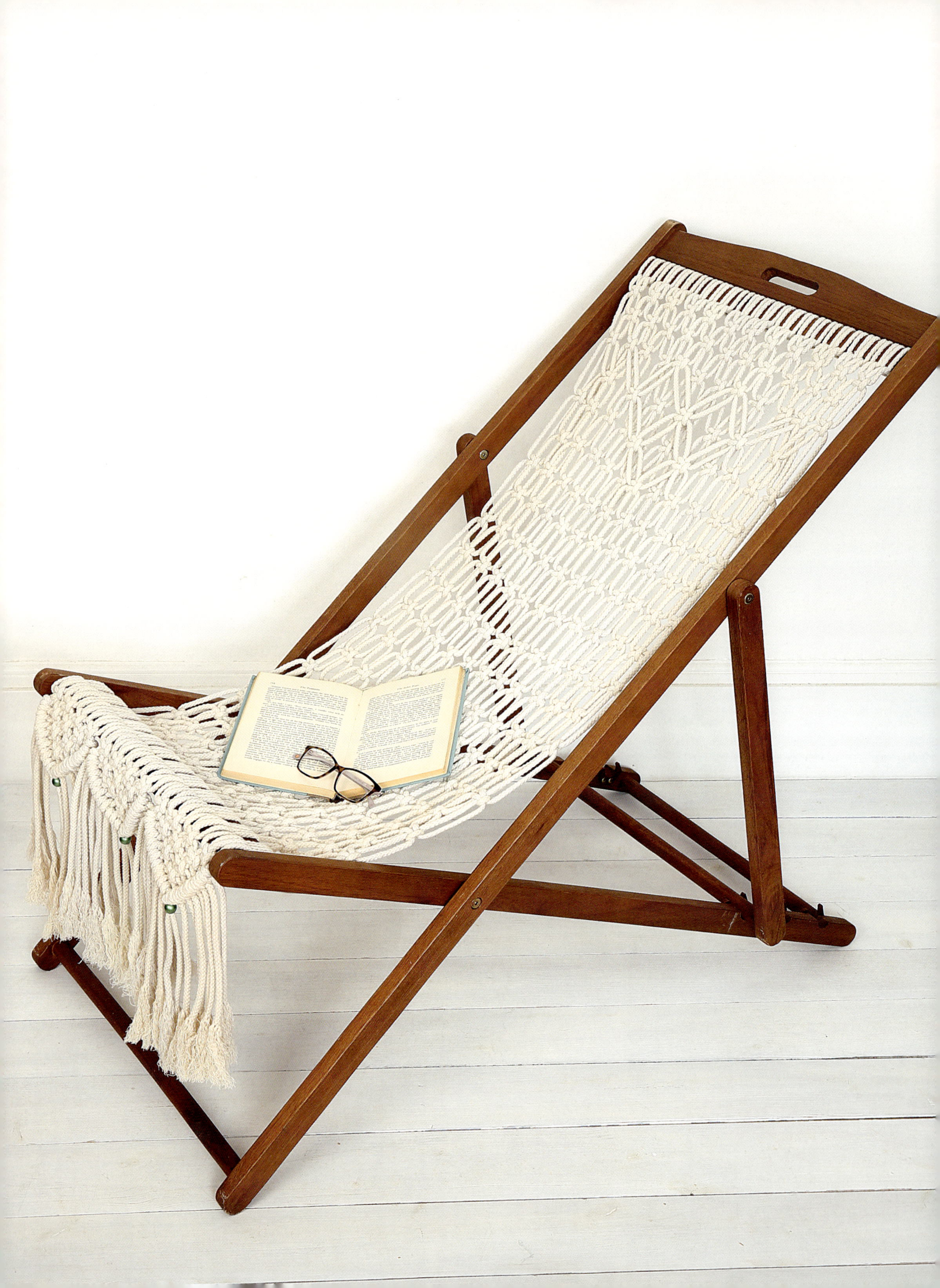

Liegestuhldekor

Tansy Wilson

Wenn Sie, genau wie ich auch, einen muffigen Liegestuhl in Ihrem Gartenhäuschen haben, werfen Sie ihn nicht weg, sondern bringen Sie ihn auf Vordermann! Entfernen Sie die schäbigen Teile und lassen Sie sich von diesem Projekt anleiten, um so einen stylishen und bequemen Sessel zu gestalten.

SIE BENÖTIGEN

- Baumwollseil, 9 mm
- Schere
- Klebeband
- Perlen, 3 x 10 mm, mit 4 mm großem Loch
- Liegestuhlrahmen

1 Ganz gleich, ob Sie nun schon einen Liegestuhl besitzen oder einen Secondhand-Sessel kaufen müssen, notieren Sie sich, wie der Bezug auf dem Rahmen sitzt. Überprüfen Sie, ob der Stuhl stabil ist und entscheiden Sie, ob Sie den Rahmen in einer flippigen Farbe streichen oder mit Schleifpapier schmirgeln wollen, wenn er eine Reinigung benötigt. Schneiden Sie schließlich den bestehenden Stoff ab und kippen Sie die Rückseite des Liegestuhls nach oben, sodass die Öffnung, in der sich der Stoff befand, Ihnen zugewandt ist – bereit, Ihre Makramee-Arbeit zu beginnen.

2 Die folgenden Maße basieren auf einem Standard-Liegestuhl in Erwachsenengröße mit Maßen des entfernten Stoffs von ca. 110 cm Länge mal 45 cm Breite. Verwenden Sie das 9 mm dicke Baumwollseil und schneiden Sie 24 Längen zu je 7,5 m zu. Wickeln Sie ein Stück Klebeband um jede Schnittstelle, um zu verhindern, dass das Seil ausfranst.

3 Falten Sie Ihr erstes 7,5 m langes Seilstück in der Mitte und befestigen Sie es mit einem Ankerstich dort an dem Liegestuhl, wo vorher der Stoff war. Es ist wichtig, dass die Schlinge des Ankerstichs auf die Rückseite des Rahmens zeigt. Dies verhindert, dass der Knoten verrutscht, wenn Sie sich in den Stuhl setzen. Wiederholen Sie diesen Schritt und bringen Sie alle 24 Längen am Rahmen an.

4 Arbeiten Sie von links ausgehend, nehmen Sie die ersten vier Seile und knüpfen Sie einen Kreuzknoten (siehe Seite 96). Wiederholen und dabei entlang aller Seile arbeiten. Am Ende sollten Sie 12 Kreuzknoten haben.

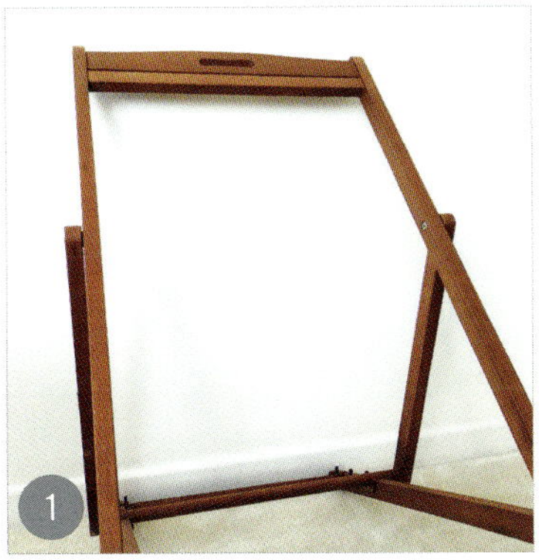

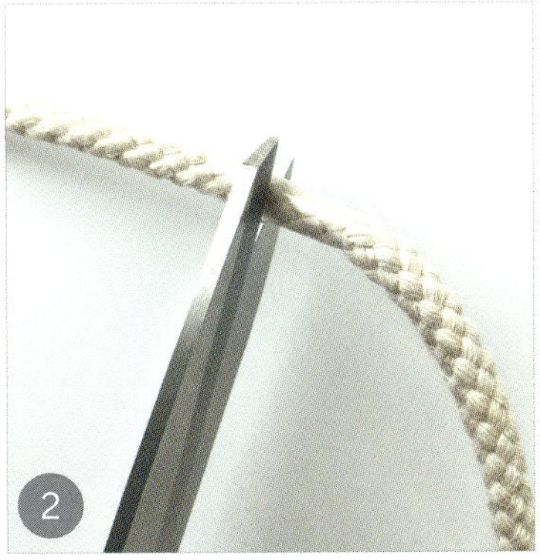

TOP-TIPP

Baumwollseil erhalten Sie oft in 15-m-Spulen. Das bedeutet, dass es leichte Farbunterschiede zwischen den verschiedenen Chargennummern geben kann. Sollte dies der Fall sein, berücksichtigen Sie das in Ihrem Design.

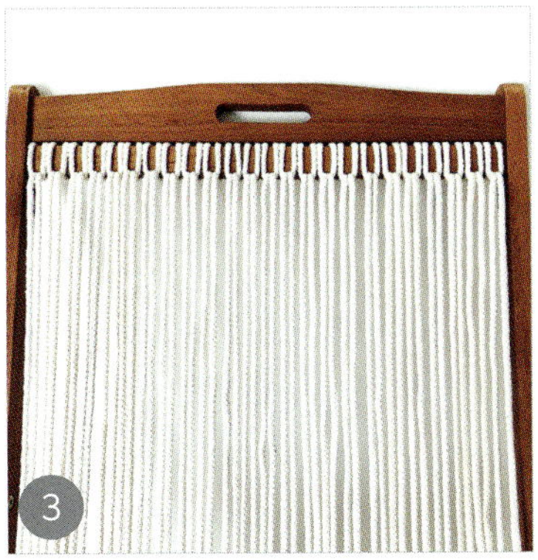

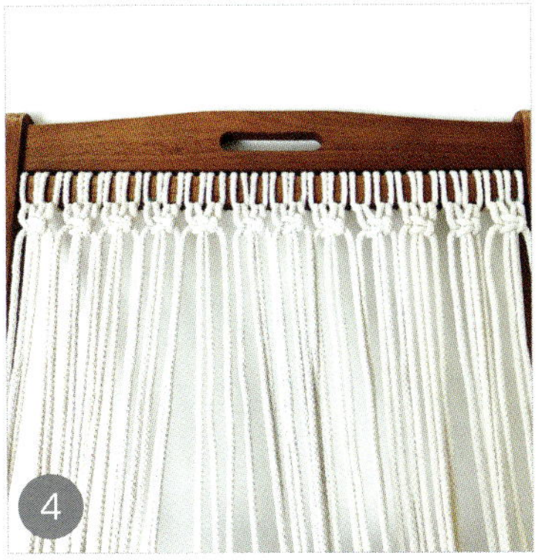

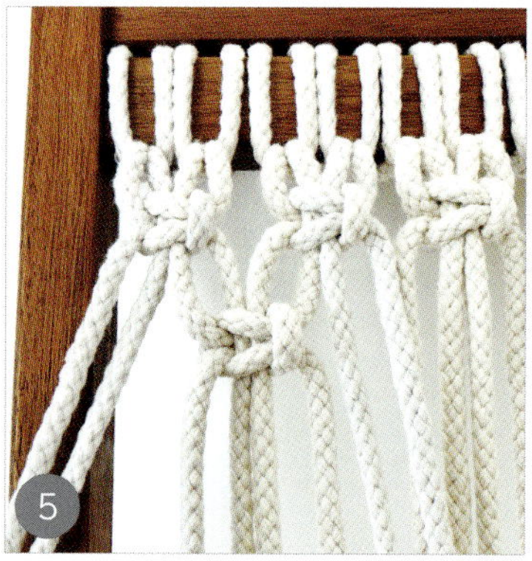
5

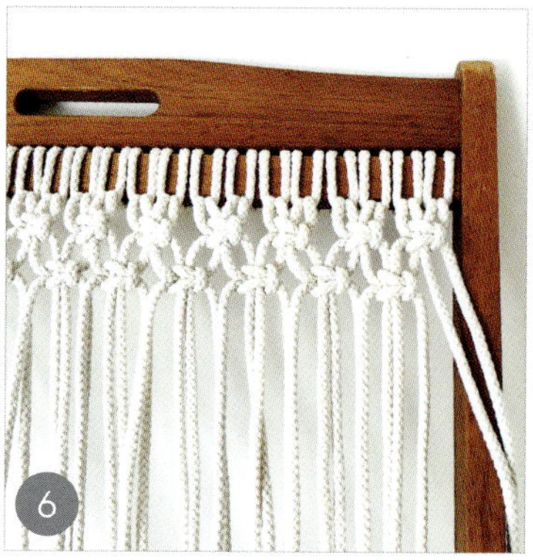
6

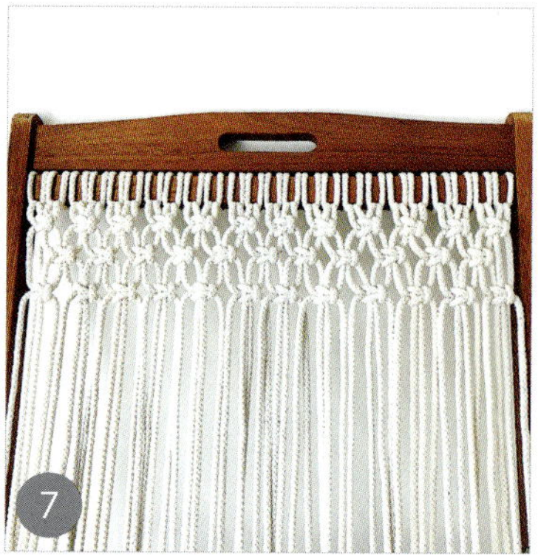
7

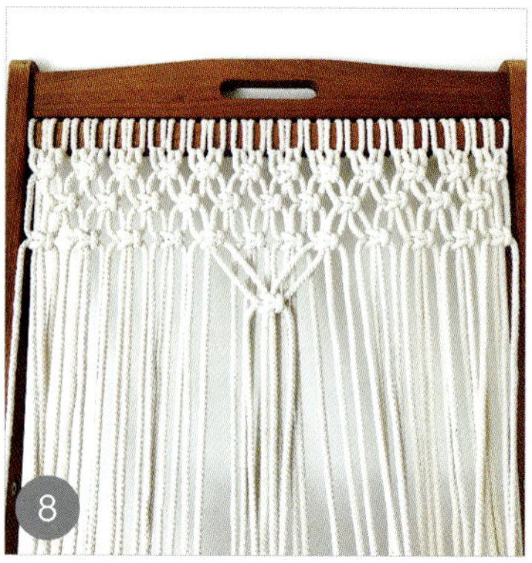
8

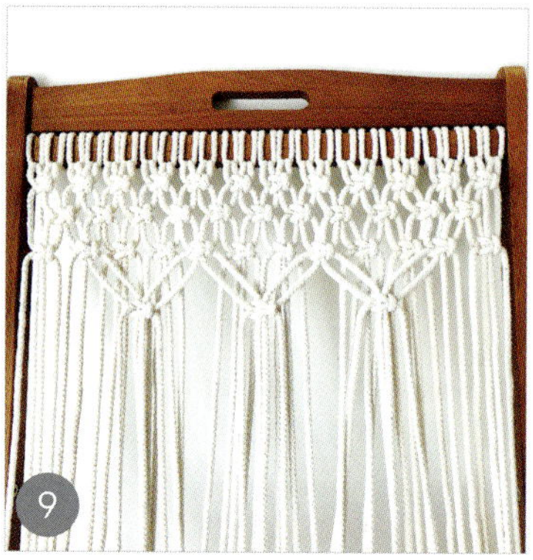
9

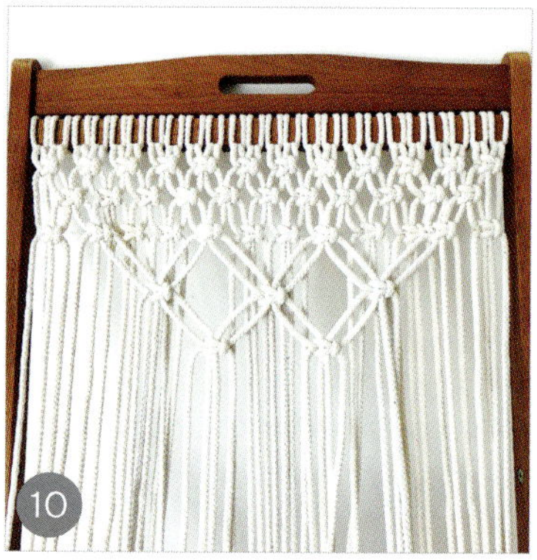
10

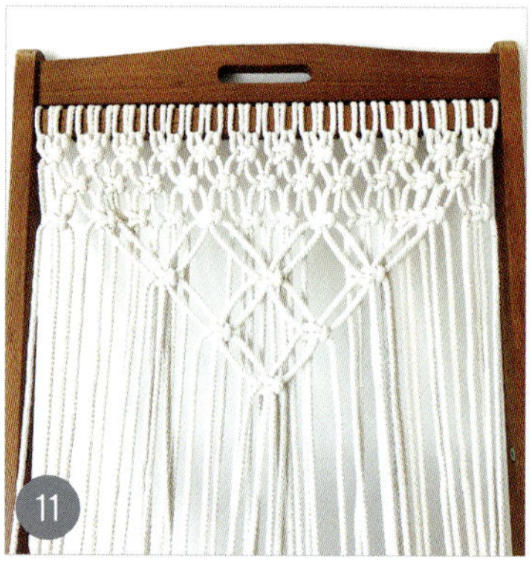
11

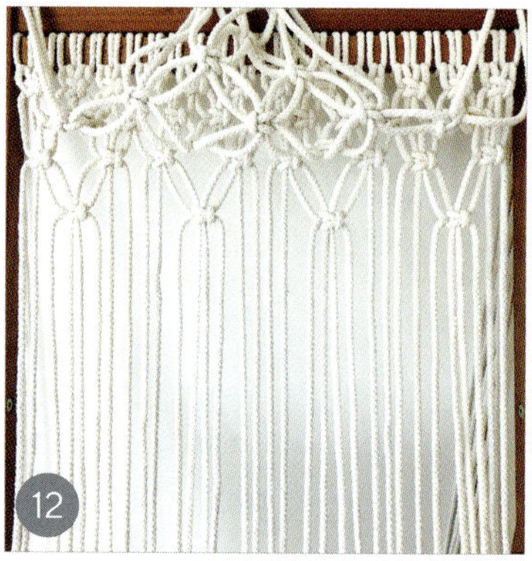
12

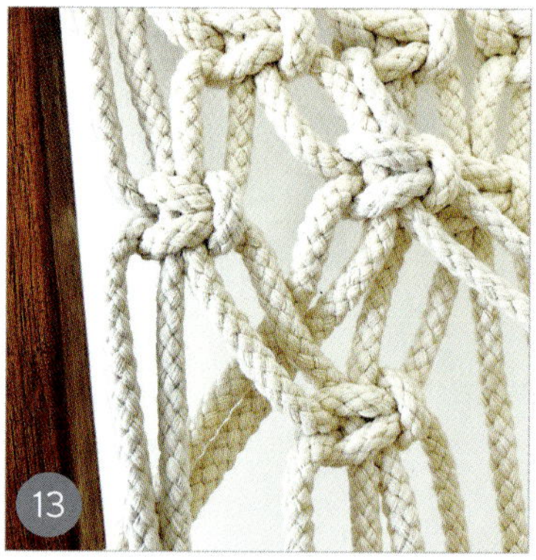
13

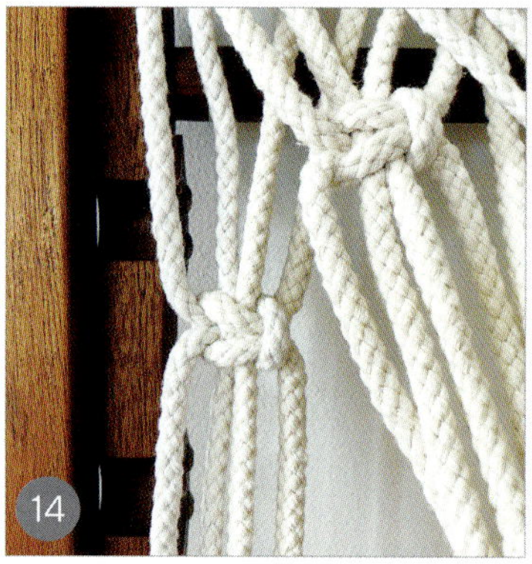
14

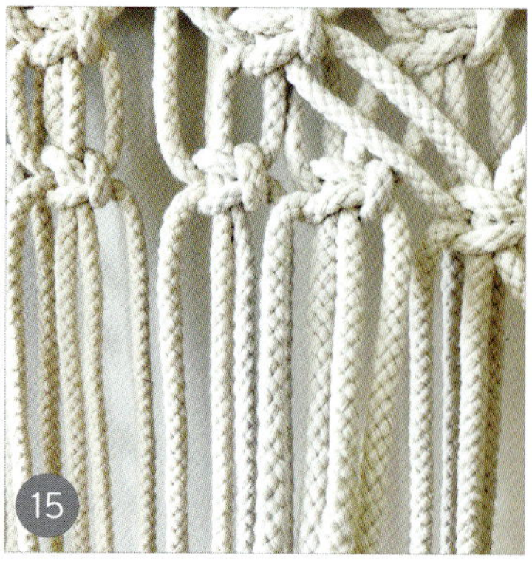
15

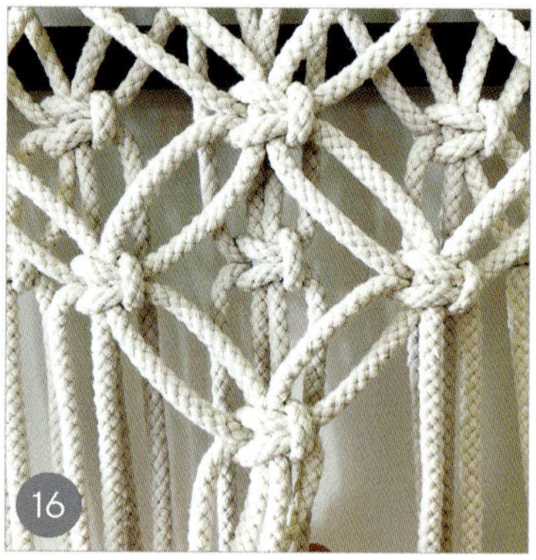
16

5 Beginnen Sie wieder von links, nehmen Sie die ersten beiden herabhängenden Fäden und ziehen Sie sie auf die Seite. Knüpfen Sie dann einen Kreuzknoten mit den nächsten vier Seilen.

6 Knüpfen Sie weiter Kreuzknoten, bis Sie an die rechte Seite gelangen, wo die letzten beiden Seile ebenfalls ungeknüpft bleiben. So entsteht eine Reihe aus elf Kreuzknoten.

7 Schritt 4 wiederholen, um eine dritte Reihe aus zwölf Kreuzknoten mit allen 24 Seilen zu knüpfen.

8 Von der linken Seite der dritten Reihe nach innen zählend, nehmen Sie die zwei rechten Seile, die unten aus dem fünften Kreuzknoten herauskommen. Von der rechten Seite nach innen zählend, nehmen Sie die beiden linken Seile, die unten aus dem fünften Kreuzknoten herauskommen. Binden Sie diese vier zu einem Kreuzknoten.

9 Von der linken Seite der dritten Reihe nach innen zählend, nehmen Sie die zwei rechten Seile, die unten aus dem zweiten Kreuzknoten herauskommen, und formen Sie einen Kreuzknoten mit den beiden linken Seilen, die aus dem fünften Kreuzknoten kommen. Von der rechten Seite in derselben Reihe nach innen zählend, nehmen Sie die beiden linken Seile, die unten aus dem zweiten Kreuzknoten herauskommen und binden einen Kreuzknoten mit den beiden rechten Seilen, die aus dem fünften Kreuzknoten kommen, um das V-Muster, wie auf dem Foto gezeigt, zu knüpfen.

10 Arbeiten Sie nur mit den drei neuen Kreuzknoten unten an jedem V, nehmen Sie die beiden rechten Seile des linken Kreuzknotens und knüpfen Sie einen weiteren Kreuzknoten mit den beiden linken Seilen, die unten aus dem mittleren Kreuzknoten herauskommen. Nehmen Sie die beiden rechten Seile, die aus dem mittleren Kreuzknoten herauskommen und knüpfen Sie einen weiteren Kreuzknoten mit den zwei linken Seilen aus dem rechten Kreuzknoten.

11 Knüpfen Sie einen letzten Kreuzknoten mit den zwei rechten Seilen aus dem linken Knoten und den zwei linken Seilen aus dem rechten Knoten, um dieses große Dreiecksmuster zu formen.

12 Nehmen Sie diese neue obere Lage aus Kreuzknoten und bringen Sie sie aus dem Weg, sodass die darunterliegenden Seile zutage kommen. Lassen Sie die ersten zwei linken Seile aus und knüpfen Sie einen Kreuzknoten mit den folgenden vier Seilen. Vier Seile auslassen und einen weiteren Kreuzknoten knüpfen. Wiederholen, sodass Sie vier Kreuzknoten in einer Reihe haben.

13 Bringen Sie die obere Schicht, die Sie in Schritt 12 beiseitegelegt haben, zurück nach unten. Die vier in Schritt 12 geknüpften Kreuzknoten sollten in einer Linie mit den drei Kreuzknoten aus Schritt 9 liegen.

Nehmen Sie die zwei linken Seile aus dem ersten linken Kreuzknoten in der oberen Schicht, der in Reihe drei geknüpft wurde, führen Sie sie nach hinten und ziehen Sie am linken der beiden übrigen rechten Seile des ersten linken Kreuzknotens aus Schritt 12 an.

Wiederholen Sie dies symmetrisch für die rechte Seite. Nehmen Sie die beiden rechten Seile aus dem letzten rechten Kreuzknoten, der in dieser oberen Schicht in Reihe drei geknüpft wurde, führen Sie sie nach hinten und ziehen Sie am rechten und an den beiden rechten Seilen des ersten linken Kreuzknotens aus Schritt 12 an.

14 Knüpfen Sie mit den ersten vier Seilen einen Kreuzknoten in die untere Schicht: Die ersten zwei und die beiden, die Sie in Schritt 13 nach unten geführt haben.

15 Arbeiten Sie nur an der unteren Schicht in der Reihe aus Schritt 14 und knüpfen Sie Kreuzknoten bis unter die obere Schicht. Schieben Sie diese aus dem Weg, um besser sehen zu können.

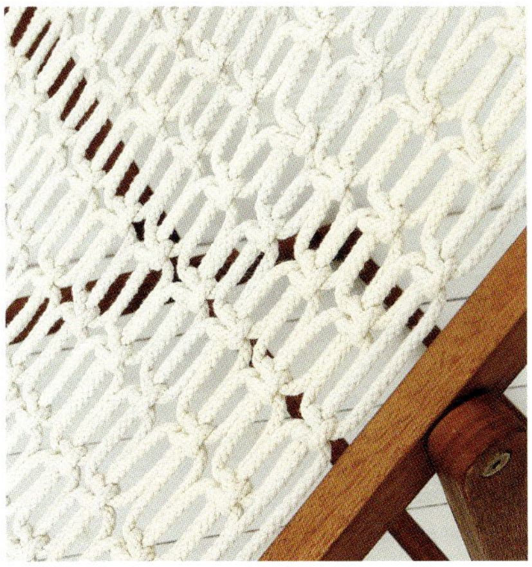

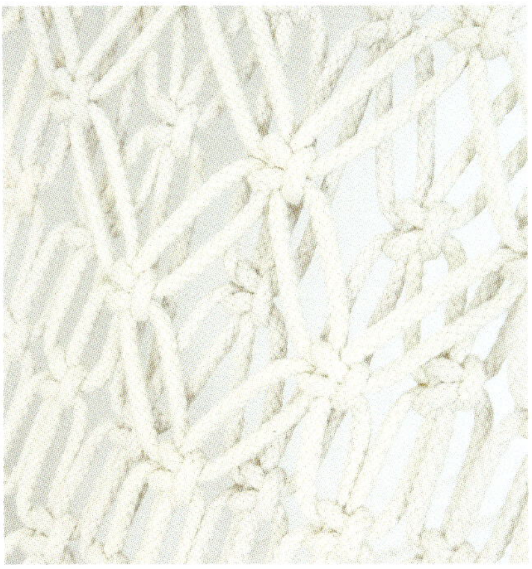

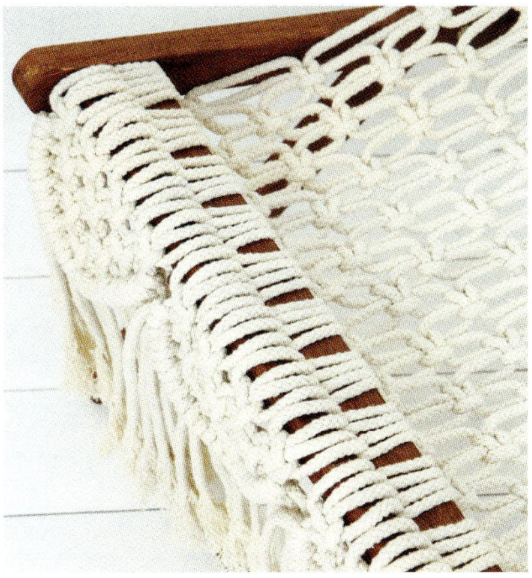

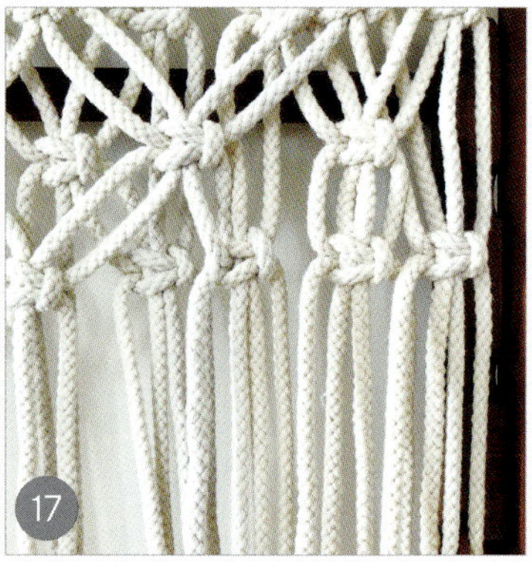
17

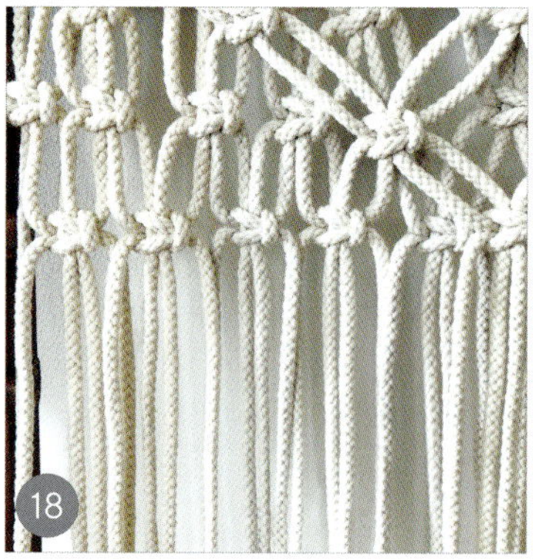
18

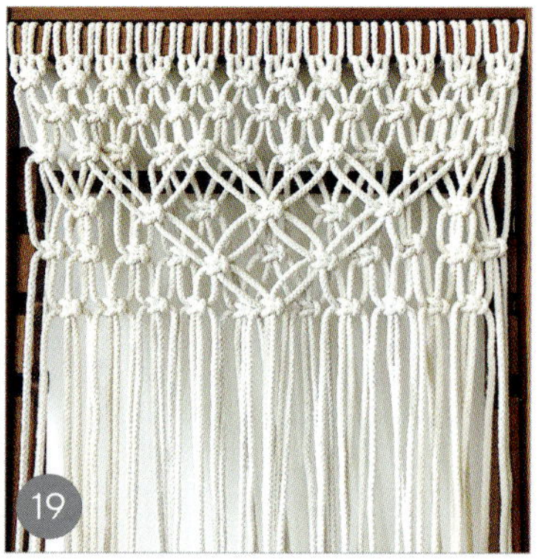
19

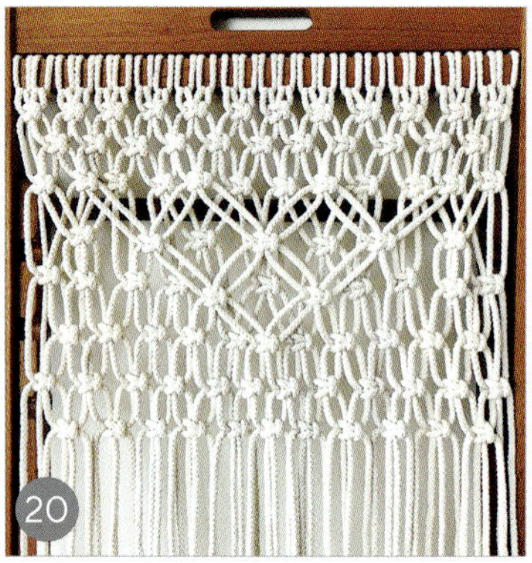
20

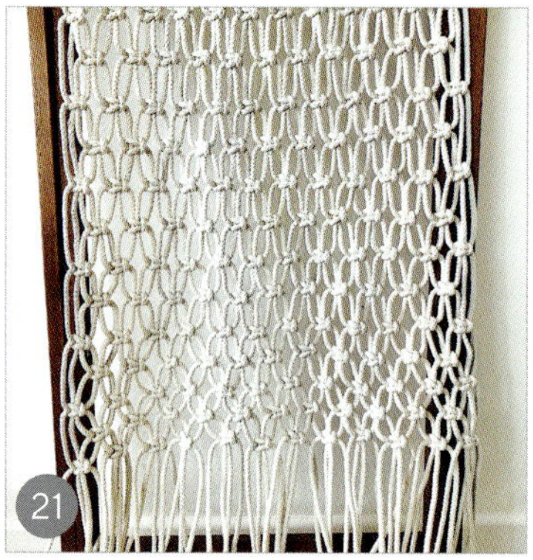
21

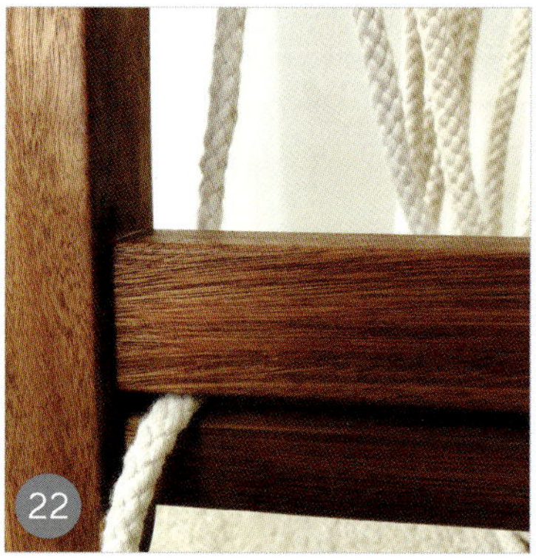
22

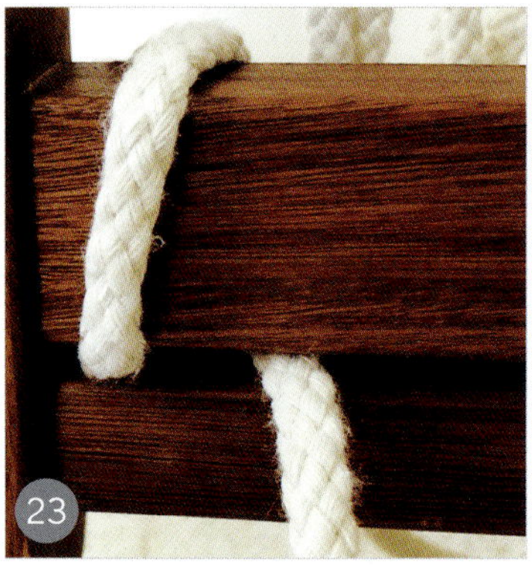
23

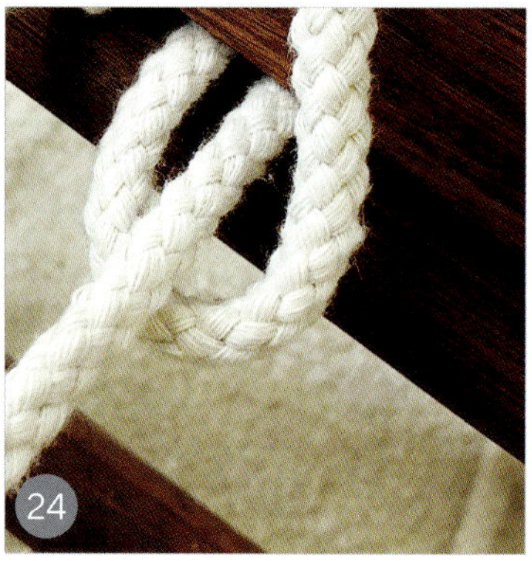
24

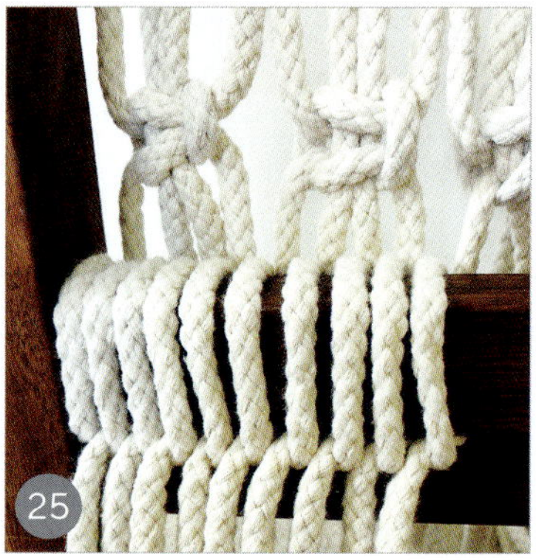
25

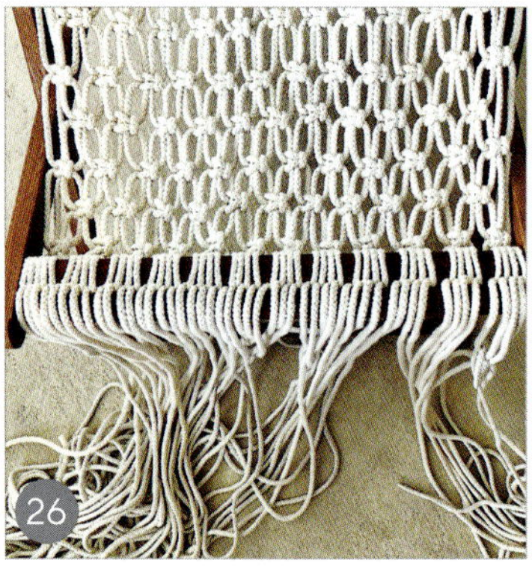
26

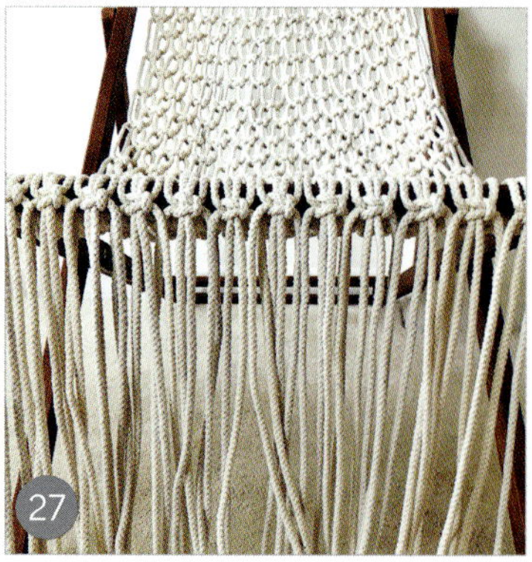
27

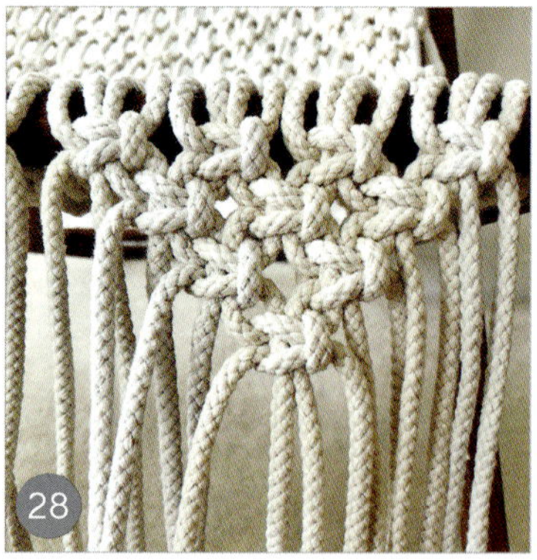
28

16 Während Sie weiter an der Reihe in der unteren Schicht arbeiten, sollten Ihre Kreuzknoten an der Mitte der oberhalb liegenden Kreuzknoten ausgerichtet sein, um ein gleichmäßiges Muster zu erhalten.

17 Fahren Sie systematisch in der unteren Schicht mit dem Knüpfen von Kreuzknoten in dieser Reihe fort, bis Sie zu den letzten vier Seilen auf der rechten Seite kommen. Verwenden Sie nun die zwei rechten Seile, die Sie in Schritt 13 nach hinten geführt haben, um den letzten Knoten zu binden.

18 Beginnen Sie auf der linken Seite, nehmen Sie die ersten beiden Seile und ziehen Sie sie zur Seite. Knüpfen Sie mit den nächsten vier Seilen einen Kreuzknoten. Binden Sie zwei weitere Kreuzknoten in dieser Reihe. Für den vierten Knoten verwenden Sie die beiden rechten Seile der unteren Schicht und die beiden linken Seile aus dem linken Kreuzknoten in der oberen Schicht aus Schritt zehn. Er sollte in einer Linie mit dem letzten Kreuzknoten aus der oberen Schicht liegen.

19 Fahren Sie mit dieser Reihe fort und knüpfen Sie zwei weitere Kreuzknoten in die untere Schicht. Nehmen Sie dann die zwei rechten Seile, die aus dem rechten Knoten der oberen Schicht (geknüpft in Schritt 10) stammen, und die nächsten zwei Seile aus der unteren Schicht, um den siebenten Kreuzknoten in dieser Reihe zu knüpfen. Knüpfen Sie diese Reihe mit weiteren drei Kreuzknoten hintereinander weiter, wobei ihnen zwei Seile zur Rechten übrigbleiben.

20 Arbeiten Sie von links aus und beginnen Sie eine weitere Reihe aus Kreuzknoten bis zur rechten Seite des Stuhls. Wenn Sie so zu Knoten 6 kommen, verwenden Sie die beiden linken Seile, die aus dem untersten Knoten der oberen Schicht herauskommen. Knoten 7 benötigt die zwei rechten Seile, die aus dem untersten Knoten der oberen Schicht stammen. Knüpfen Sie eine weitere Reihe Kreuzknoten und arbeiten Sie dabei von links nach rechts; die ersten beiden Seile auslassen.

21 In diesem Arbeitsschritt haben sich alle Ihre Seile neu angeordnet und Sie knüpfen wieder mit nur einer Schicht. Arbeiten Sie weiter mit alternierenden Reihen aus Kreuzknoten, bis Sie ca. 10 cm von der unteren Querstrebe des Liegestuhls entfernt sind.

22 Schieben Sie alle Seile hinter den Rahmen des Liegestuhls, nehmen Sie das allererste Seil zur Linken und führen Sie es von der Rückseite der Querstrebe, an der Sie es festbinden wollen, nach vorne. Dies muss dieselbe Querstrebe sein, an der ursprünglich auch der Stoff befestigt war.

23 Führen Sie das Seil vor der Querstrebe hinauf, um das Seil und hinter sich selbst und wieder nach unten, indem Sie es erst hinter und dann vor die Querstrebe führen.

24 Nehmen Sie dann das Ende des Seils und führen Sie es durch die entstandene Schlinge um die Querstrebe; ziehen Sie es dabei sehr fest, sodass die letzte Reihe Kreuzknoten hinunter zur Querstrebe gezogen wird.

25 Arbeiten Sie systematisch mit jedem Seil und wiederholen Sie dieses Muster, indem Sie das Seilende von der Rückseite des Rahmens nach vorne führen, hinauf vor der Querstrebe, rundherum und wieder zurück, hinter sich selbst bringen. Nach unten hinter die Querstrebe zurückkehren und erneut von hinten nach vorne durchführen und das Ende durch die vorne entstandene Schlinge stecken und so gut wie möglich festziehen.

26 Wenn Sie alle Seile an der unteren Stange befestigt haben, klappen Sie den Liegestuhl auf, damit Sie sehen können, wo die Seile über der Vorderkante herauskommen. Sie können nun die gewünschte Länge der Fransen bestimmen und die Seile mit einer Schere zurechtschneiden.

27 Die folgenden Schritte sind vollkommen Ihnen überlassen. Anstatt etwa bei Schritt 26 einfach Fransen stehenzulassen, können Sie ein Makrameemuster Ihrer Wahl knüpfen oder diesem einfachen Muster für geknotete Fransen folgen. Knüpfen Sie 12 Kreuzknoten entlang der Kante der Querstrebe.

28 Arbeiten Sie mit den ersten vier Kreuzknoten an einem Ende, knüpfen Sie eine zweite, dritte und vierte Reihe aus Kreuzknoten, um ein kleines Knotendreieck zu erhalten, wie auf dem Bild gezeigt.

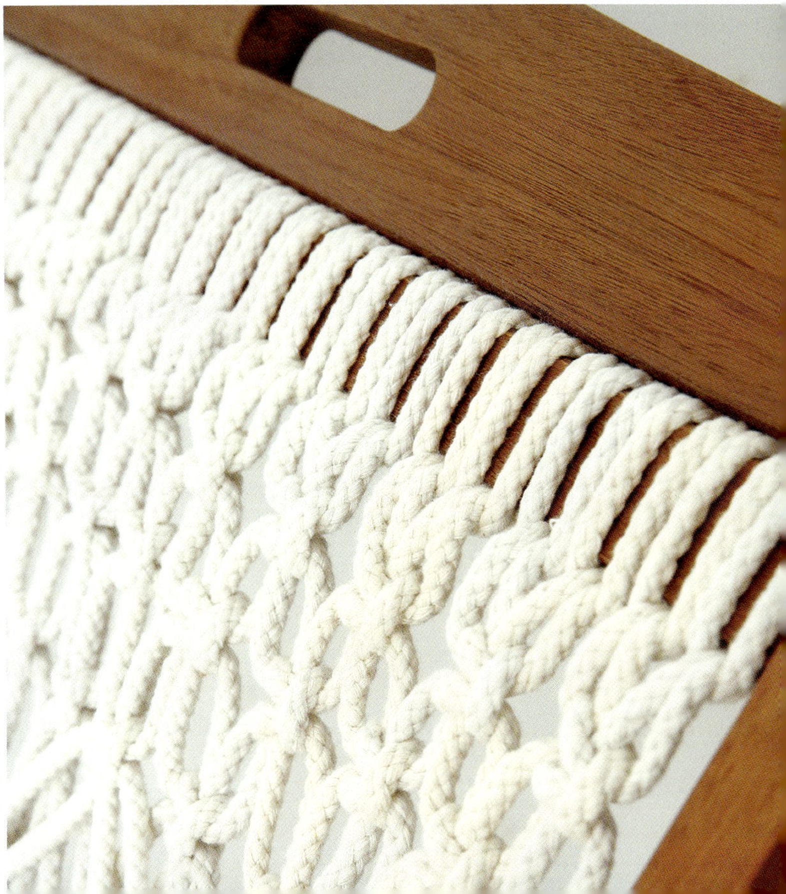

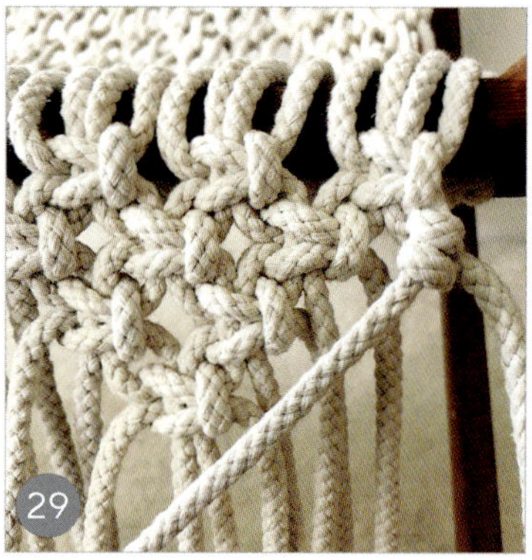

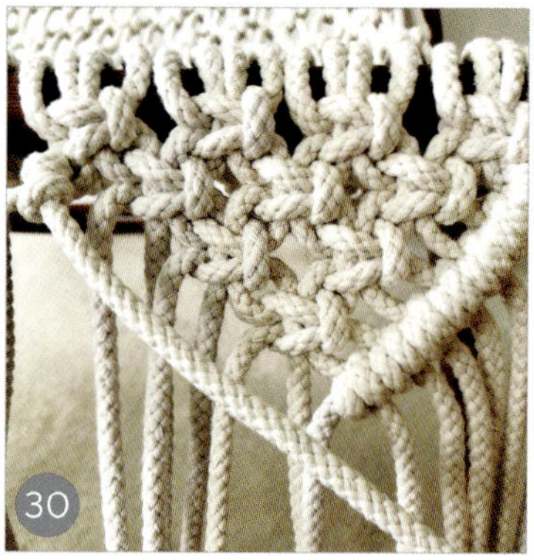

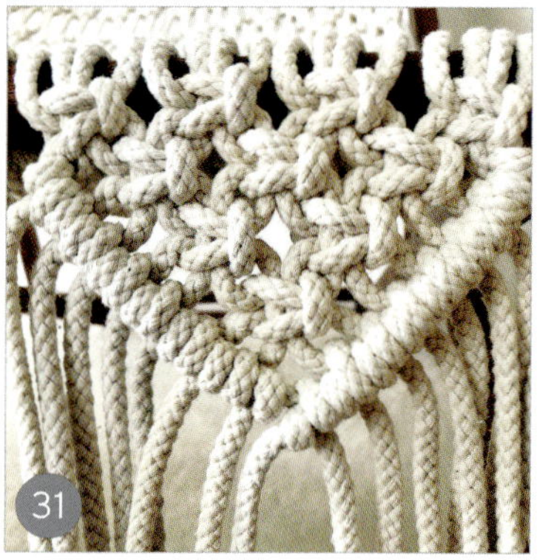

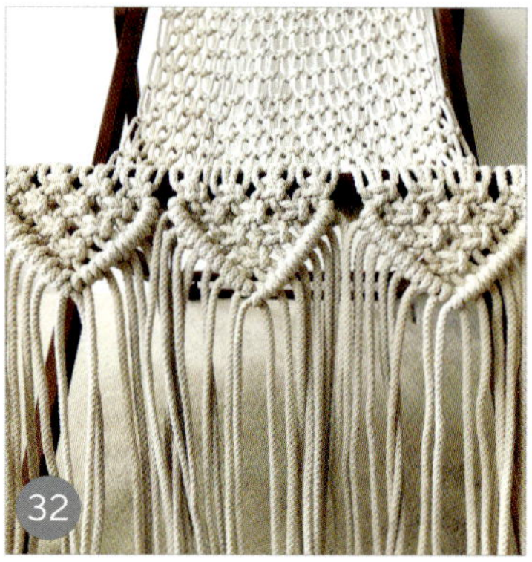

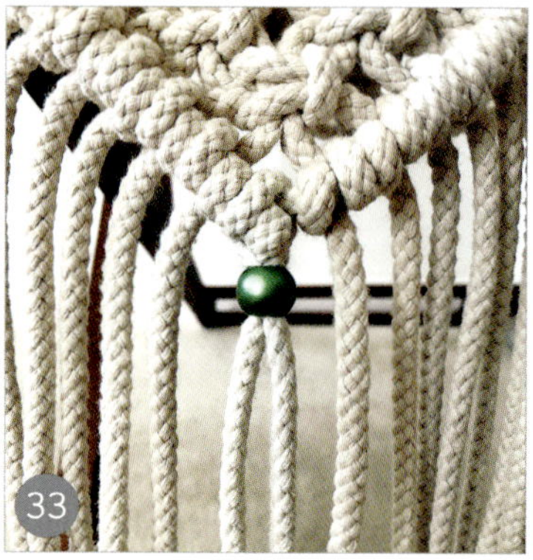

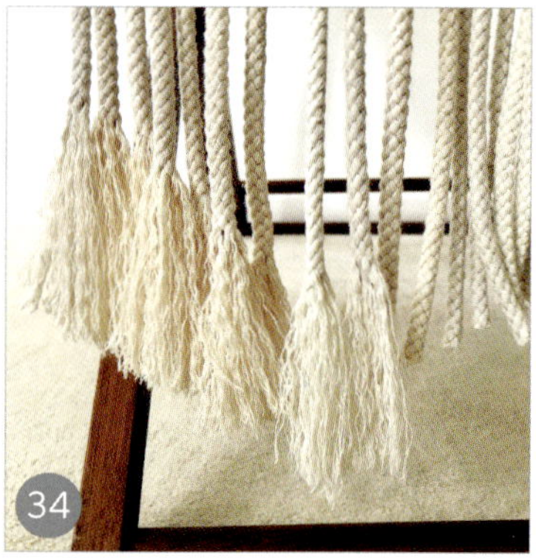

29 Nehmen Sie das Endseil als Trägerseil und knüpfen Sie einen Rippenknoten (siehe Seite 99) mit dem nächsten innenliegenden Seil darum.

30 Knüpfen Sie weiter Rippenknoten entlang des Trägerseils, bis Sie zum untersten Kreuzknoten in der Mitte kommen. Knüpfen Sie weitere zwei Rippenknoten mit den zwei rechten Seilen, die aus dem untersten Kreuzknoten herauskommen. Nehmen Sie das linke Seil und verwenden Sie es als Trägerseil.

31 Knüpfen Sie Rippenknoten entlang dieses Trägerseils bis nach unten und enden Sie mit den beiden linken Seilen aus dem untersten Kreuzknoten. Knüpfen Sie dann einen weiteren Rippenknoten, um die beiden Linien zusammenzufügen.

32 Wiederholen Sie die Schritte 28–31, um zwei weitere Knotendreiecke entlang der Vorderseite des Stuhlsaums zu knüpfen.

33 Wo die Rippenknoten aufeinandertreffen, ist eine ideale Stelle, um eine hübsche Perle mit großem Loch als zusätzliches Detail aufzufädeln.

34 Schließlich können Sie die verbleibenden Seile mit einer Schere spitz zuschneiden und auch einen Kamm verwenden, damit die Fransen fluffig werden.

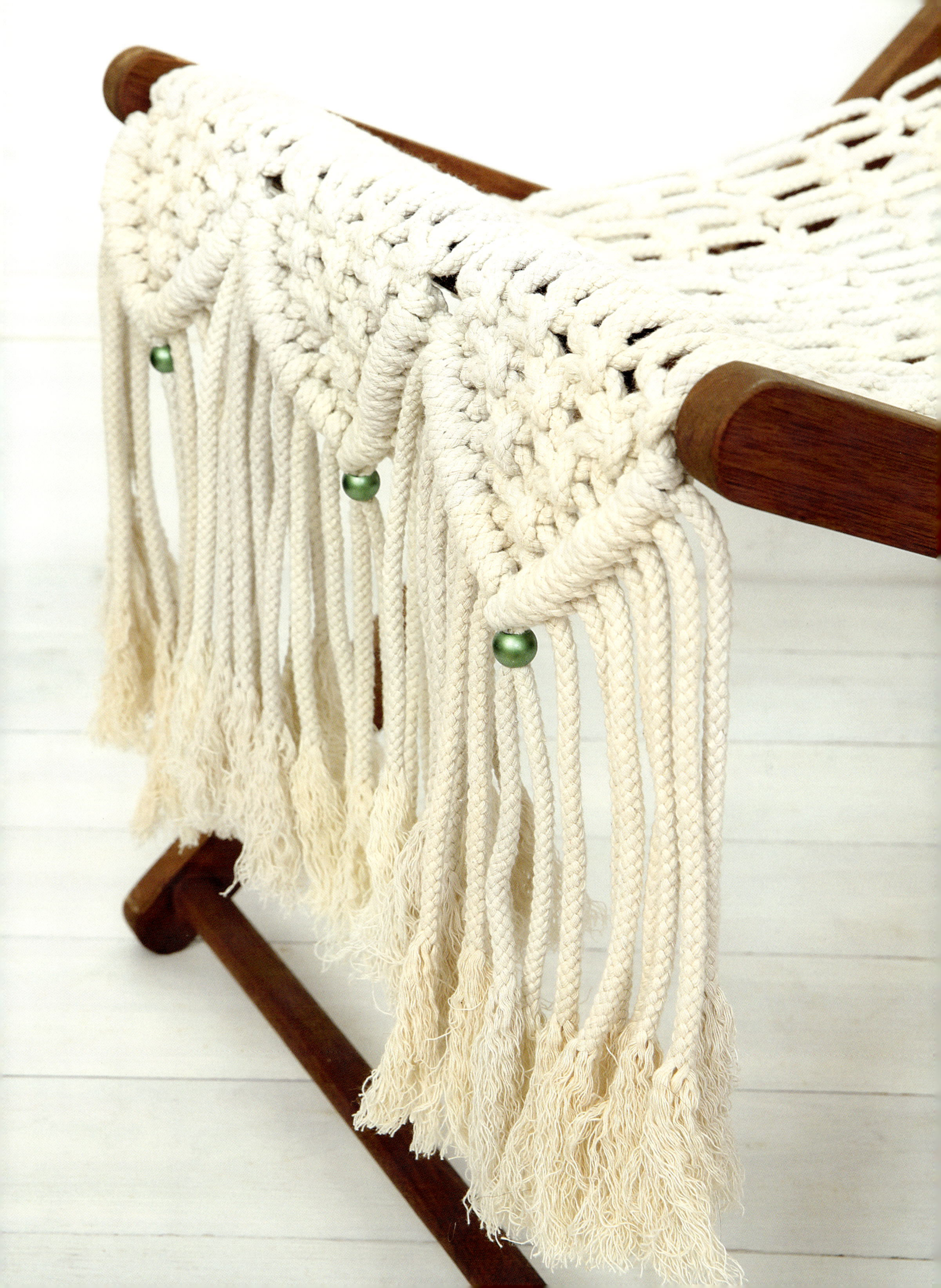

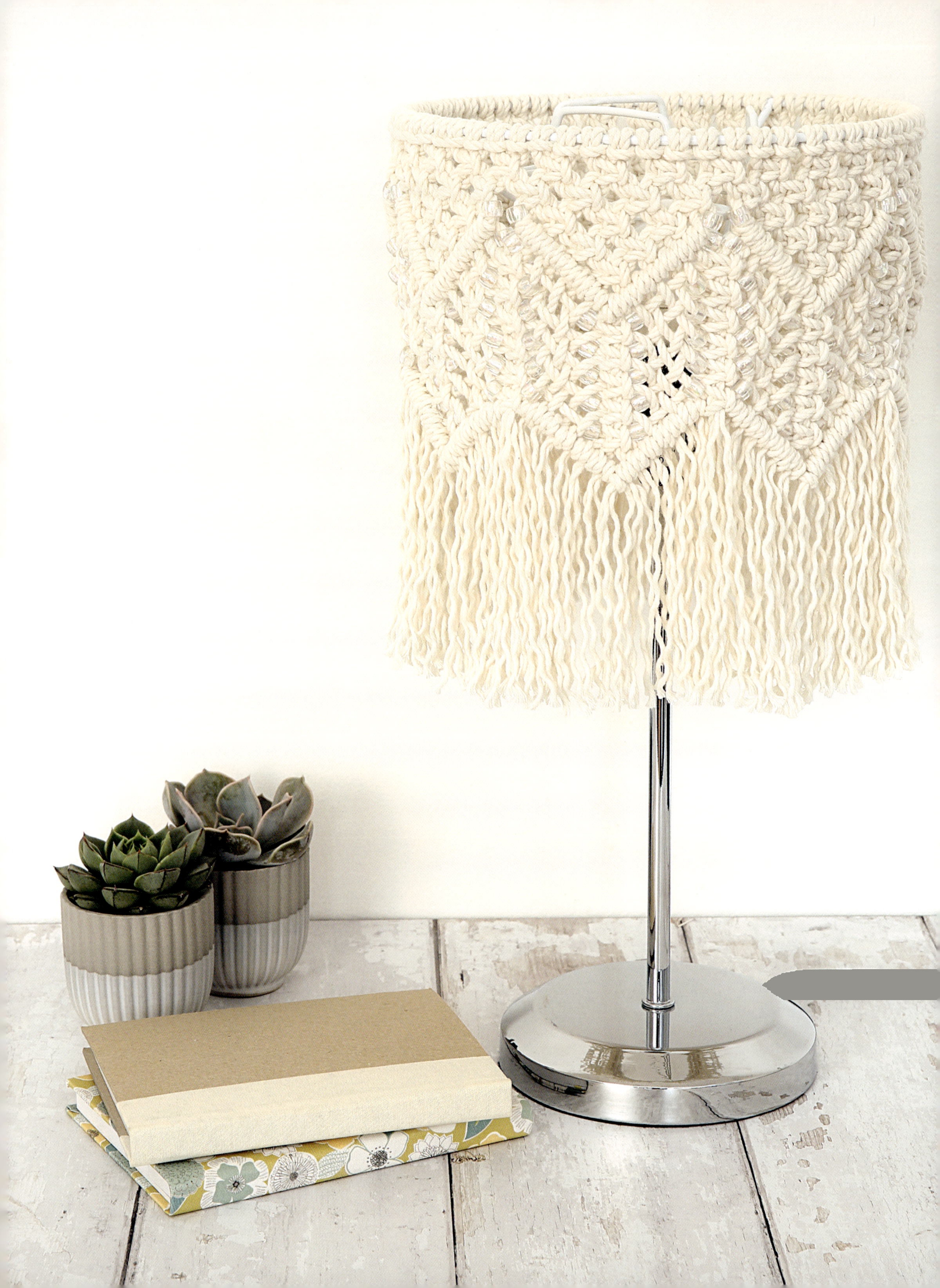

Lampenschirm

Sian Hamilton

Einen Makrameelampenschirm zu gestalten, kann schwierig sein und ist nichts für komplette Einsteiger! Wenn Sie noch neu in dieser Handarbeitstechnik sind, fangen Sie mit einem leichteren Projekt an und bauen Sie auf diesem auf.

SIE BENÖTIGEN

- Lampensteher (Mindesthöhe 25 cm)
- Lampenschirmring-Set, 20 cm
- Makrameegarn, 3 mm (ich habe 100 m 3-fädiges Bobbiny in Natural verwendet)
- Lampenschirmhalterung, 10 cm
- 192 durchsichtige Kunststoffperlen, 8 mm, mit 5 mm großem Loch
- Klebeband
- Schere

1 Sie brauchen einen Lampenständer für Ihren Lampenschirm und ein Lampenschirmring-Set. Ich habe einen 20 cm großen Schirm verwendet, der auch zum Lampenständer passt. Wenn Sie einen größeren Fuß verwenden, besorgen Sie sich ein passendes Lampenschirm-Set.

2 Schneiden Sie 64 Längen Garn zu je 1,5 m zu und verkleben Sie jedes Garnende mit Klebeband. Dies verhindert das Ausfransen und ist hilfreich beim Hinzufügen von Perlen.

3 Befestigen Sie alle Fäden mit dem Ankerstich (siehe Seite 94) an dem Lampenschirm. Legen Sie die Fäden mittig zusammen, sodass die Enden in einer Höhe und somit rund um den Lampenschirmring gleich lang sind. Die meisten Ringe haben drei Metallstäbe, die den Ring in der Mitte halten, der mit dem Lampenfuß verbunden wird. Um sicherzugehen, dass Sie Ihre Fäden so gleichmäßig wie möglich verteilen, befestigen Sie je 21 Stück in zwei der Abschnitte und 22 im dritten.

4 Um mit dem Design zu beginnen, knüpfen Sie eine Reihe Kreuzknoten einmal rundherum (siehe Seite 96). Machen Sie eine zweite Knotenreihe mit zwei Fäden des linken und zwei Fäden des rechten Knotens aus der ersten Reihe, so entsteht ein Ziegelmuster.

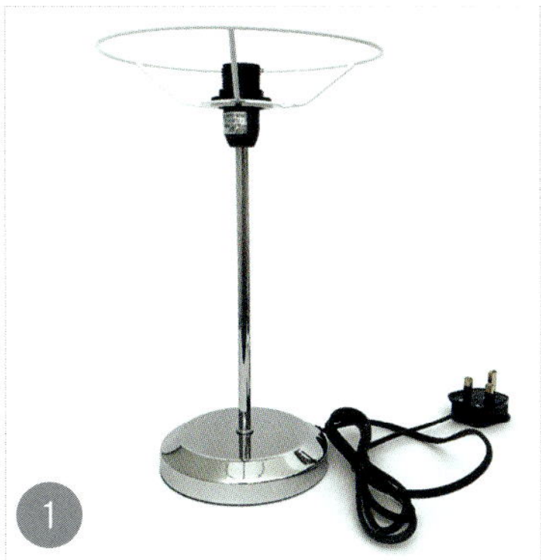

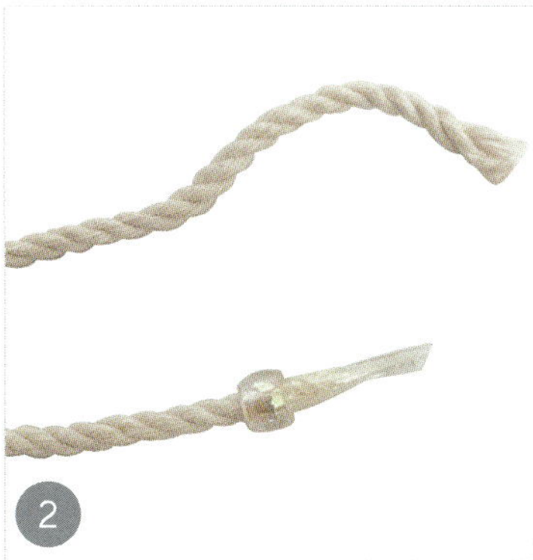

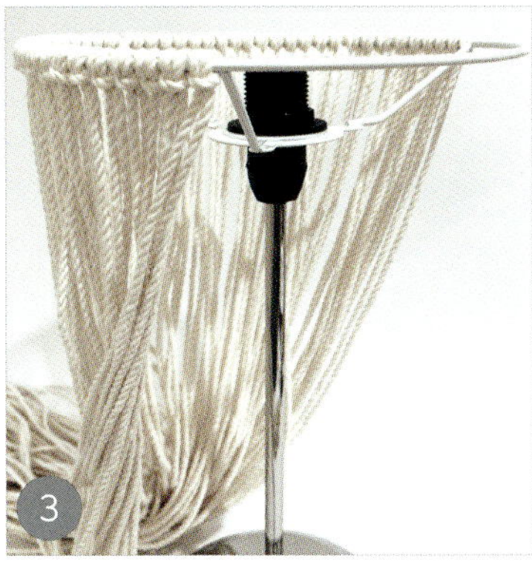

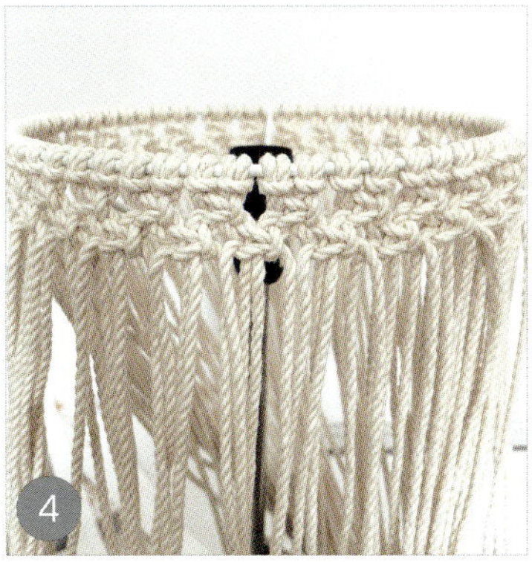

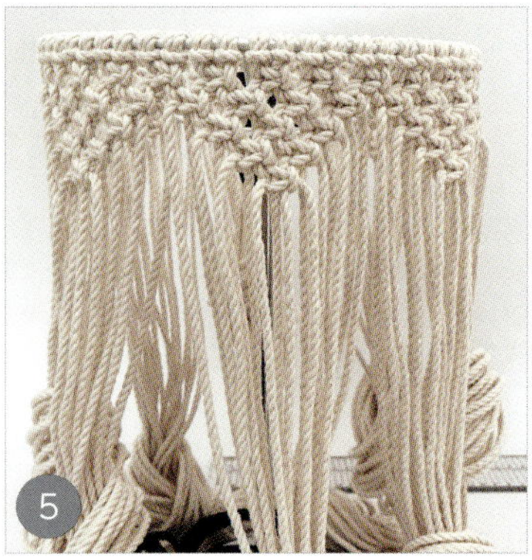
5

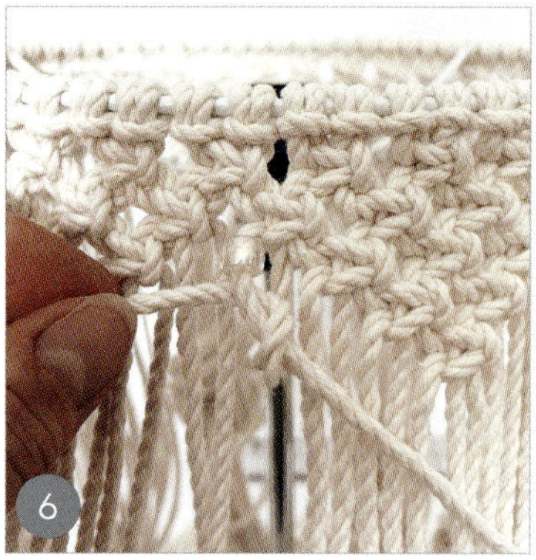
6

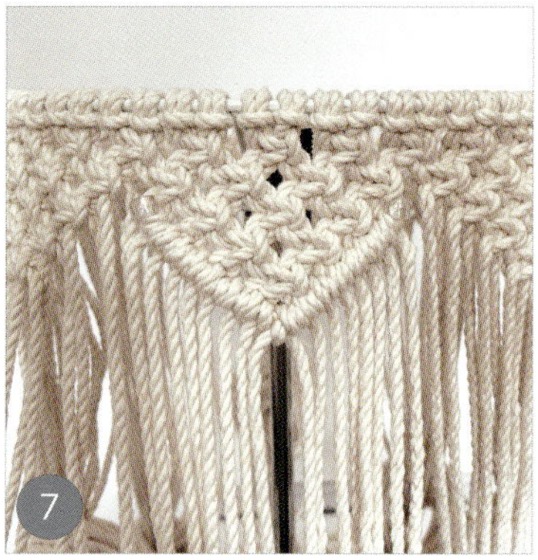
7

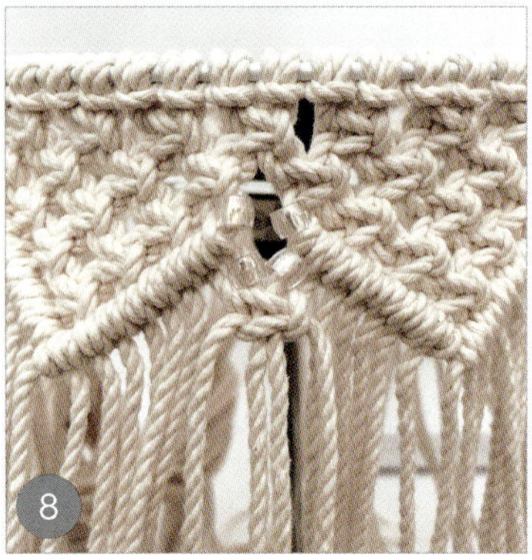
8

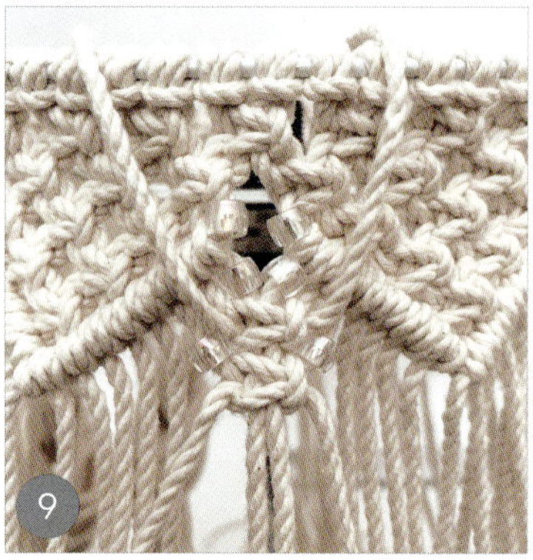
9

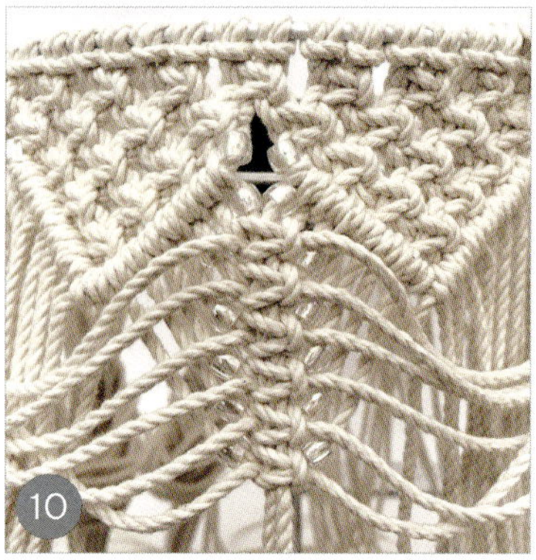
10

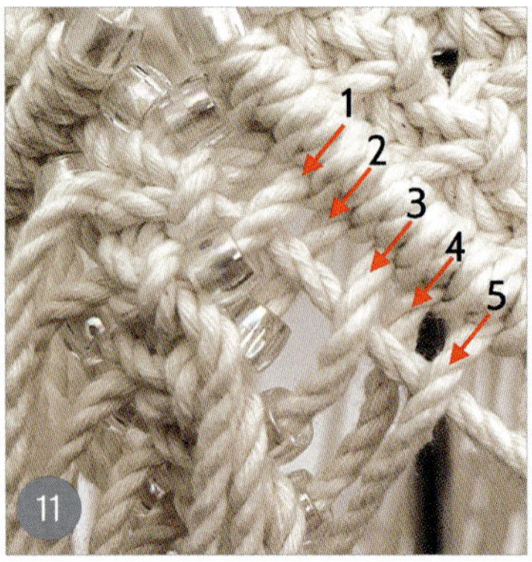
1
2
3
4
5
11

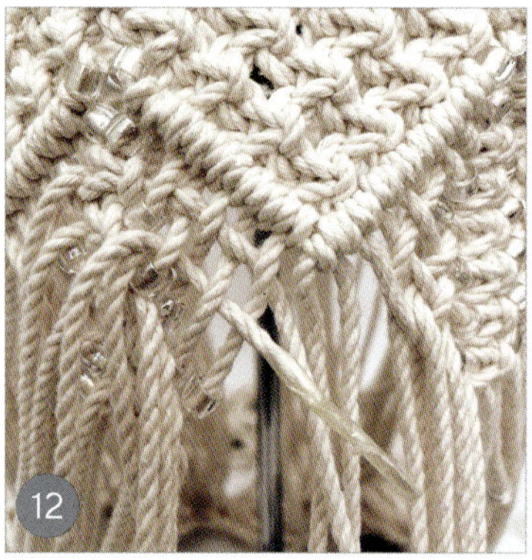
12

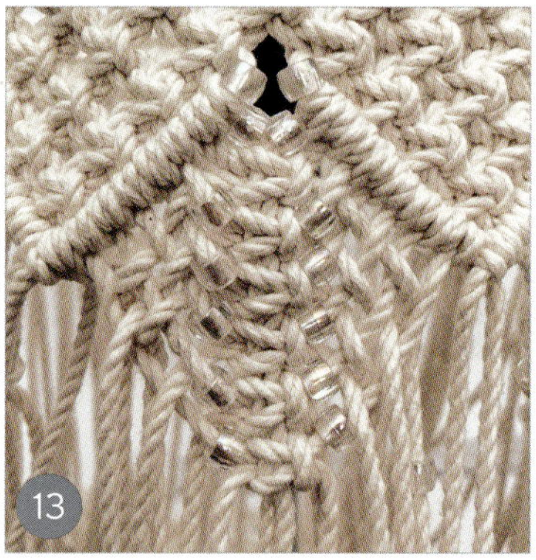
13

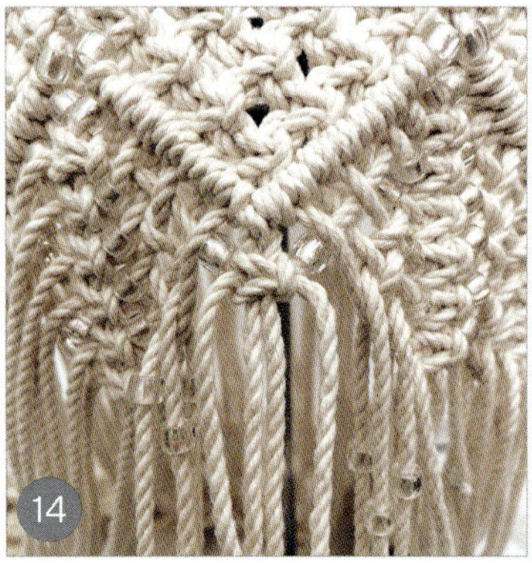
14

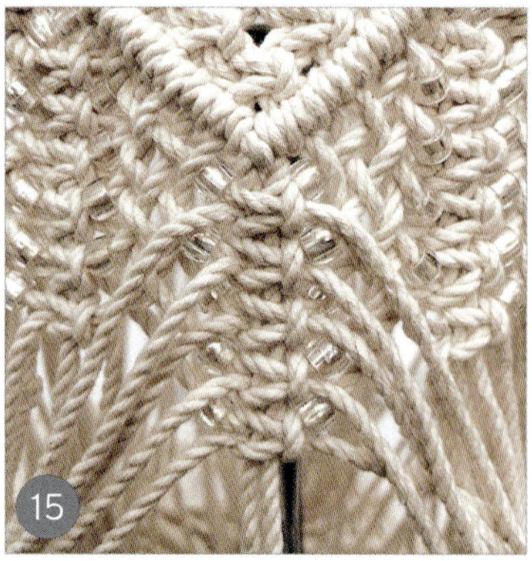
15

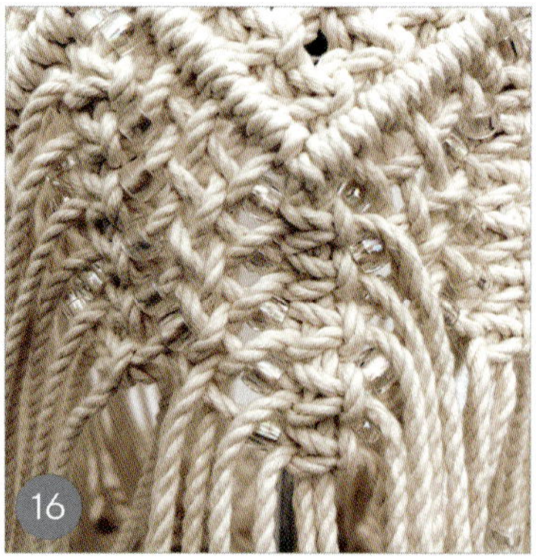
16

TOP-TIPP

Wenn Sie einen größeren Lampenschirm gestalten möchten, aber nicht mehr Fäden verwenden wollen, verwenden Sie ein dickeres Garn.

5 Knüpfen Sie weiterhin Kreuzknoten, um acht Dreiecke zu formen. Unter der zweiten Reihe knüpfen Sie eine dritte Reihe aus Kreuzknoten mit zwei Fäden des linken und zwei Fäden des rechten Knotens von oben (Ziegelmuster). Knüpfen Sie drei Knoten, lassen Sie vier Fäden aus und binden Sie weitere drei Knoten. Diesen Vorgang rundherum wiederholen. Wenn Sie fertig sind, sollten Sie vier Fäden zwischen dem ersten und der letzten Gruppe aus drei Knoten vorfinden. Sie sollten acht Knotensätze zu je drei Knoten haben.

Unter jeder Knotengruppe erst zwei und in der letzten Reihe nur einen Knoten knüpfen, um die Dreiecksformen zu komplettieren.

Sollten die Fäden ein bisschen unhandlich werden, teilen Sie sie in Gruppen und binden Sie sie locker zusammen.

6 Suchen Sie auf dem Dreieck den äußeren linken Faden eines Knotens aus der zweiten Reihe und fügen Sie eine Perle hinzu.

Dieser Faden ist der Trägerfaden für eine Rippenknoten-Linie (siehe Seite 99), die entlang der Dreieckskante verläuft. Jeder Arbeitsfaden wird zweimal verwendet, um einen ganzen Rippenknoten zu knüpfen. Verwenden Sie alle Fäden bis zum linken Trägerfaden des Kreuzknotens an der Unterseite des Dreiecks. Stellen Sie sicher, dass die Knoten fest und in einer ordentlichen Reihe an den Kreuzknoten sitzen.

7 Wiederholen Sie Schritt 6 auf der anderen Seite des Dreiecks und fügen Sie dem Trägerfaden eine Perle hinzu. Wenn Sie unten am Dreieck ankommen, verwenden Sie den Trägerfaden der linken Seite als letzten Arbeitsfaden, um die Reihen zu einem sauberen Dreieck zu schließen.

8 Wiederholen Sie Schritt 6 und 7, um an allen Dreiecken Kanten aus Rippenknoten zu knüpfen. Zwischen zwei Dreiecken nehmen Sie die erste lose Schnur auf jeder Seite auf (die unter den Perlen). Beide Fäden mit Perlen versehen. Dies sind die Trägerfäden für eine Säule aus Kreuzknoten. Nehmen Sie die nächsten Fäden unten auf beiden Seiten auf, um einen Kreuzknoten zu knüpfen.

9 Legen Sie die Garnenden des gerade geknüpften Kreuzknotens nach oben über den Ring, um sie aus dem Weg zu schaffen. Nehmen Sie die nächsten losen Fäden auf jeder Seite auf und fügen Sie eine Perle hinzu. Einen Kreuzknoten knüpfen.

10 Wiederholen Sie Schritt 9 und fädeln Sie Perlen auf jeden Faden, bis Sie eine Säule aus sechs Kreuzknoten vor sich haben. Wiederholen Sie die Schritte 8–9, um zwischen alle Dreiecke Säulen aus Kreuzknoten zu knüpfen.

11 Der nächste Schritt ist es, die losen Fäden der Kreuzknoten-Säulen über und unter all die Stränge an den Seiten der Säulen zu weben.

Nehmen Sie eine Säule und beginnen Sie mit dem ersten losen Faden des oberen Kreuzknotens. Führen Sie diesen Faden unter den ersten Strang, über den zweiten Strang und unter den dritten, über den vierten und unter den fünften. Im Anleitungsfoto sind die Stränge als Hilfestellung nummeriert. Lassen Sie den Faden hängen und nehmen Sie den nächsten losen Faden auf.

12 Das Weben wie im Foto dieses Arbeitsschritts abwechseln. Mit dem nächsten losen Faden beginnen Sie mit Strang Nummer 2 und gehen unter diesen, dann über Strang 3, unter Strang 4 und über Strang 5.

13 Wiederholen Sie diesen Vorgang mit den nächsten drei Fäden der Säule, jedes Mal, wenn Sie einen Faden weniger zum Weben haben. Das letzte Garnende des fünften Kreuzknotens muss nur unter Nummer 5 gewoben werden. Lassen Sie alle Fäden des unteren Kreuzknotens unbeachtet.

Das Weben auf der anderen Seite der Säule wiederholen, damit beide Seiten zusammenpassen. Dann für alle Säulen wiederholen.

14 Arbeiten Sie an der Spitze eines Dreiecks und fädeln Sie eine Perle auf jedes lose Ende (die, mit denen Sie gerade gewoben haben). Verwenden Sie die beiden Fäden, die unten aus dem Dreieck kommen, als Trägerfäden und knüpfen Sie einen Kreuzknoten mit den ersten Fäden einer jeden Seite.

15 Knüpfen Sie nun vier weitere Kreuzknoten, um eine Säule aus fünf Knoten zu erhalten. Wiederholen, um unter allen acht Dreiecken Säulen zu knüpfen.

16 Weben Sie alle losen Fäden der Säulen ein, sodass der Platz zwischen allen Säulen gleichmäßig gewobene Fäden aufweist und alle losen Fäden auf der Unterseite des Lampenschirms nach unten zeigen.

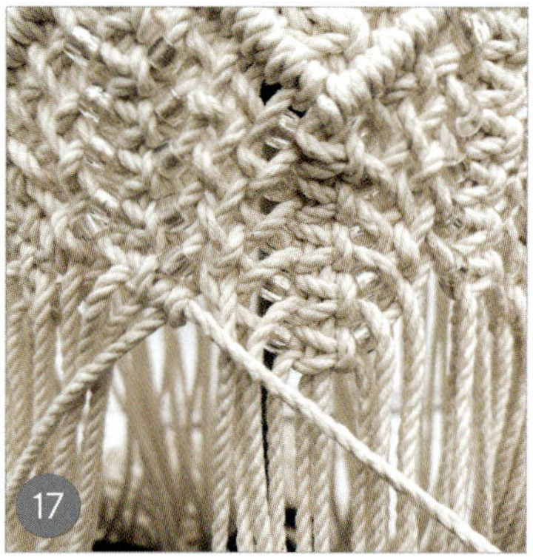

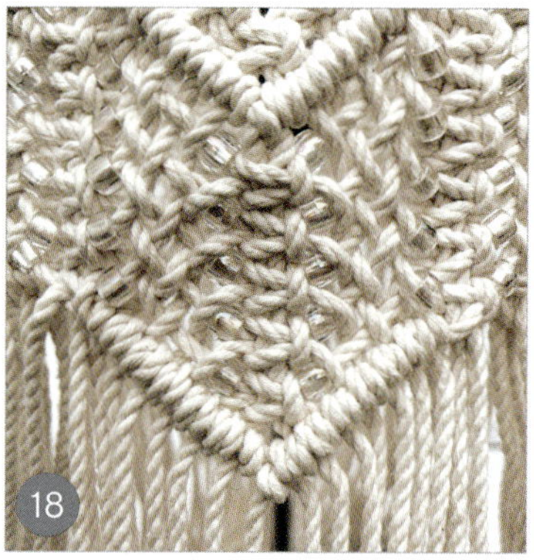

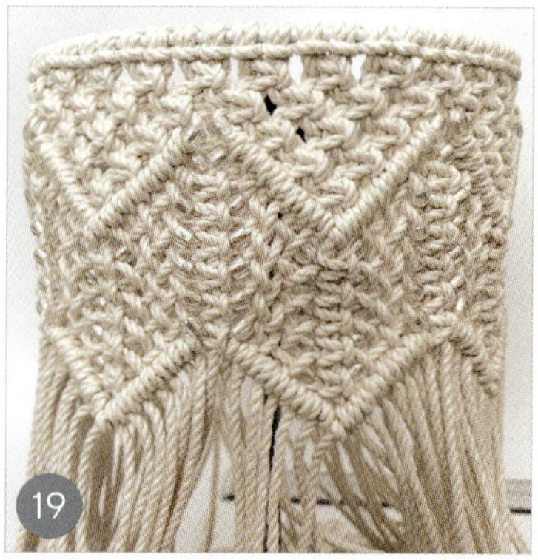

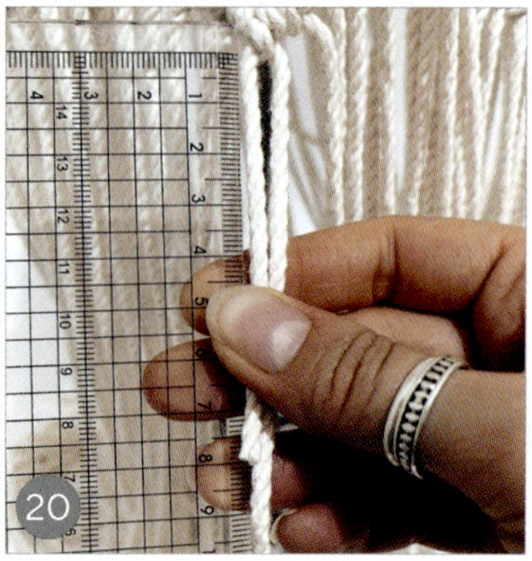

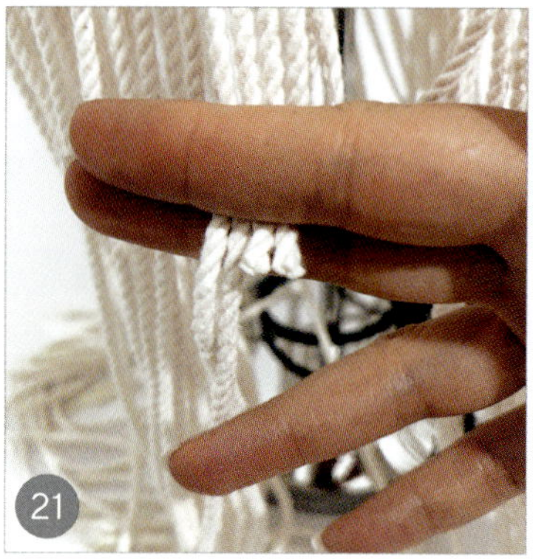

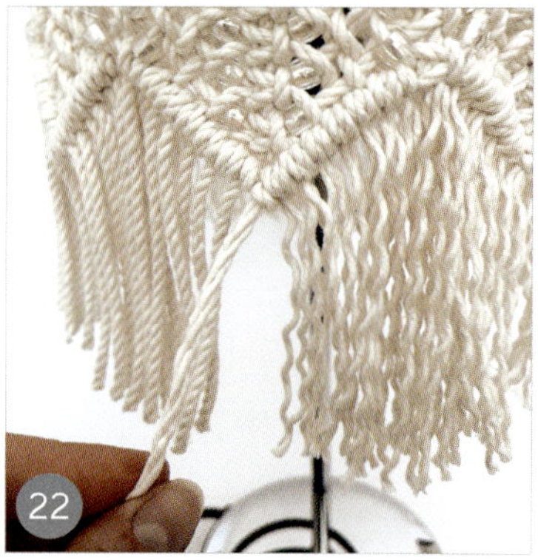

17 Dieser nächste Schritt ist die Zickzacklinie aus Rippenknoten, die das Muster an der Unterseite (über den Fransen) fertiggestellt. Um die erste Rippenknotenreihe zu beginnen, fangen Sie an der Unterseite einer Säule aus sechs Knoten (zwischen den Dreiecken) an. Suchen Sie den rechten Arbeitsfaden (nicht den Trägerfaden!) und verwenden Sie diesen als Trägerfaden für eine Knotenreihe. Verwenden Sie alle Fäden bis zum linken Trägerfaden in der Säule aus fünf Kreuzknoten.

18 Wenden Sie sich der rechts liegenden Säule aus sechs Knoten zu Ihrer Rechten zu und suchen Sie den linken Arbeitsfaden des unteren Kreuzknotens (erneut nicht die Trägerfäden verwenden!). Knüpfen Sie Rippenknoten nach links und verwenden Sie alle Fäden, bis Sie auf die in Schritt 17 geknüpfte Rippenknotenreihe stoßen. Um die Linie zu schließen, verwenden Sie den Trägerfaden der linken Reihe als Arbeitsfaden für den letzten Knoten in dieser Linie.

19 Wiederholen Sie Schritt 17 und 18, um rundherum Reihen aus Rippenknoten zu knüpfen. Sie sehen, dass diese an den Seiten der Säulen aus sechs Knoten beginnen.

20 Zu guter Letzt müssen Sie noch alle Garnenden zu hübschen Fransen zurechtschneiden. Stecken Sie den Lampenschirmhalter auf den Lampenfuß und geben Sie den Lampenschirm darauf, damit Sie die fertige Höhe Ihres Makrameelampenschirms sehen. Entscheiden Sie, wie lang die Fransen werden sollen, und schneiden Sie das erste Ende auf diese Länge zu.

21 Schneiden Sie nun Faden für Farben rund um den Lampenschirm sorgfältig zu.

22 Diese Art 3-fädiges Garn macht sich hervorragend als Fransen, wenn Sie die Fäden aufdrehen.

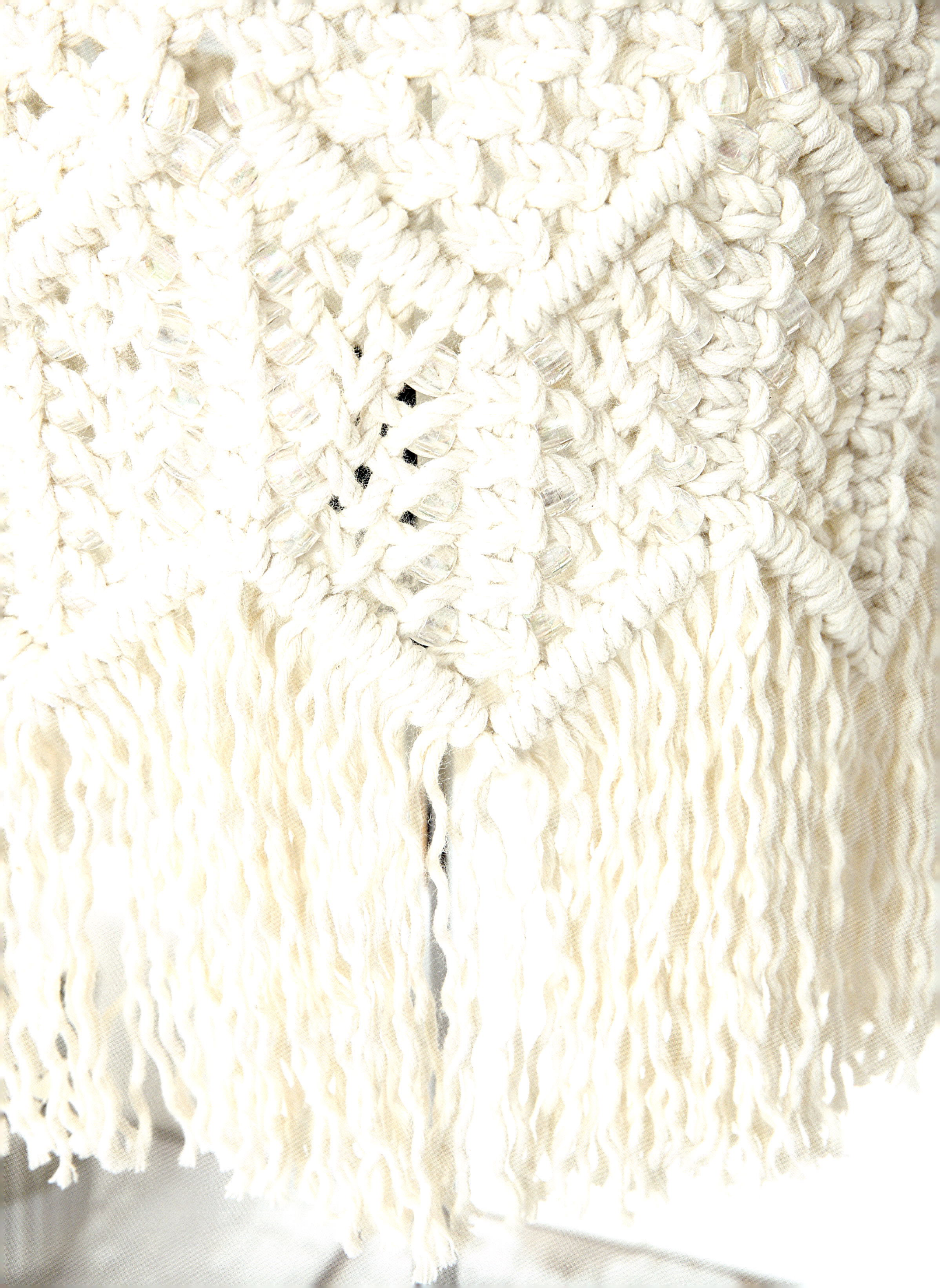

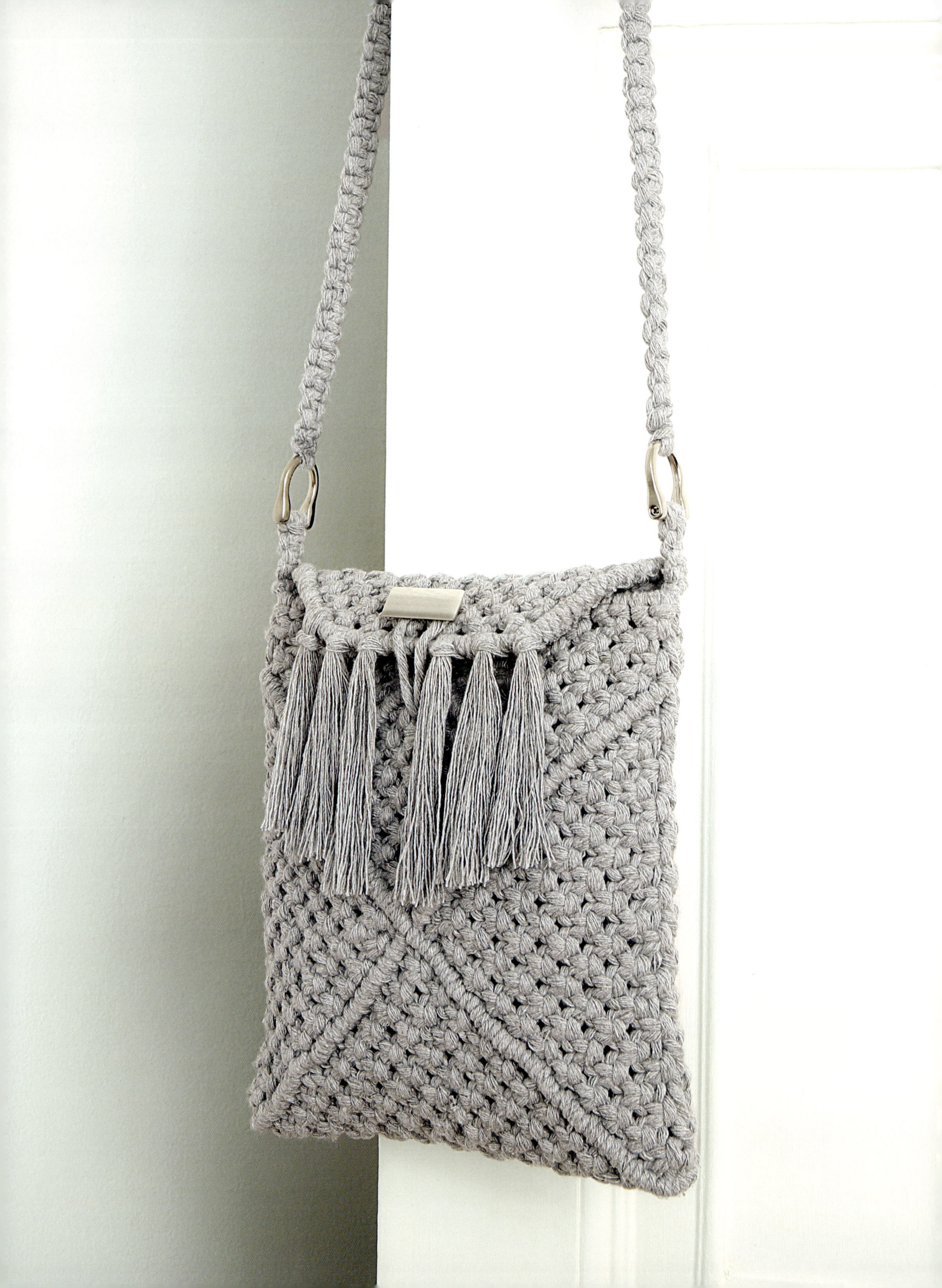

Umhängetasche

Sian Hamilton

Gibt es jemanden, der Taschen nicht liebt? Umhängetaschen lassen sich leicht tragen und Taschen aus Makramee liegen gerade richtig im Trend. Dieses Projekt ist zeitintensiv, aber nicht komplex. Wenn Sie also noch Anfänger sind, nehmen Sie sich die Zeit, die Sie brauchen, und genießen Sie den Knüpfprozess.

SIE BENÖTIGEN

- Ca. 124 m Makrameegarn, 4 mm (ich habe Welcome Yarn von Barbante in Light Grey verwendet)
- Makrameebrett und Vielzweck-Klammern
- Häkelnadel
- 2 Handtaschenhenkel (ich habe silberne verwendet, 18 mm groß)
- Knopf, der aussieht wie ein Verschluss, 40 mm
- Superkleber
- Kreppband
- Schere
- Pappreste

1 Sie benötigen 124 m Garn für eine Tasche mit 22 cm Breite und 26 cm Länge. Schneiden Sie 24 Längen Garn zu je 4,5 m, 1 Länge zu 1,4 m und 1 Länge zu 12 m zu. Sie sollten ein 2,6 m langes Stück übrighaben.

Folgen Sie den Schritten auf Seite 102, um ein Makrameebrett aufzubauen. Das Brett muss doppelt bespannt sein. Verwenden Sie das 2,6 m lange Garnstück als doppelte Bespannung für das Brett, falten Sie es in der Mitte und klemmen Sie es an das Brett.

2 Befestigen Sie alle Fäden an dem doppelten Faden mit dem Ankerstich (siehe Seite 94). Achten Sie darauf, dass die gesamte Knotenreihe 24 cm misst.

3 Für diese Tasche werden hauptsächlich Kreuzknoten (siehe Seite 96) geknüpft. Um zu beginnen, knüpfen Sie eine ganze Reihe aus Kreuzknoten mit allen Fäden. Arbeiten Sie sorgsam, da die Fäden sehr lang sind und sich leicht verheddern. Legen Sie das Brett ab und schieben Sie alle Fäden nach rechts. Trennen Sie die Fäden, mit denen Sie arbeiten, ab und schieben Sie sie nach dem Knüpfen nach links. Das verhindert so gut wie möglich, dass sich die Fäden verheddern.

4 Knüpfen Sie drei ganze Reihen Kreuzknoten. Lassen Sie in Reihe zwei die ersten beiden Fäden aus (siehe Schritt 8 und 9 auf Seite 96). So entsteht ein klassisches Ziegelmuster. In der dritten Reihe alle Fäden verwenden, um die erste Reihe zu spiegeln.

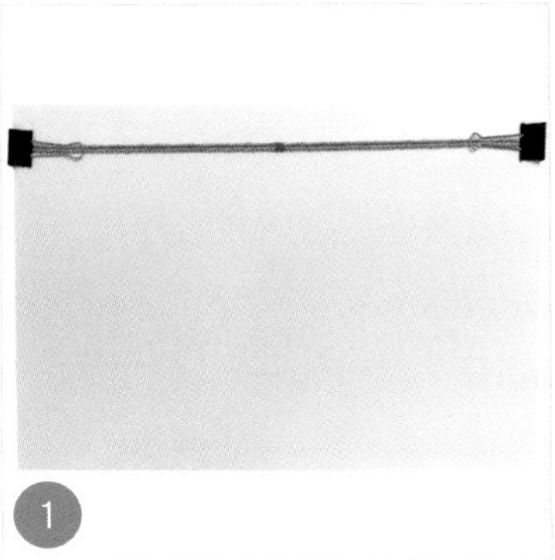
1

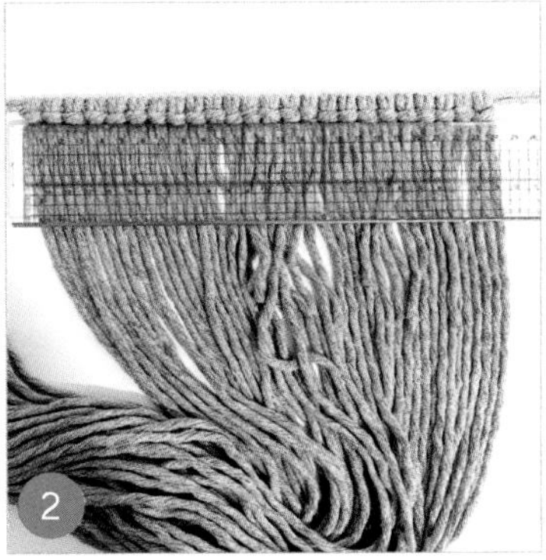
2

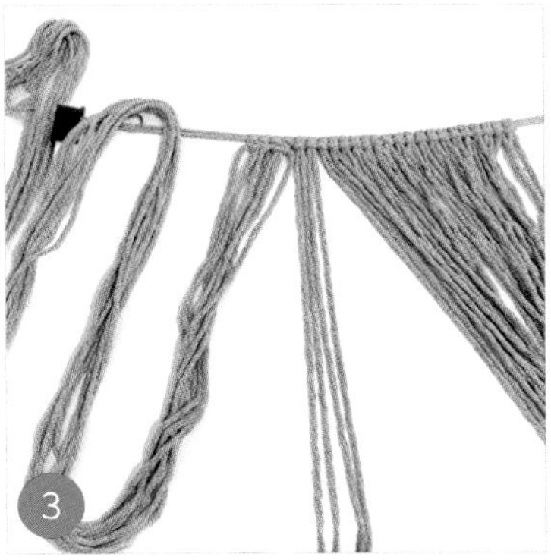
3

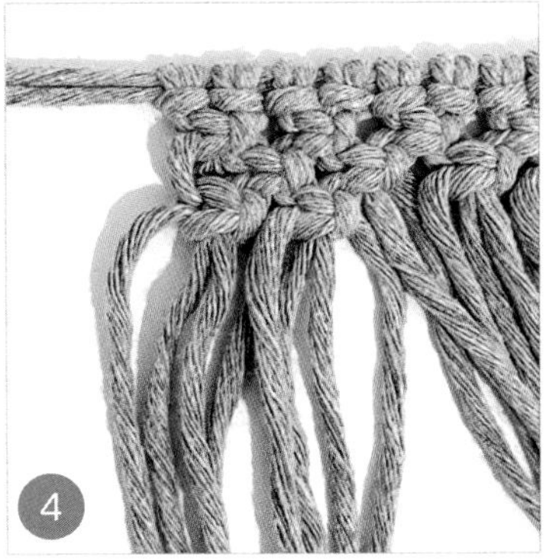
4

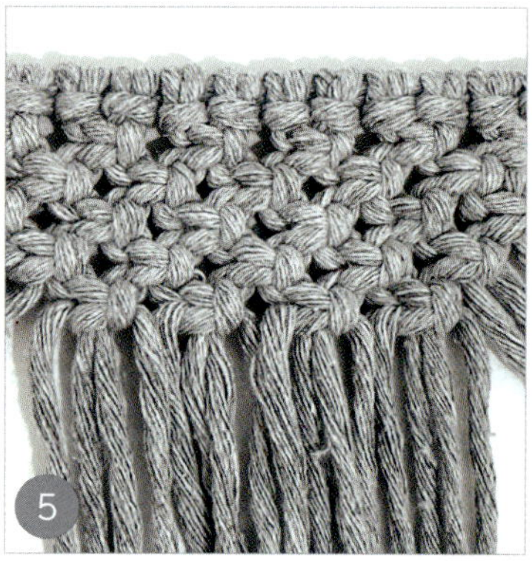
5

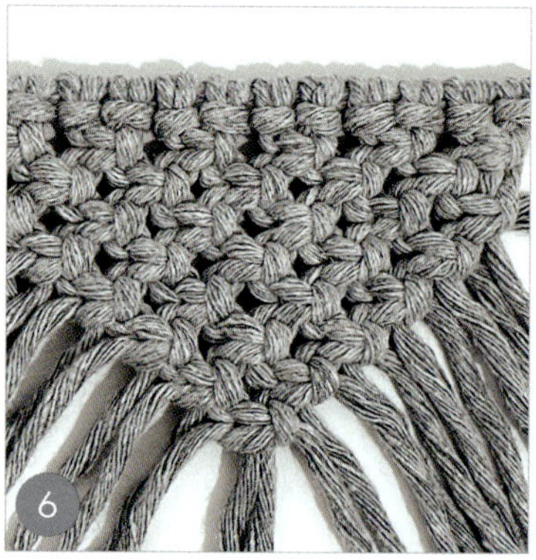
6

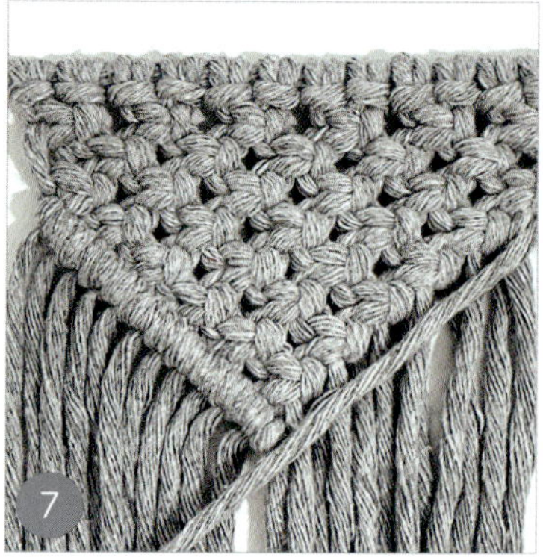
7

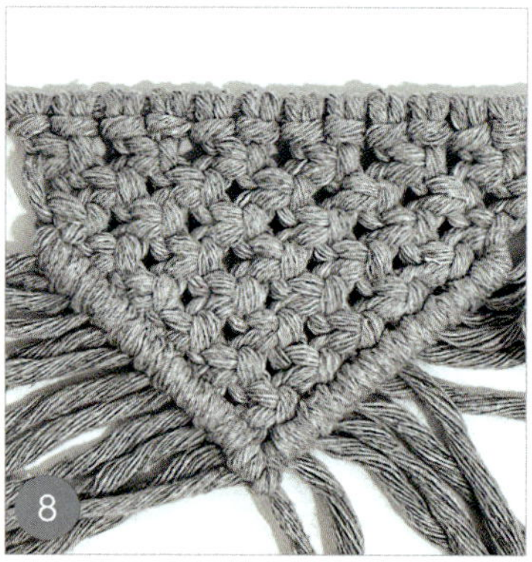
8

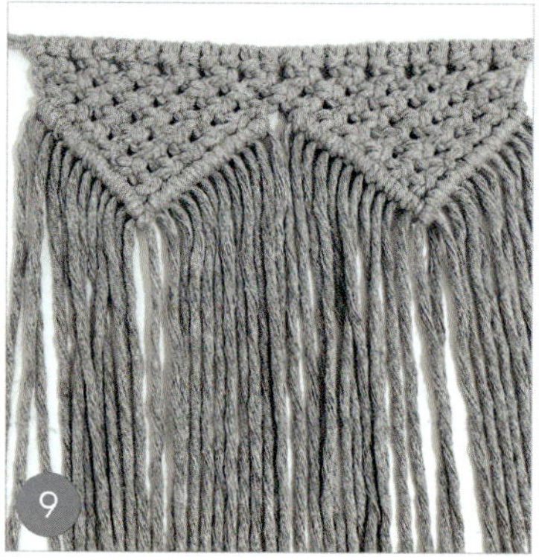
9

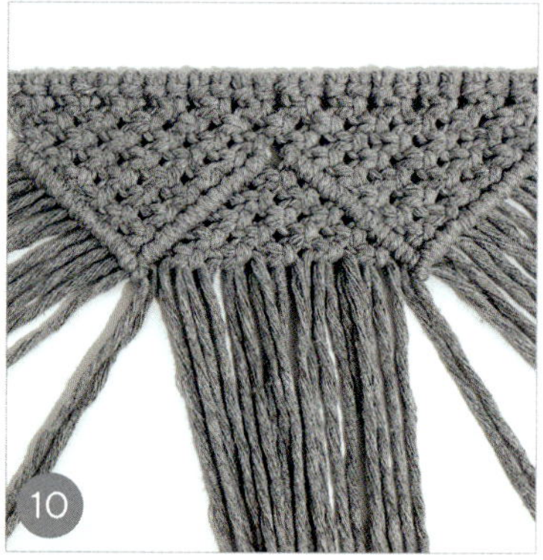
10

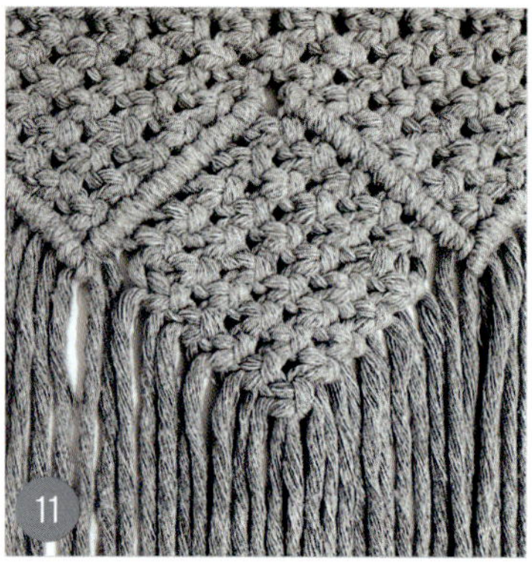
11

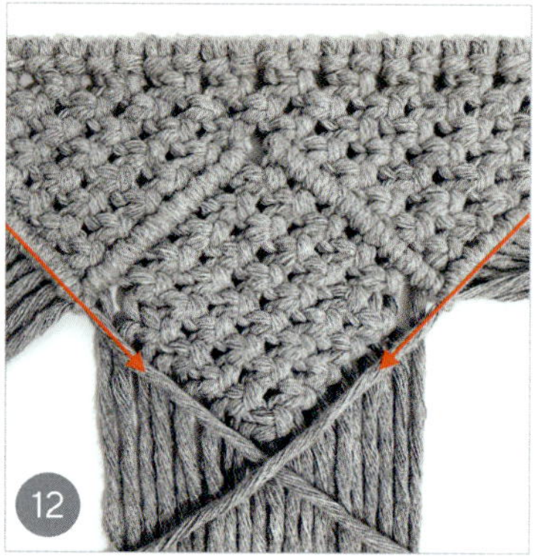
12

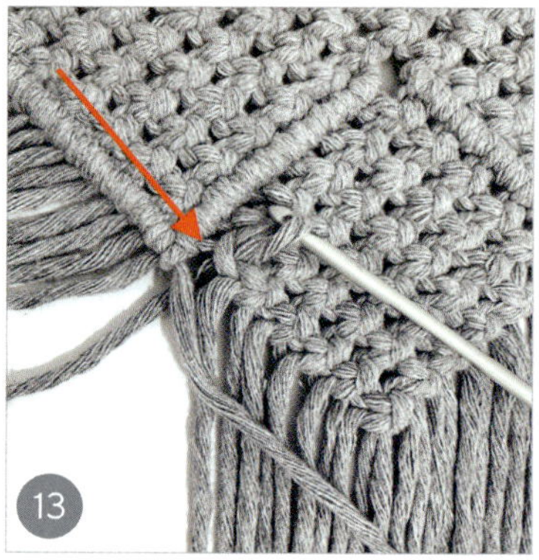
13

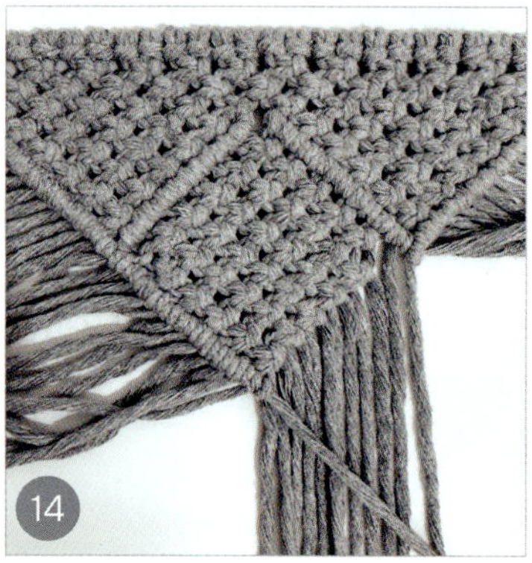
14

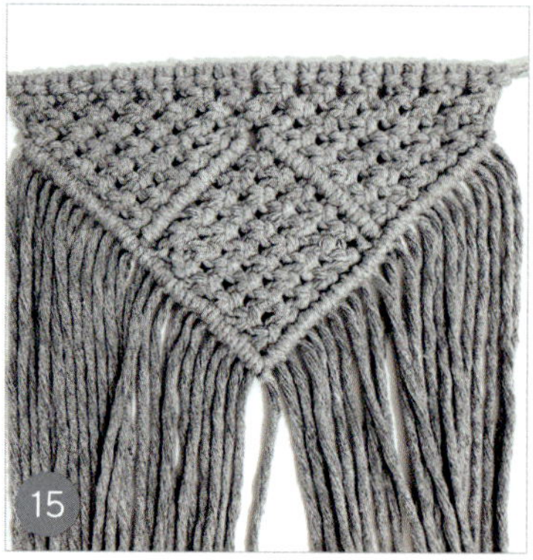
15

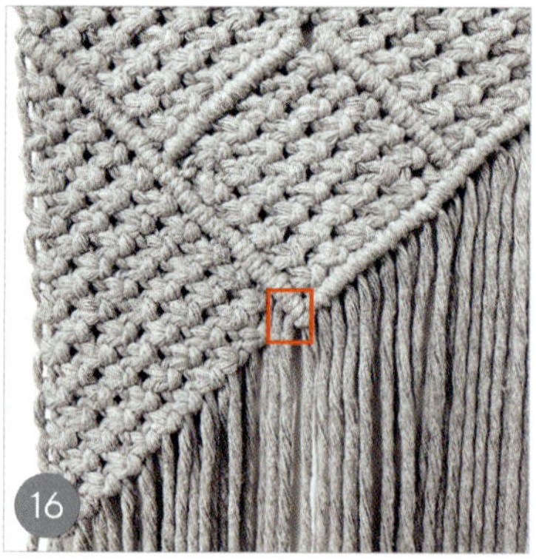
16

TOP-TIPP

Diese Tasche wäre in jeder anderen Farbe ebenso hübsch anzusehen! Vereinfachen Sie sie, indem Sie die Rippenknotenreihen auslassen – knüpfen Sie stattdessen einen langen Abschnitt aus Kreuzknoten, folgen Sie den Schritten zum Zunähen der Seiten und gestalten Sie einen Griff oder Henkel.

5 Knüpfen Sie ab der vierten Reihe zwei große Dreiecke. Zwei Fäden auslassen und fünf Knoten binden, vier Fäden auslassen und fünf weitere Knoten binden. In der nächsten Reihe (5. Reihe) vier Fäden auslassen, vier Knoten knüpfen, acht Fäden auslassen und erneut vier Knoten knüpfen. Sie sollten am Ende vier Fäden übrighaben.

6 Sechste Reihe: Sechs Fäden auslassen, drei Knoten knüpfen, zwölf Fäden auslassen, drei weitere Knoten knüpfen. Siebente Reihe: Acht Fäden auslassen, zwei Knoten knüpfen, 16 Fäden auslassen, zwei weitere Knoten knüpfen. In der achten Reihe knüpfen Sie an jedem Dreieck je einen Knoten unter die beiden soeben geknüpften.

7 Jedes Dreieck wird von einer Reihe aus Rippenknoten (siehe Seite 99) umrahmt. Nehmen Sie den oberen losen Faden auf der linken Seite, dies ist Ihr Trägerfaden für die Rippenknoten. Knüpfen Sie eine Reihe aus Rippenknoten mit allen Fäden bis zum linken Trägerfaden am unteren Kreuzknoten des Dreiecks. Nehmen Sie den oberen Faden auf der rechten Seite und verwenden Sie diesen als Trägerfaden für die Rippenknotenreihe auf dieser Seite.

8 Wenn Sie unten ankommen und alle Fäden verwendet haben, nehmen Sie den Trägerfaden der linken Rippenknotenreihe und verwenden Sie den Trägerfaden der rechten Seite als Arbeitsfaden, um die Form zu schließen.

9 Schritt 7–8 für die anderen Dreiecke wiederholen, doch den letzten Knoten in die andere Richtung knüpfen. Verwenden Sie den Trägerfaden der linken Rippenknotenreihe als Arbeitsfaden, damit das Muster spiegelverkehrt wird.

10 Füllen Sie den mittleren Abschnitt zwischen den Dreiecken mit weiteren Kreuzknoten. Knüpfen Sie fünf Reihen, wobei die fünfte fünf Knoten aufweist.

11 Das Muster geht in Rautenform weiter. In der sechsten Reihe knüpfen Sie vier Knoten, die beiden linken Fäden von oben auslassen. In der nächsten Reihe verwenden Sie die beiden Fäden aus der fünften Reihe (die Sie in Reihe sechs ausgelassen haben), um wieder eine Reihe aus fünf Knoten zu knüpfen. In Reihen mit immer einem Knoten weniger weiterknüpfen, bis Sie eine vollständige Raute geknüpft haben, in einer Reihe mit nur einem Kreuzknoten enden.

12 Die Rautenform wird von einer weiteren Reihe aus Rippenknoten umrahmt. Suchen Sie die Trägerfäden der Rippenknotenreihen an den Außenkanten der Dreiecke und verwenden Sie diese, um die Rippenknoten weiterzuknüpfen.

13 Legen Sie den Trägerfaden auf eine Seite und suchen Sie den Faden an der Seite der Raute. Dieser Faden sollte lose sein. Ziehen Sie ihn mit einer Häkelnadel durch die Schlinge an der Seite von Reihe 6.

14 Verwenden Sie den Faden, den Sie gerade durch die Schlinge gezogen haben als ersten Arbeitsfaden der Rippenknotenreihe. Den ganzen Weg hinunter weiter Rippenknoten knüpfen bis zum linken Trägerfaden unter dem letzten Kreuzknoten.

15 Wiederholen Sie Schritt 12–14 auf der anderen Seite, um die Kante der Raute fertigzustellen. Verwenden Sie den Trägerfaden auf der rechten Seite als Arbeitsfaden und knüpfen Sie ihn auf den linken Trägerfaden, um die Form zu schließen.

16 Die ersten losen Fäden links wieder hochziehen und einen Kreuzknoten knüpfen. Füllen Sie die Seite mit weiteren Knotenreihen aus und bilden Sie so ein seitliches Dreieck. Die beiden letzten Fäden an der Spitze der Raute nicht verwenden (siehe rotes Kästchen).

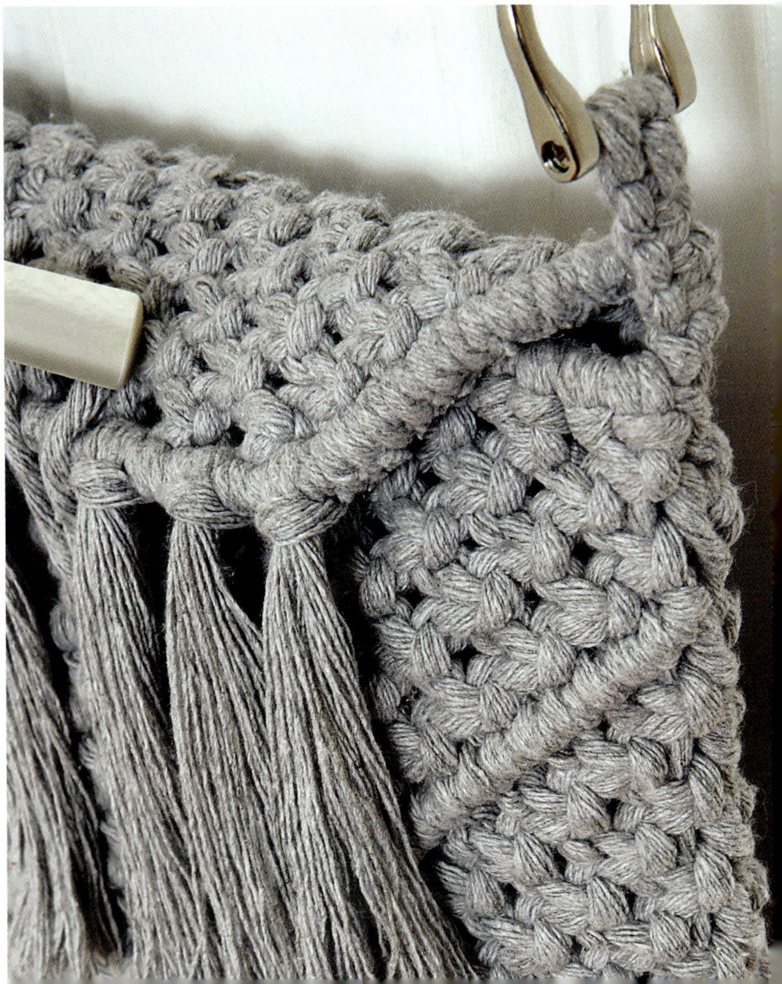

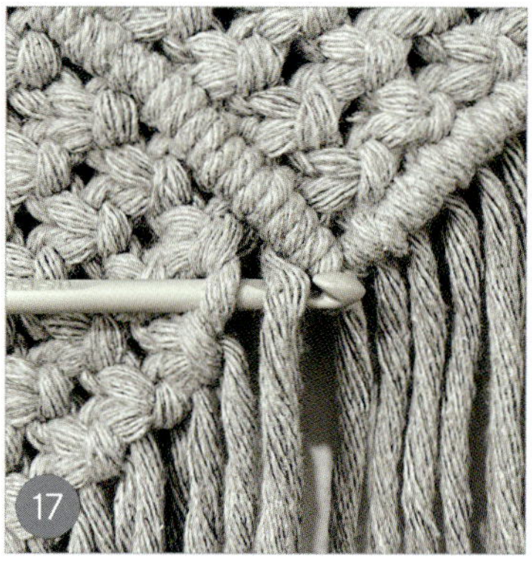
17

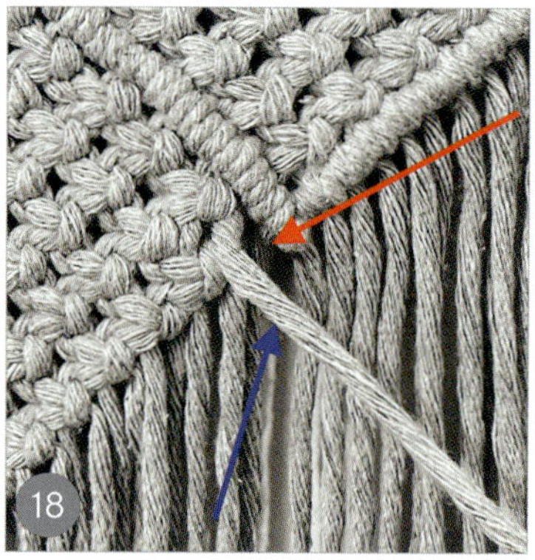
18

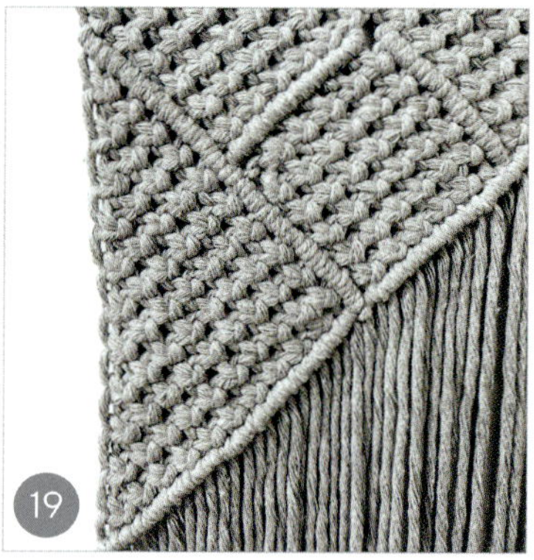
19

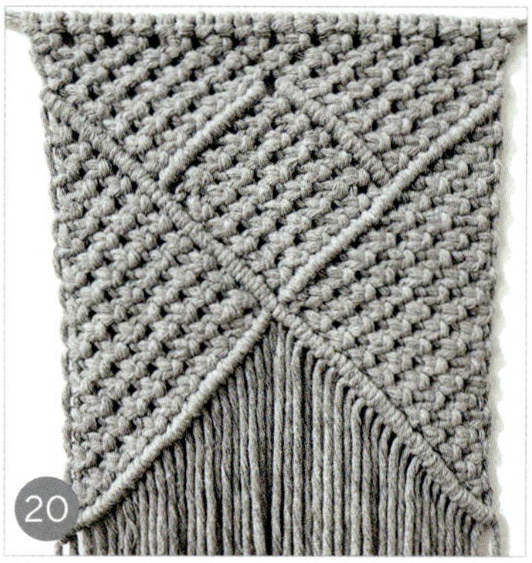
20

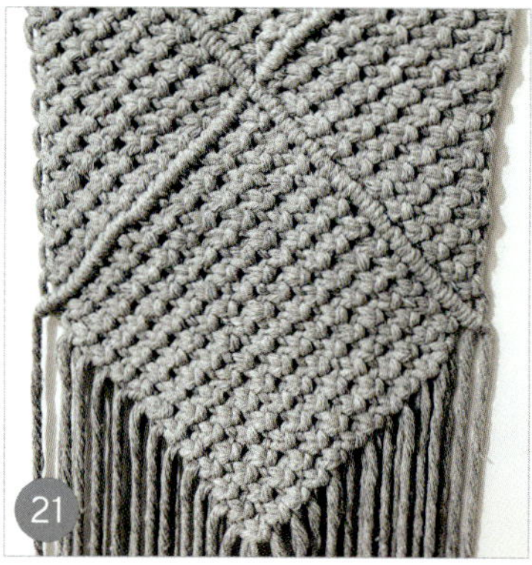
21

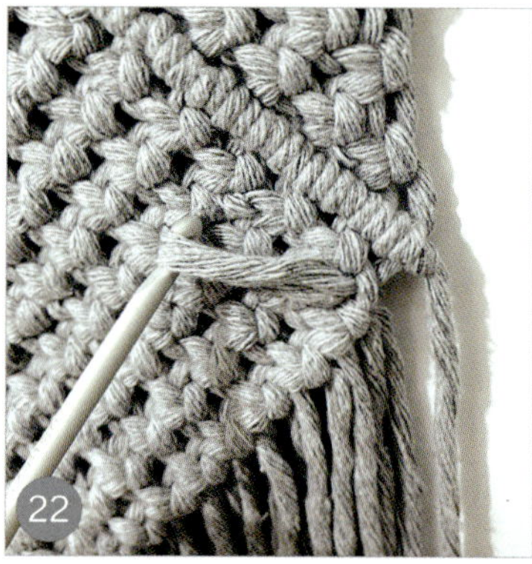
22

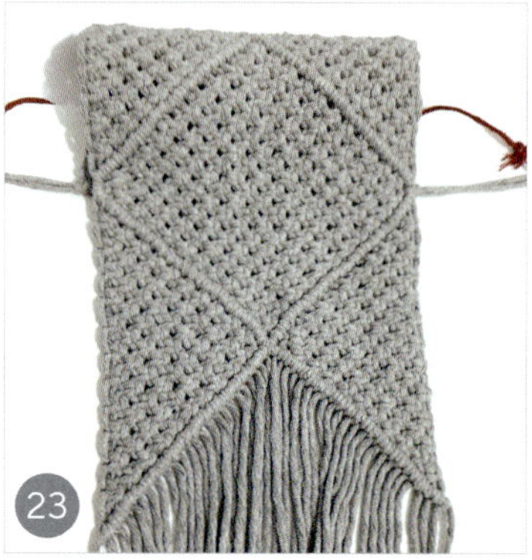
23

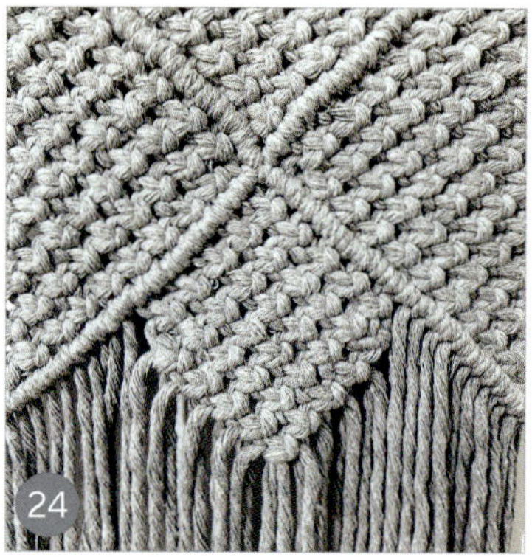
24

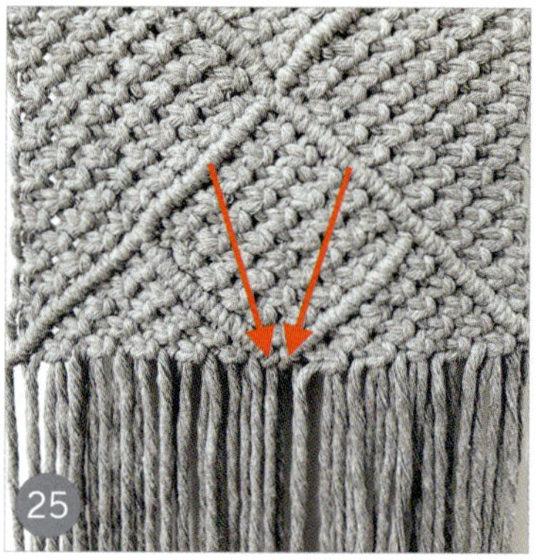
25

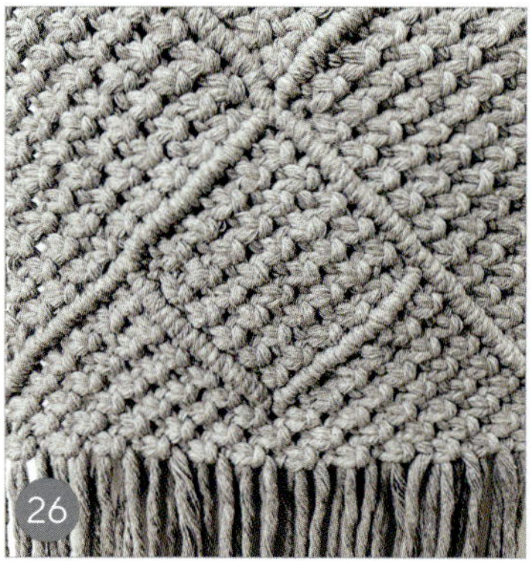
26

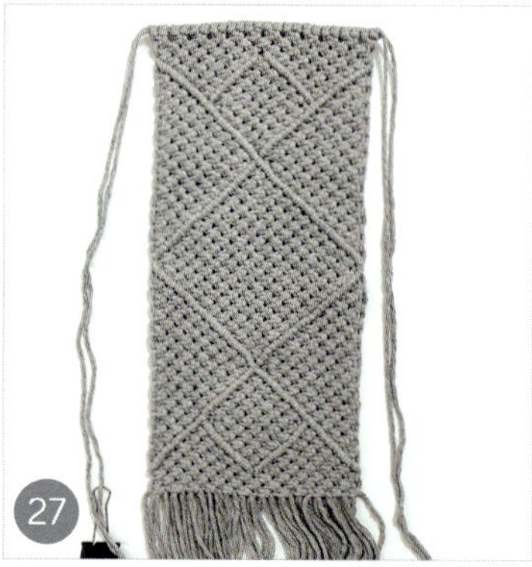
27

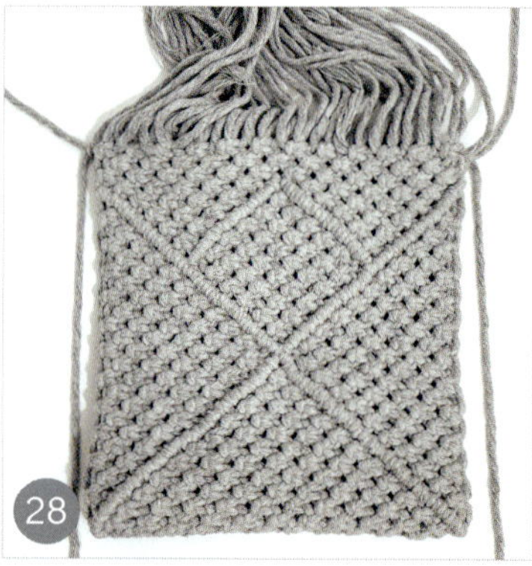
28

17 Folgen Sie demselben Arbeitsvorgang wie in Schritt 13, nehmen Sie den losen Faden von der Seite der Spitze der Raute und ziehen Sie ihn durch die Schlinge auf der linken Seite.

18 Sie sollten noch einen losen Faden haben (auf dem Foto des Arbeitsschritts mit einem roten Pfeil markiert). Dies ist der Trägerfaden, den Sie nun weiter mit Rippenknoten hinunter entlang der Seite der Form aus Kreuzknoten, die Sie gerade geknüpft haben, versehen. Der blaue Pfeil zeigt den Faden, den Sie im vorigen Schritt durch die Schlinge gezogen haben – dies ist Ihr erster Arbeitsfaden für den Anfang der Rippenknotenreihe.

19 Knüpfen Sie weiter mit allen Fäden hinunter, die Kante entlang.

20 Wiederholen Sie die Schritte 16–19 auf der anderen Seite, um dasselbe Muster zu erzeugen.

21 Füllen Sie die Mitte mit Kreuzknoten aus wie in den Schritten 10–11. Vergewissern Sie sich, dass Sie die Trägerfäden und je einen Faden daneben auf jeder Seite ungeknüpft lassen.

22 Suchen Sie sich auf jeder Seite den losen Faden, der neben dem Trägerfaden liegt und ziehen Sie ihn mit einer Häkelnadel durch die Schlinge, die sich an Ihrer Seite befindet. Auf der linken Seite liegt die Schlinge rechts und auf der rechten Seite liegt sie links. Nehmen Sie den Trägerfaden der Rippenknotenreihe auf und knüpfen Sie eine Reihe Rippenknoten entlang der Kante dieser Kreuzknoten-Raute.

23 Wiederholen Sie die Knotenreihe auf der anderen Seite der Raute und wiederholen Sie dann Schritt 16–20, um zwei weitere seitliche Dreiecksformen mit Rippenknoten an den Rändern zu knüpfen. An dieser Stelle ist Ihr Makrameestück ziemlich lang, weshalb Sie es vielleicht zum Weiterarbeiten nach oben ziehen müssen, weil es vom Rand des Makrameebretts herunterhängt.

24 Schritt 10 und 11 wiederholen, um eine Raute aus Kreuzknoten zu knüpfen, die elf Reihen tief ist.

25 Diese Raute hat eine Rippenknotenreihe als Kante. Folgen Sie Schritt 12–15, schließen Sie die Form jedoch nicht. Lassen Sie die zwei Trägerfäden lose herabhängen, wie durch die Pfeile am Foto gezeigt.

26 Füllen Sie die beiden Dreiecke seitlich der Raute mit Kreuzknoten und knüpfen Sie dann drei ganze Reihen Kreuzknoten, um das andere Ende zu spiegeln.

27 Dies vervollständigt, macht die Grundform der Tasche komplett. Nehmen Sie sie vom Brett; Sie sollten zwei lange Fäden oben an jeder Seite vorfinden.

28 Falten Sie die Tasche in der Mitte, sodass die Kanten übereinanderliegen.

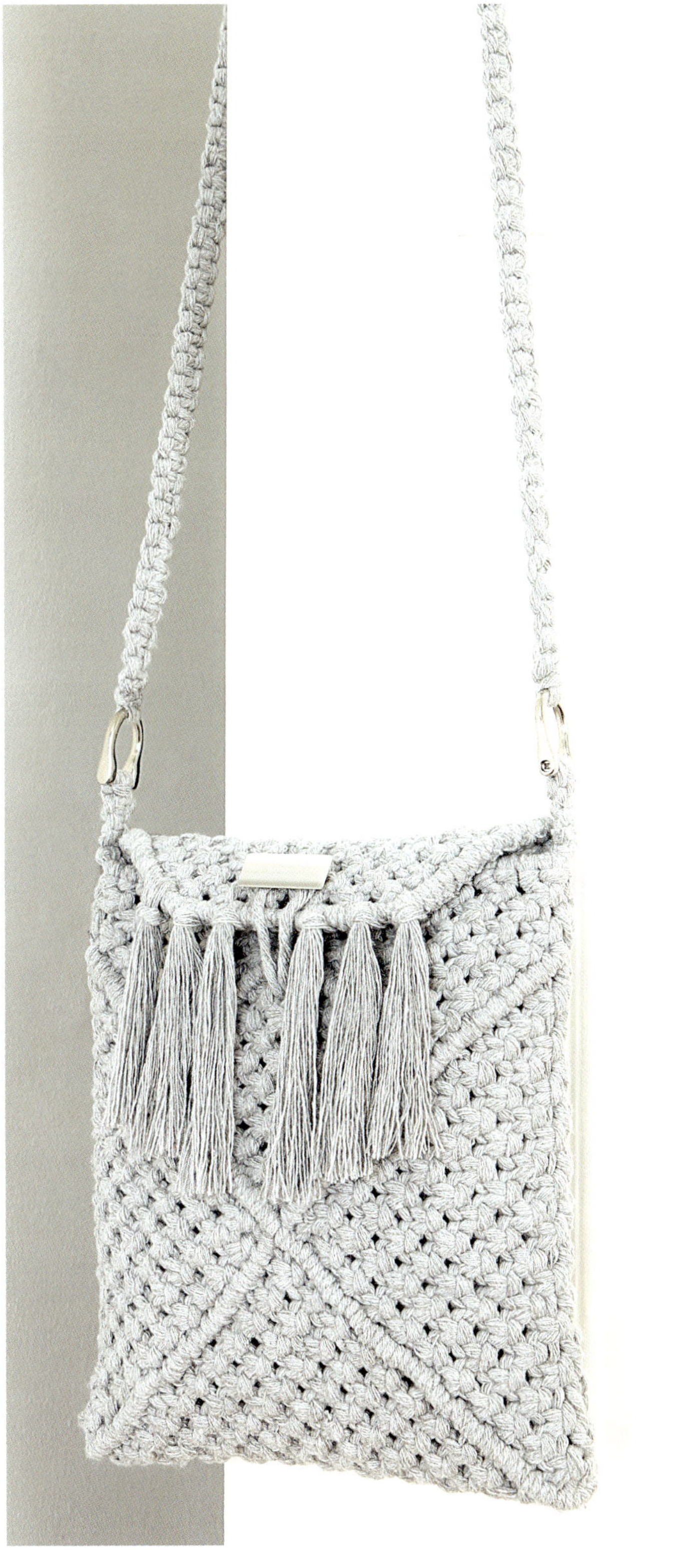

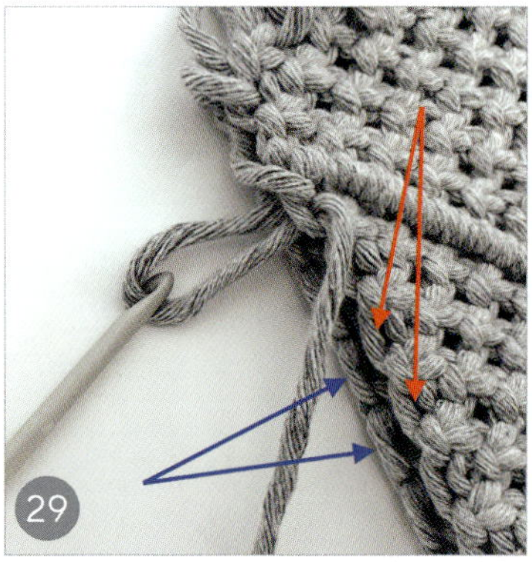
29

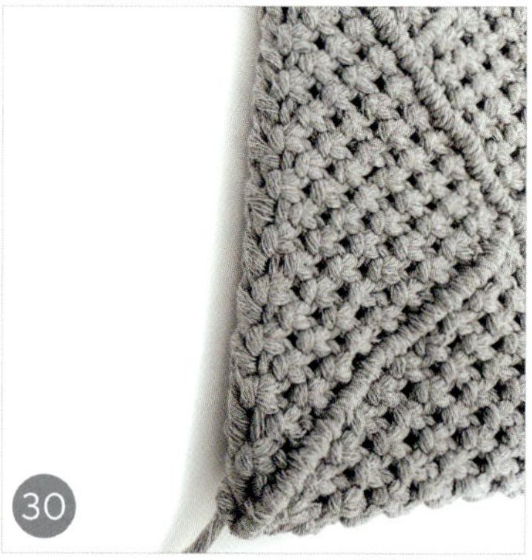
30

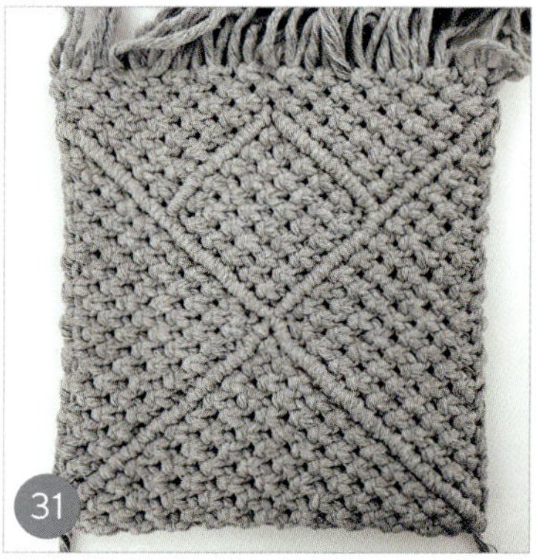
31

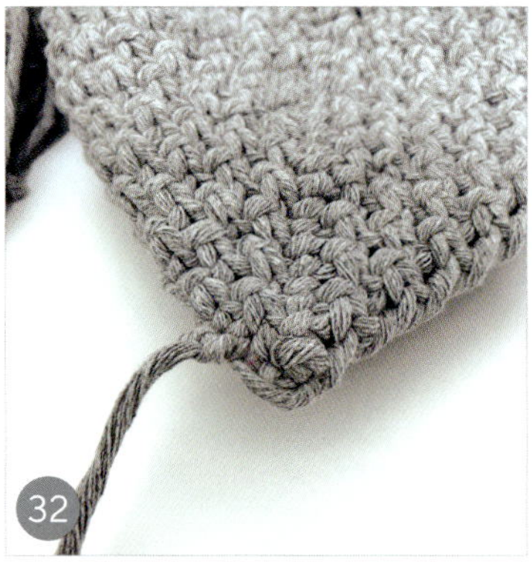
32

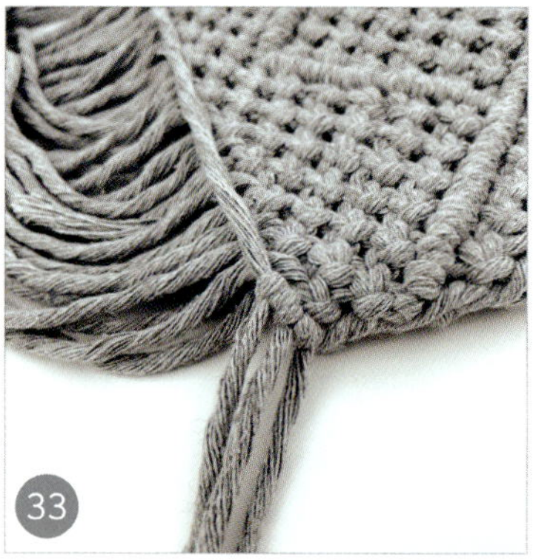
33

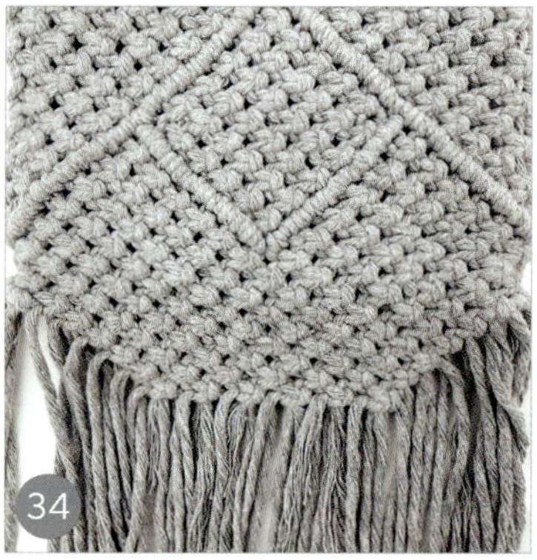
34

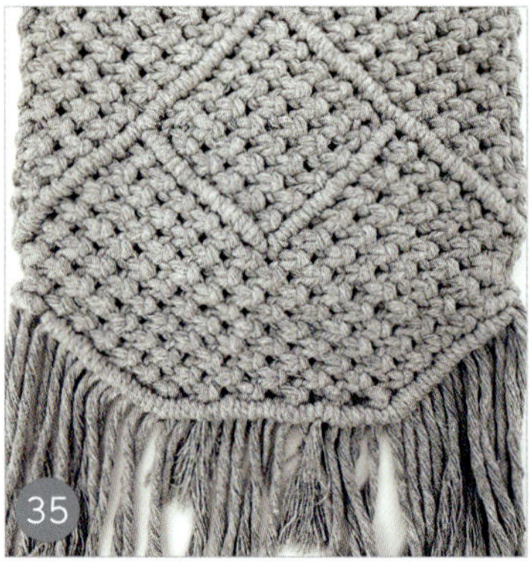
35

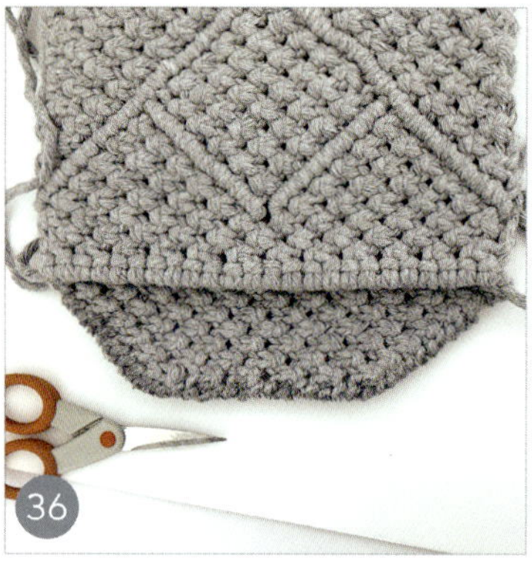
36

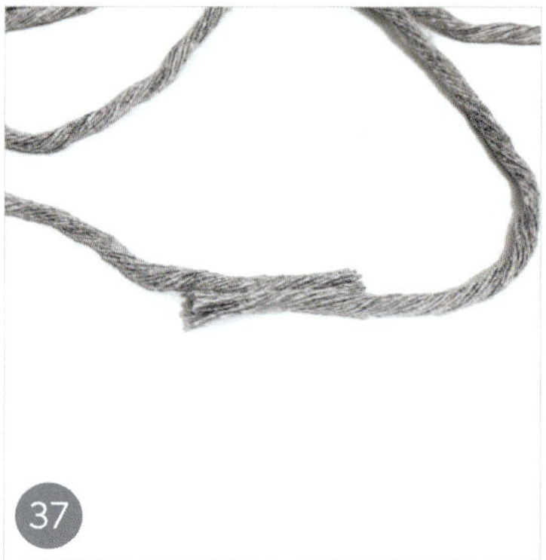
37

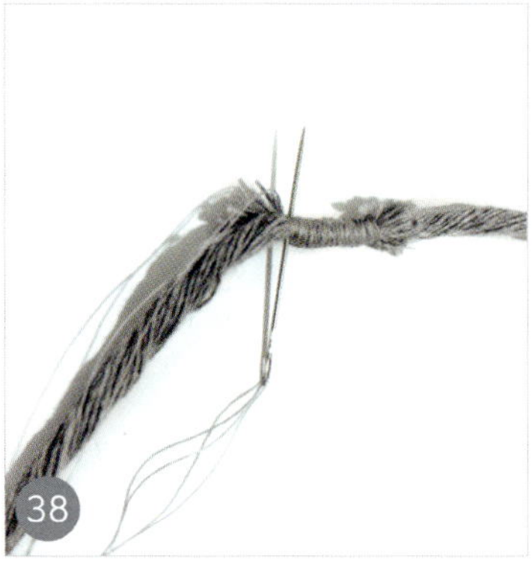
38

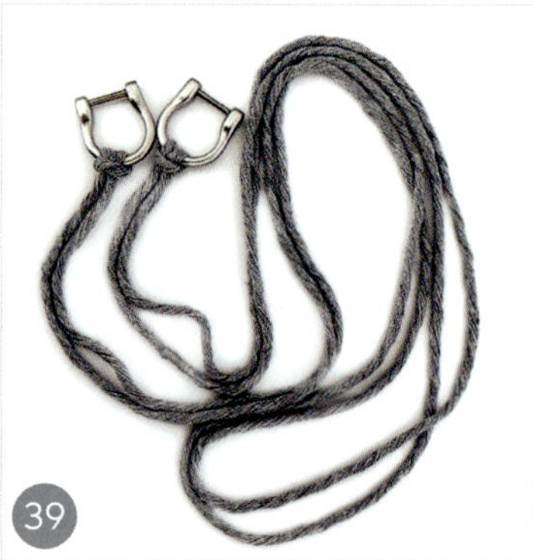
39

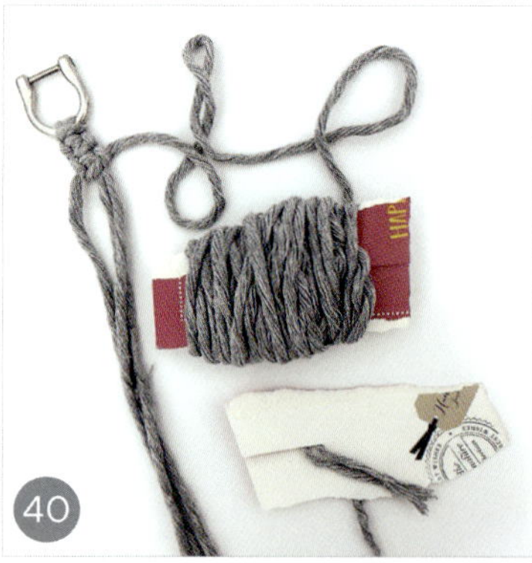
40

29 Der nächste Schritt ist das Zusammennähen der Seiten, um die Taschenform zu gestalten. Verwenden Sie einen der langen Fäden von der Oberkante (die beiden, die an das Brett geklemmt waren).

Sie werden sehen, dass sich an den Seiten Schlingen zwischen den Kreuzknoten befinden. Auf dem Foto des Arbeitsschritts zeigen rote Pfeile die vorderen Schlingen und blaue Pfeile zeigen die hinteren. Sie werden verwendet, um die Seiten aneinanderzunähen. Verwenden Sie eine Häkelnadel als Hilfe, um den Faden durch die Schlingen zu ziehen, nähen Sie nach unten, indem Sie den Faden durch eine Schlinge vorne und dann durch eine hinten ziehen und dabei etwas fabrizieren, das aussieht wie ein diagonaler Geradstich.

30 Am Ende angekommen, den Faden behutsam festziehen.

31 Auf der anderen Seite der Tasche wiederholen.

32 Nachdem Sie beide Seiten zugenäht haben, haben Sie zwei Garnenden unten an den Ecken. Sie müssen mit der Häkelnadel in das Innere der Tasche gesteckt werden.

Wenn die Fäden innen sind, kehren Sie die Tasche von innen nach außen. Das ist knifflig, weil Makramee starr und beharrlich ist. Ist die Tasche umgedreht, benutzen Sie die Häkelnadel, um die Garnenden durch einige naheliegende Schlingen zu ziehen, und verknoten Sie das Garn, um es zu befestigen.

Dabei ist es egal, welche Schlingen Sie verwenden, da Sie die Enden nur vernähen müssen, damit sie sich nicht auftrennen, wenn Sie die Tasche tragen. Überschüssiges Garn abschneiden.

33 Die Tasche mit der richtigen Seite nach außen wieder umdrehen. Suchen Sie sich an der offenen Kante den zweiten langen Faden, der an das Brett geklemmt war. Sie sollten einen an jedem Ende (an den zugenähten Seiten) vorfinden. Knüpfen Sie drei Rippenknoten an jeder Seite und benutzen Sie die am nächsten liegenden losen Enden.

Dieses Taschendesign hat eine Lasche und einen Knopf als Schließe, aber wenn Sie möchten, können Sie auch eine oben offene Tasche gestalten. Entscheiden Sie sich für eine offene Tasche, fahren Sie damit fort, alle losen Enden zu Rippenknoten zu verknüpfen. Wenn Sie am Ende angelangt sind und alle Fäden verknüpft haben, können Sie entweder die Enden als Fransen stehen lassen oder ein bisschen Klebstoff hinzufügen und sie abschneiden. Bevor Sie die Fäden abschneiden, lassen Sie die beiden längsten Fäden an jeder Seite stehen, um den Griff zu befestigen und springen Sie weiter zu Schritt 37, um diesen herzustellen.

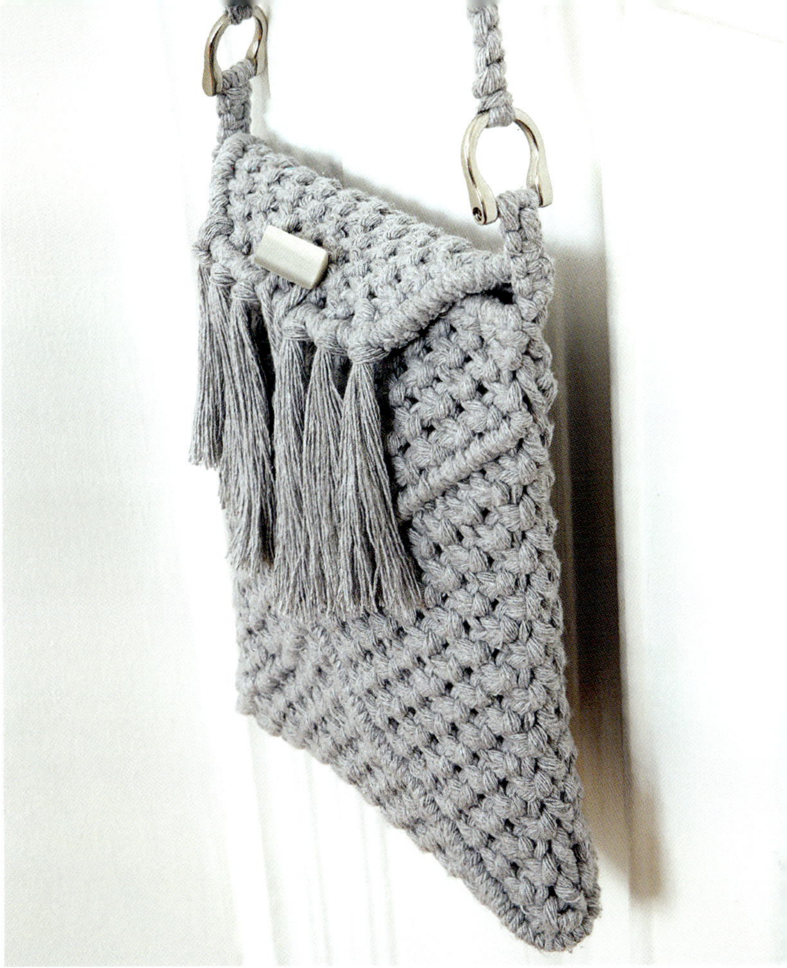

34 Für die Lasche knüpfen Sie sechs Reihen aus Kreuzknoten und verkürzen dabei jede Reihe um einen Knoten, um die Seiten abzuschrägen. Orientieren Sie sich an dem Foto des Arbeitsschritts.

35 Suchen Sie auf der linken Seite den Trägerfaden mit den drei Rippenknoten aus Schritt 33. Verwenden Sie ihn, um die Rippenknotenreihe rund um die Lasche aus Kreuzknoten fortzusetzen.

36 Um die Tasche fertigzustellen, geben Sie eine kleine Menge Klebstoff auf die Innenkante der Rippenknotenreihe rund um die Lasche. Damit stellen Sie sicher, dass sie nicht auseinanderfällt, wenn die Tasche verwendet wird. Schneiden Sie alle überschüssigen Garnenden ab.

37 Für den Griff nehmen Sie das 1,4 m lange Garnstück aus Schritt 1. Suchen Sie die Enden und legen Sie sie Seite an Seite, sodass sie aufeinander zu zeigen. Sie bilden gerade eine große Schlinge.

38 Mit Nadel und Faden nähen Sie diese Enden zusammen. Den Faden, so fest Sie können, um die Enden wickeln und dann durch das ganze Stück nähen, bis es sich fest anfühlt. Ziehen Sie an dem Garn, um sicherzustellen, dass es sich nicht auftrennt.

39 Die Ringe für den Griff mit dem Ankerstich am Garn befestigen.

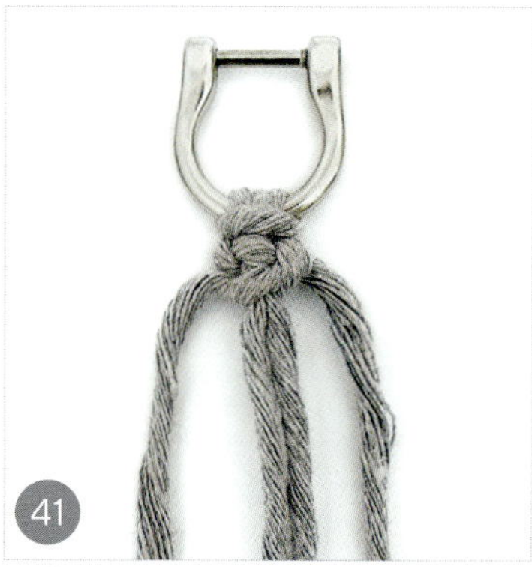

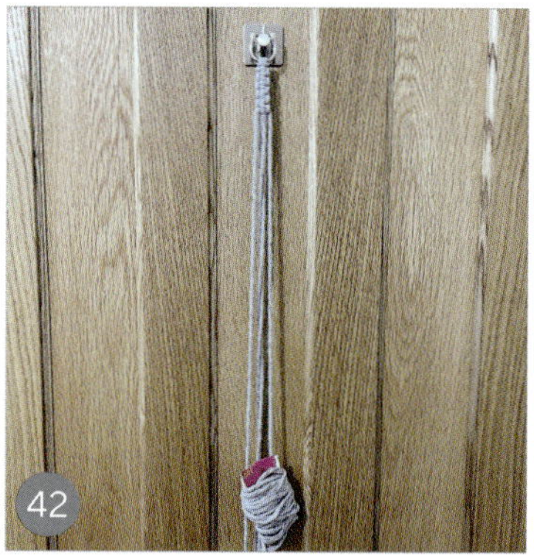

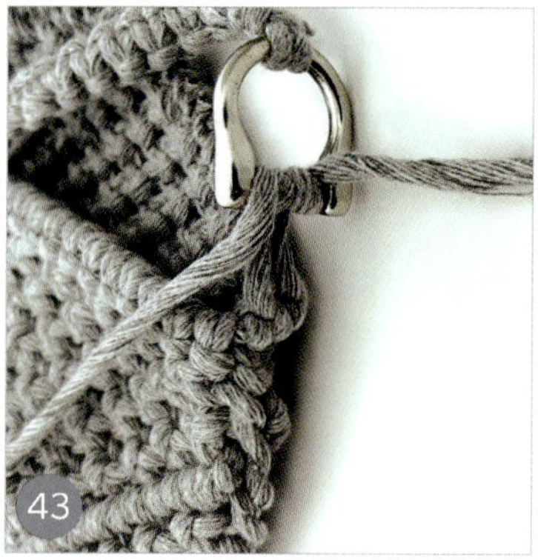

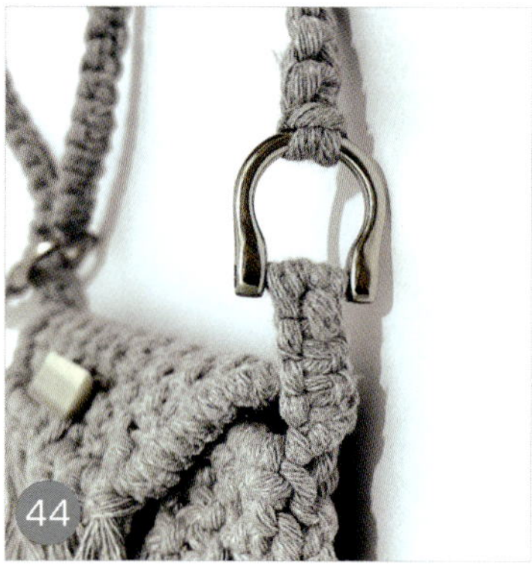

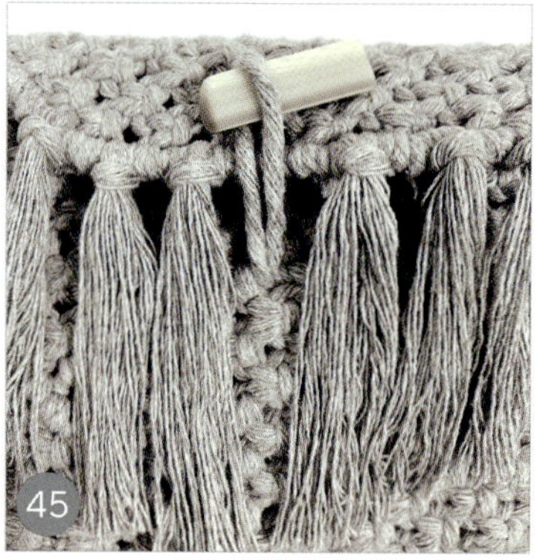

40 Suchen Sie den Mittelpunkt des 12 m langen Garns und markieren Sie ihn. Suchen Sie sich zwei Pappreste und wickeln Sie den Faden darum; beginnen Sie damit an den beiden Fadenenden und wickeln Sie sie auf, bis Sie so viel Garn haben, wie Sie zum Bearbeiten brauchen. Die Enden sind um die Pappe gewickelt. Wenn Sie keine Pappe verwenden, ist es schier unmöglich, mit derartigen Garnlängen zu arbeiten, ohne sich zu verheddern.

41 Der Griff besteht aus einer Reihe Kreuzknoten. Nehmen Sie ein Griffende mit einer Schlinge auf und legen Sie die markierte Mitte des 12 m langen Garnstücks hinter die Griffschnüre (sie sind nun die Trägerfäden). Das 12 m lange Garnstück ist Ihr Arbeitsfaden. Mit der Mitte hinter den Trägerfäden den Kreuzknoten beginnen.

42 Ich habe meinen Ring für den Taschenträger an eine Tür gehängt, was mir das Knüpfen der Kreuzknoten erleichtert hat, da die Schwerkraft mir half, die Trägerfäden gerade zu halten. Knüpfen Sie ganz hinüber bis zum anderen Ring und schneiden Sie überschüssiges Garn ab. Der Träger ist fertiggestellt.

43 Um den Träger an der Tasche zu befestigen, suchen Sie sich die zwei längsten Fäden an jeder Seite und wickeln Sie sie zweimal um das gerade Stück des Rings. Lassen Sie einen 2 cm großen Abstand zwischen diesem Steg und der Tasche.

44 Bringen Sie die Garnenden zurück nach unten in Richtung Tasche und verwenden Sie sie, um Kreuzknoten in dem Abschnitt zwischen Griff und Tasche zu knüpfen. Überschüssiges Garn abschneiden.

45 Bringen Sie den Knopf für die Schließe in der Mitte der Lasche mit Nadel und Garn an. Nehmen Sie einen Garnrest und machen Sie eine Schlinge für die Schließe. Binden Sie am Ende der Schlinge einen großen Knoten und schieben Sie die Schlinge von innen dort durch die Tasche, wo sie in einer Linie mit der Schließe liegt.

Bei diesem Projekt fielen viele Garnreste an, die ich verwendet habe, um Quasten als Zierelemente zu gestalten. Dafür nehmen Sie das Garn doppelt, schieben es am Rand durch die Lasche und knüpfen einen Ankerstich. Fügen Sie so viele Quasten hinzu, wie gewünscht, und schneiden Sie sie gerade ab, damit sie ordentlich aussehen. Das gibt der Tasche ein hübsches Extra.

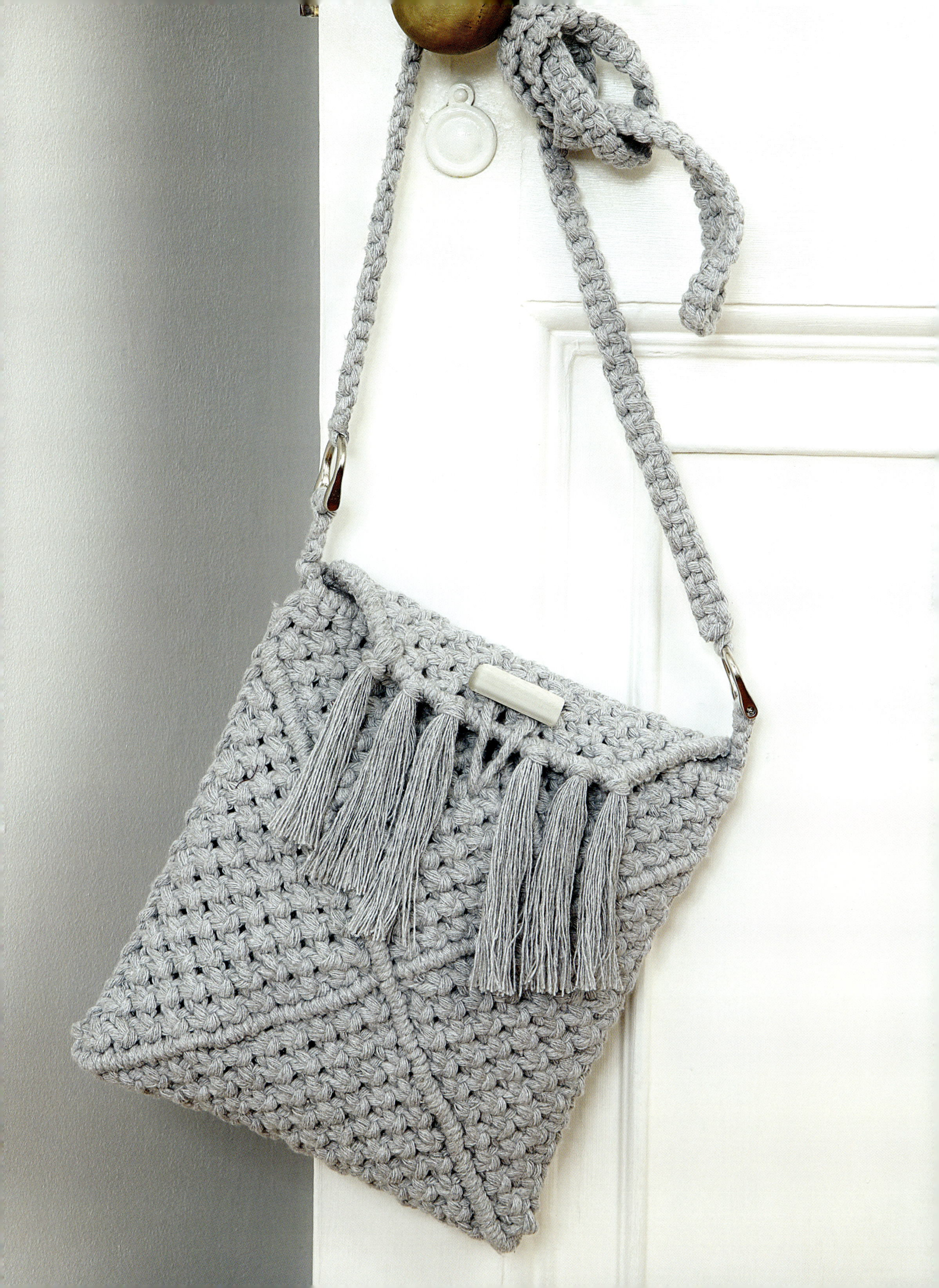

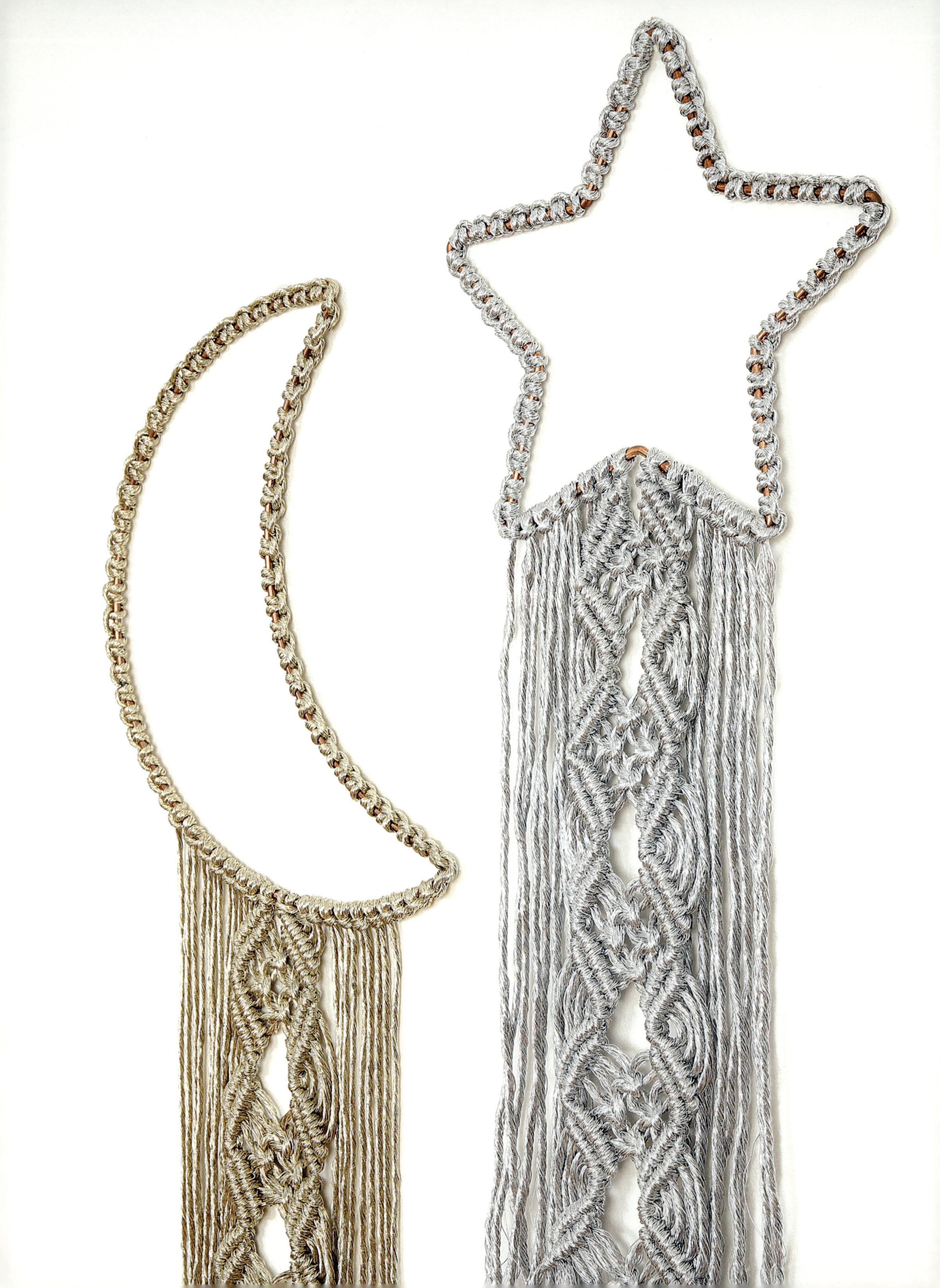

Wandbehang Stern und Mond

Tansy Wilson

Metallic-Makrameegarn passt perfekt zu diesem Projekt, ebenso wie diese Drahtrahmen. Die Anleitung stützt sich auf den Stern, doch die Arbeitsschritte sind für den Mond (oder jede andere Form Ihrer Wahl) völlig ident.

SIE BENÖTIGEN

- Metallic-Makrameegarn, 3 mm
- Metallrahmen in Stern- (22 cm) und Mondform (20 cm)
- Schere
- Perle, 10 mm, mit 4 mm großem Loch, für jedes Werkstück

1 Schneiden Sie 6 Längen zu je 3,5 m aus dem silbernen Makrameegarn (3 mm) zu und falten Sie jedes Stück in der Mitte. Mit dem Ankerstich so unten an Ihren Stern binden, dass sich drei Fadenpaare an der linken Sternspitze und drei Fadenpaare an der rechten befinden. Beginnen Sie mit der linken Spitze, nehmen Sie den ganz rechts liegenden Faden und ziehen Sie ihn diagonal nach links vorne über die anderen Fäden. Das ist Ihr Trägerfaden.

2 Knüpfen Sie entlang dieses Trägerfadens mit den restlichen fünf Fäden Rippenknoten nach links (siehe Seite 99).

3 Kehren Sie zurück zum 6. Faden und ziehen Sie diesen ganz rechts liegenden Faden diagonal nach links über die anderen fünf Fäden. Er ist nun Ihr Trägerfaden.

4 Knüpfen Sie mit den restlichen fünf herabhängenden Fäden Rippenknoten entlang des Trägerfadens.

5 Gehen Sie hinüber zur rechten Spitze und wiederholen Sie diesen Vorgang mit passenden Rippenknoten entlang zweier Trägerfäden – arbeiten Sie diesmal von links nach rechts.

6 Binden Sie einen Kreuzknoten (siehe Seite 96) mit den vier mittleren Fäden: zwei von der linken und zwei von der rechten Seite – Fäden 5, 6, 7 und 8.

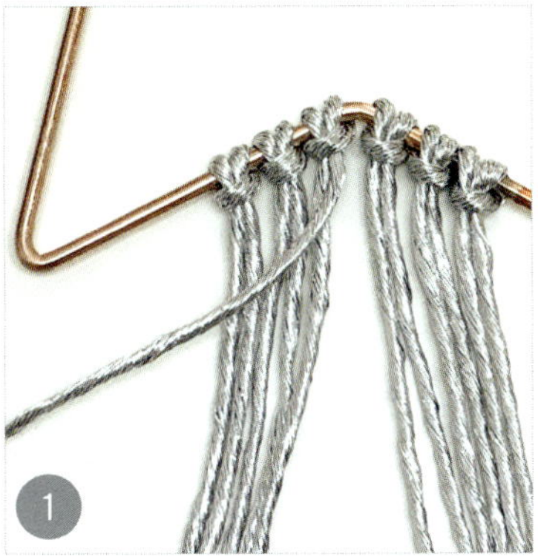

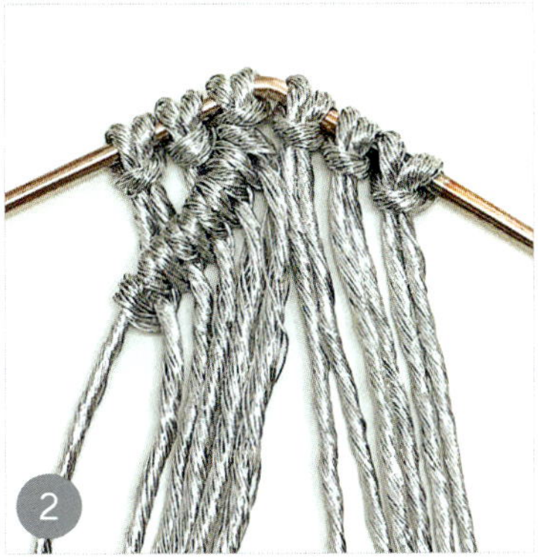

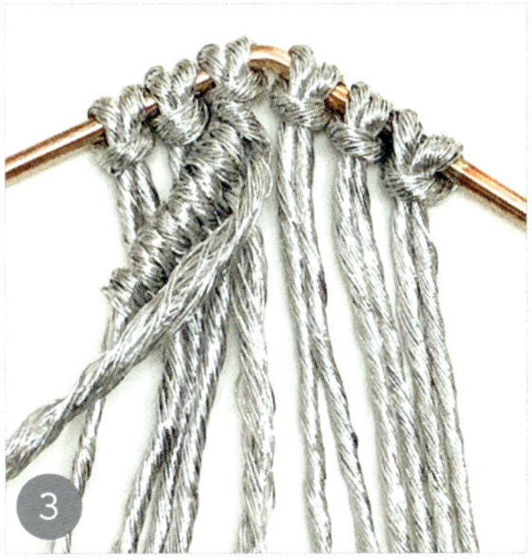

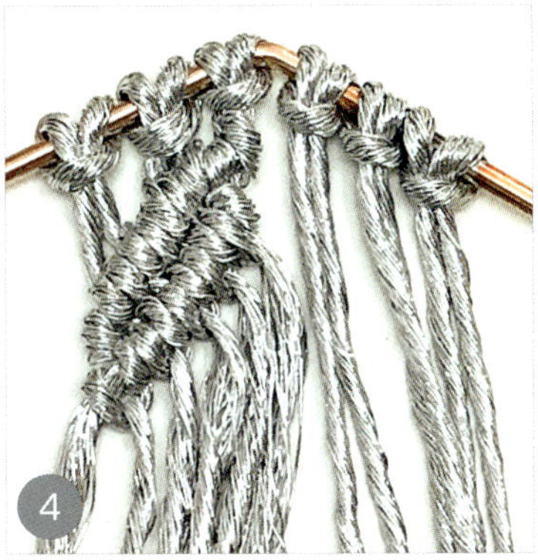

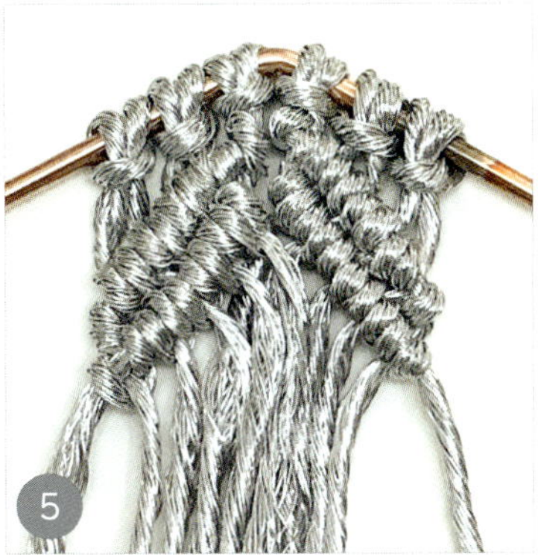

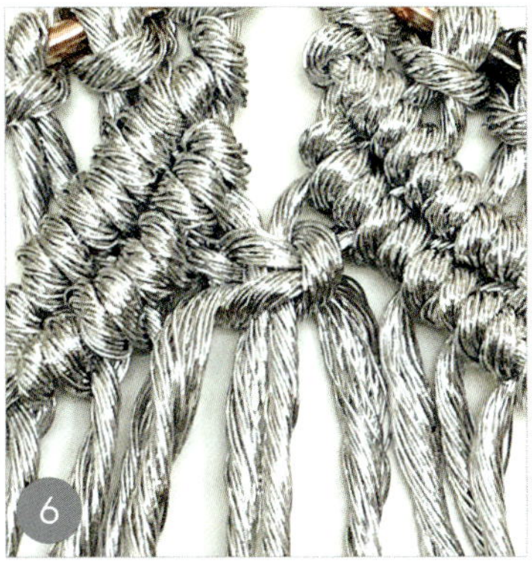

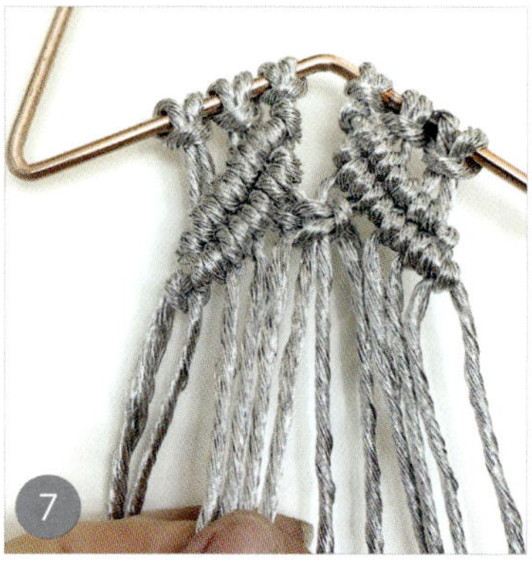
7

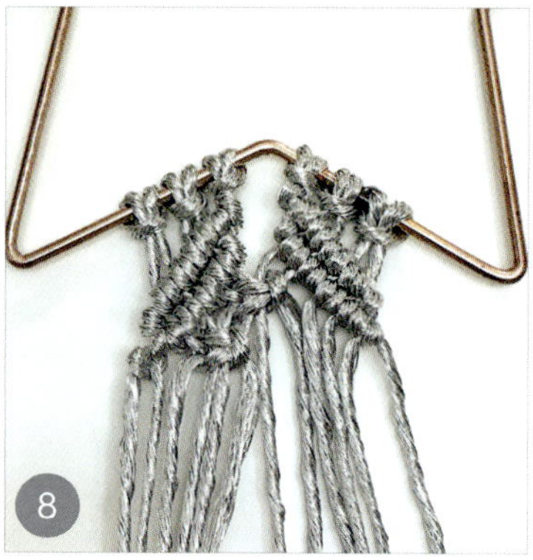
8

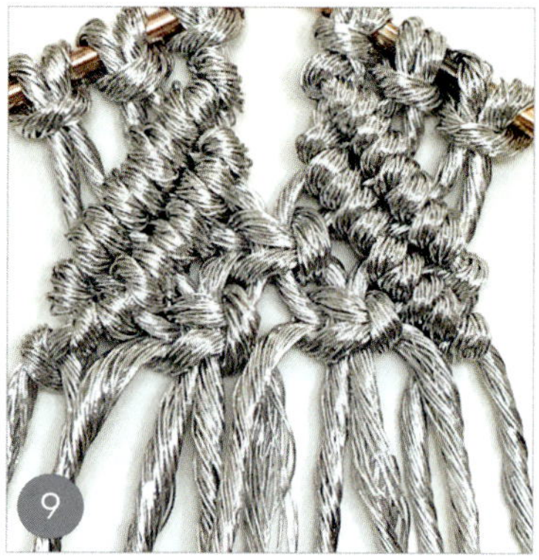
9

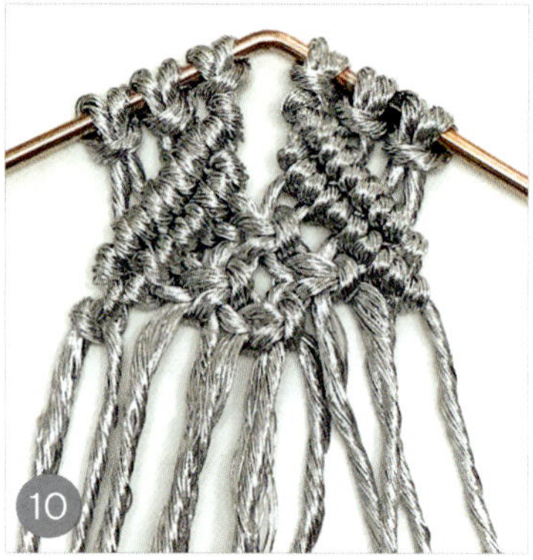
10

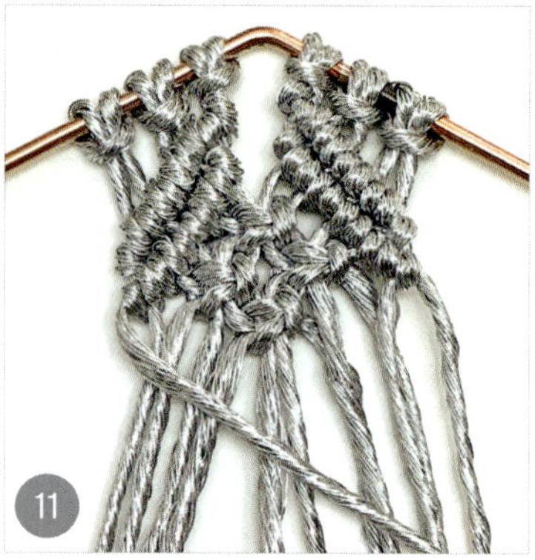
11

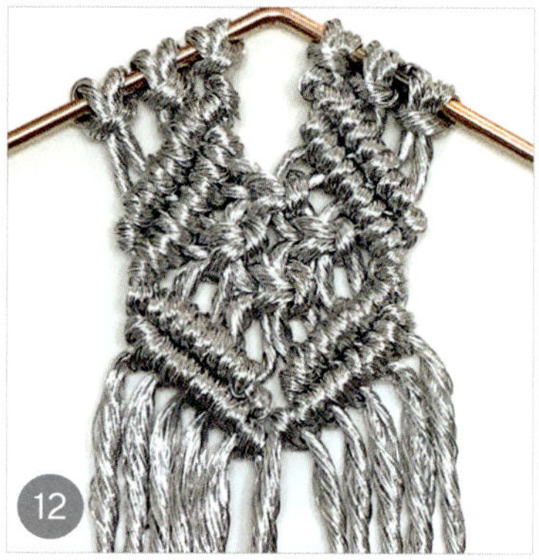
12

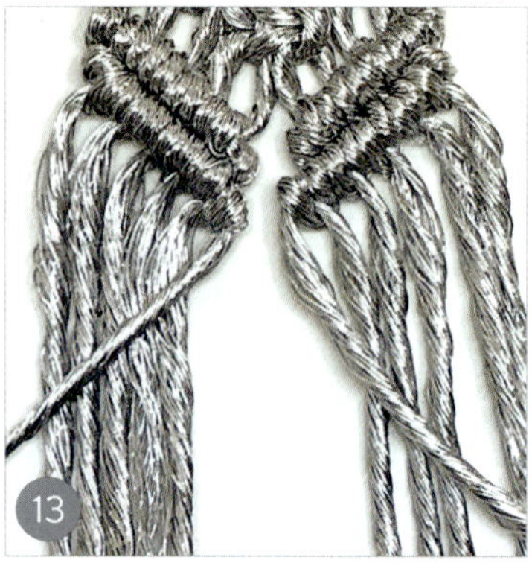
13

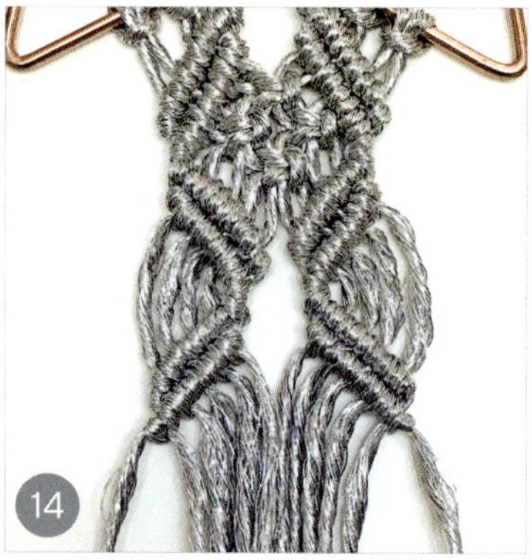
14

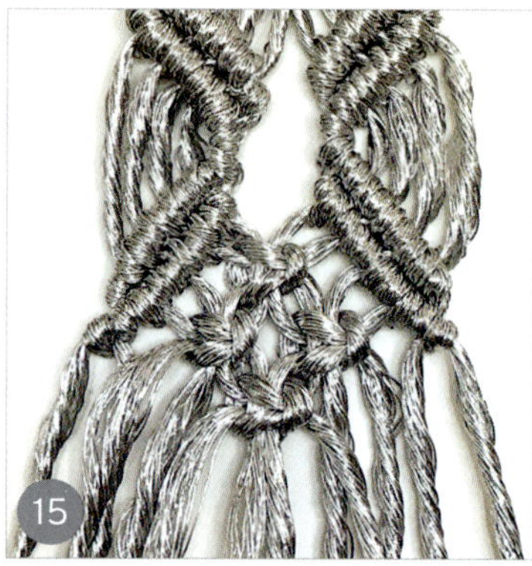
15

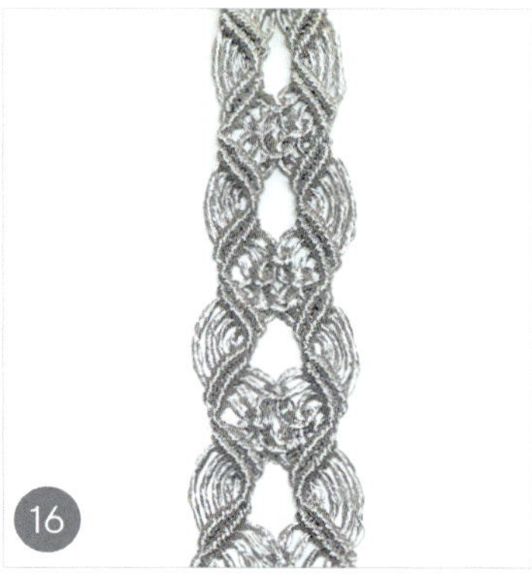
16

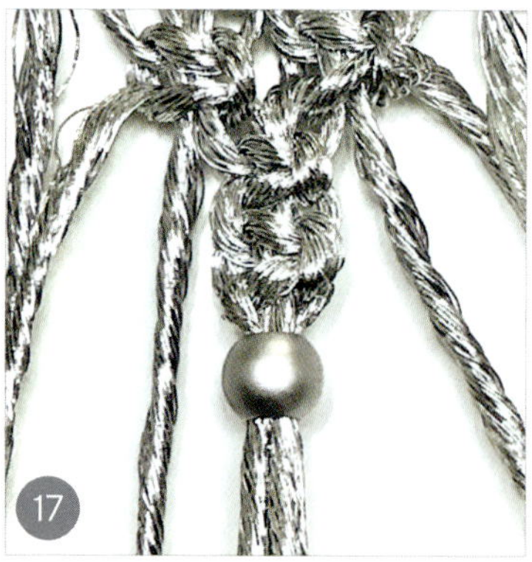
17

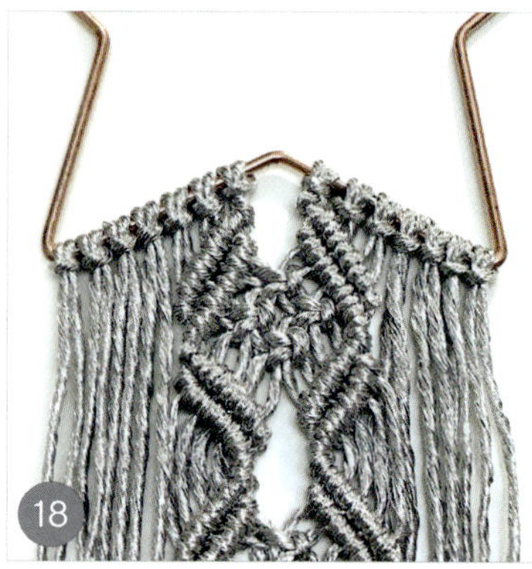
18

7 Nehmen Sie die beiden linken Fäden, die unten aus dem Kreuzknoten herauskommen, und die beiden direkt links davon liegenden Fäden auf.

8 Knüpfen Sie mit den in Schritt 7 herausgesuchten Fäden einen Kreuzknoten.

9 Nehmen Sie die beiden rechten Fäden unten aus dem Kreuzknoten aus Schritt 6 und die beiden direkt rechts davon liegenden Fäden auf und binden Sie einen Kreuzknoten, der in einer Linie mit dem aus Schritt 8 liegt.

10 Knüpfen Sie einen weiteren Kreuzknoten mit den vier mittleren Fäden – Fäden 5, 6, 7 und 8.

11 Nehmen Sie den linken Faden des linken Abschnitts und ziehen Sie ihn diagonal über die Vorderseite seiner fünf Partnerfäden nach rechts. Dies ist Ihr neuer Trägerfaden.

12 Binden Sie Rippenknoten mit den restlichen fünf Fäden dieses Abschnitts entlang des Trägerfadens.

Nehmen Sie dann wieder den linken Faden und knüpfen Sie erneut eine weitere Reihe aus Rippenknoten. Gehen Sie hinüber zum rechten Abschnitt und wiederholen Sie diesen Vorgang, indem Sie entsprechende Rippenknoten entlang der beiden Trägerfäden knüpfen, diesmal von rechts nach links.

13 Nehmen Sie die Fäden 6 und 7 und ziehen Sie sie diagonal vor ihre Partnerfäden, wie in diesem Bild gezeigt, um zwei neue Trägerfäden zu erhalten.

14 Knüpfen Sie Rippenknoten entlang dieser Trägerfäden, wie zuvor in Schritt 4–5, damit Sie am Ende an jeder Seite je zwei Reihen vorfinden.

15 Knüpfen Sie vier Kreuzknoten in derselben Anordnung wie zuvor in Schritt 7–10.

16 Wiederholen Sie dieses Muster weiterhin, damit Sie eine lange, wellige senkrechte Knotenreihe erhalten.

TOP-TIPP

Das Metallic-Garn ist sehr rutschig und franst leicht aus, stellen Sie sich also auf ein etwas lockerer geknüpftes Makrameemuster ein!

17 Haben Sie die gewünschte Länge erreicht, gestalten Sie eine Quaste, indem Sie drei Kreuzknoten mit den vier Fäden in der Mitte übereinanderknüpfen und eine Perle mit großem Loch auffädeln und bis zu den Knoten schieben.

18 Schneiden Sie nun 8 Längen silbernes Makrameegarn zu je 1 m zu, falten Sie jede in der Mitte und bringen Sie je vier an der linken und an der rechten Spitze an. Je nach Größe Ihres Drahtrahmens müssen Sie entweder mehr oder weniger zuschneiden.

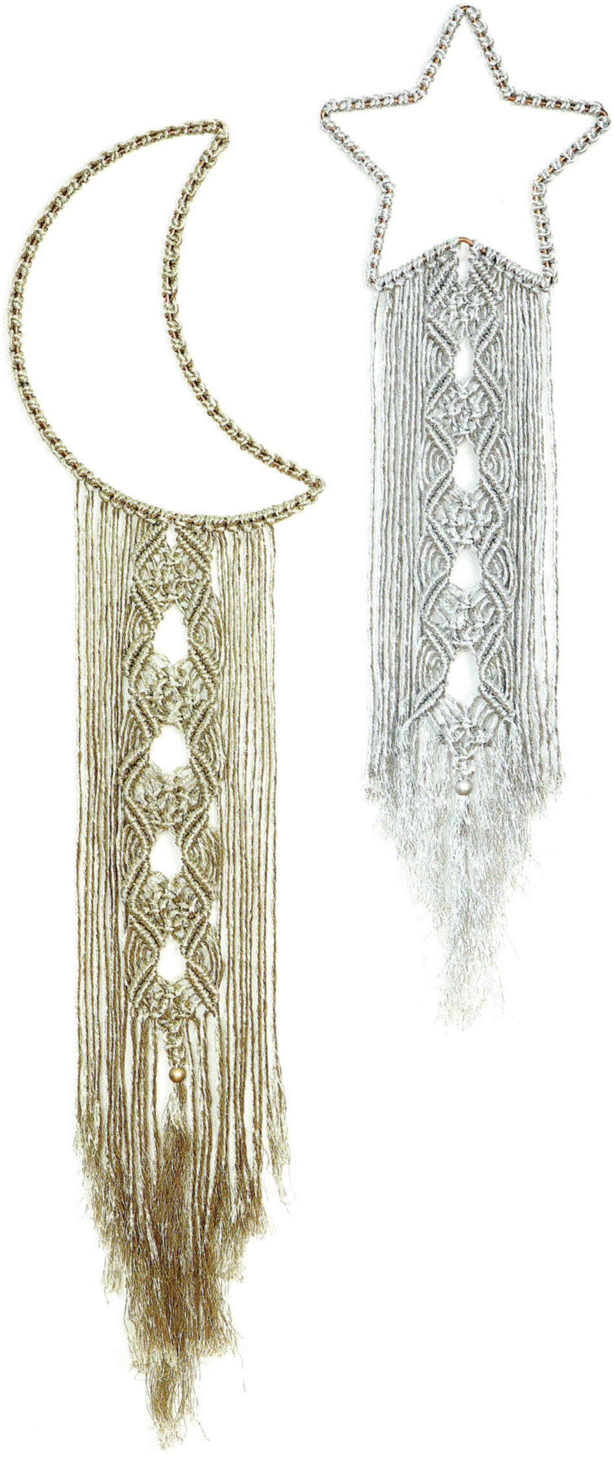

19 Sie können das Design so belassen und die Unterkante Ihres Wandbehangs zu einer schönen Form zuschneiden. Das Metallic-Garn trennt sich sehr leicht auf, weshalb es ein Leichtes ist, fluffige Fransen zu erzielen.

Details für die Umrandung

20 Ich habe beschlossen, meinen Rahmen zu bedecken, indem ich durchgehend Ankerstiche verwendet habe. Dafür brauchen Sie etwa 6-mal die Länge des Drahts plus 2-mal die Länge der Fransen. Befestigen Sie diese Garnlänge mit einem Ankerstich an Ihrem Drahtrahmen, falten Sie sie jedoch dafür nicht in der Mitte. Stattdessen messen Sie die Länge Ihres Sterns bis nach unten zu den Fransen aus. Hier falten Sie den Faden und setzen den Knoten. So haben Sie ein Stück, das sich in die Fransen einfügt, und ein weiteres mit einer Länge von mehr als 4 Metern.

21 Arbeiten Sie mit diesem Faden immer rechts des Ankerstichs, führen Sie ihn vor den Rahmen, um ihn herum und dann über den Draht selbst, wie in diesem Bild, und ziehen Sie ihn fest.

22 Für den nächsten Knoten führen Sie den Faden hinter den Draht, um ihn herum und dann durch den Faden und ziehen ihn nach unten. Wechseln Sie weiter immer je einmal vorne und hinten ab, bis Sie an das andere Ende gelangen, wo Sie Ihren verbleibenden Faden auf die Länge der Fransen zuschneiden können.

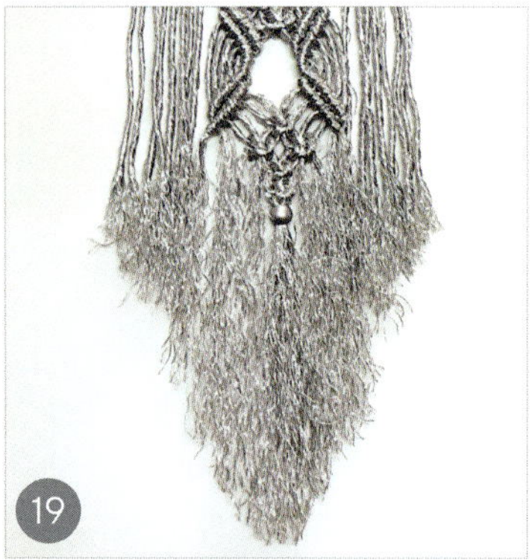

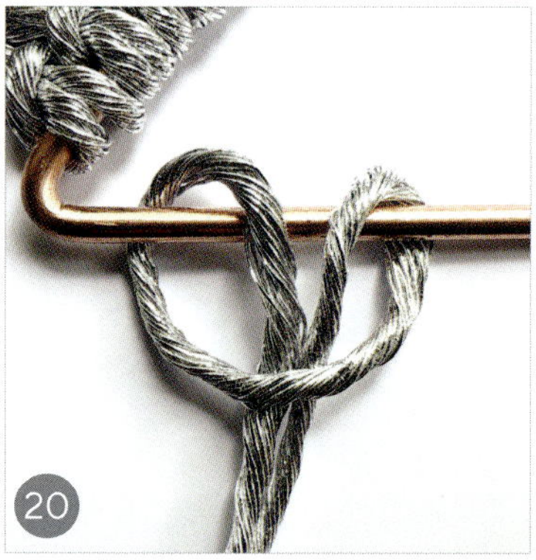

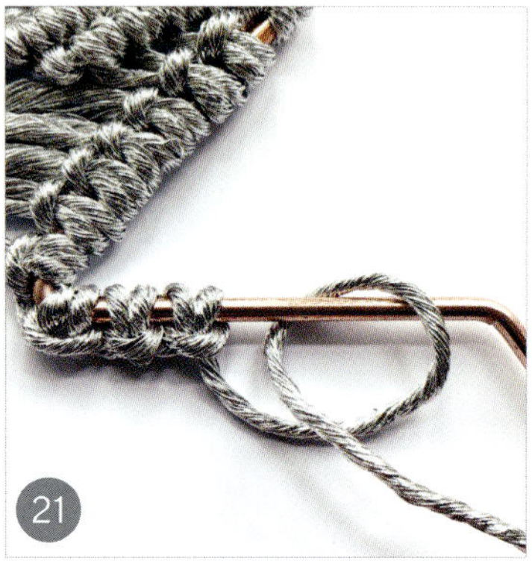

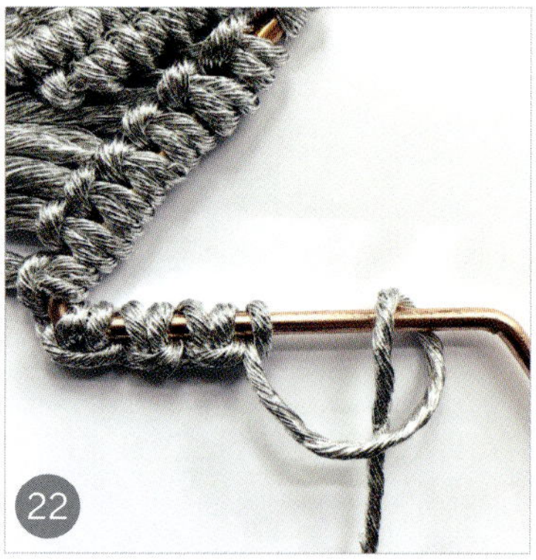

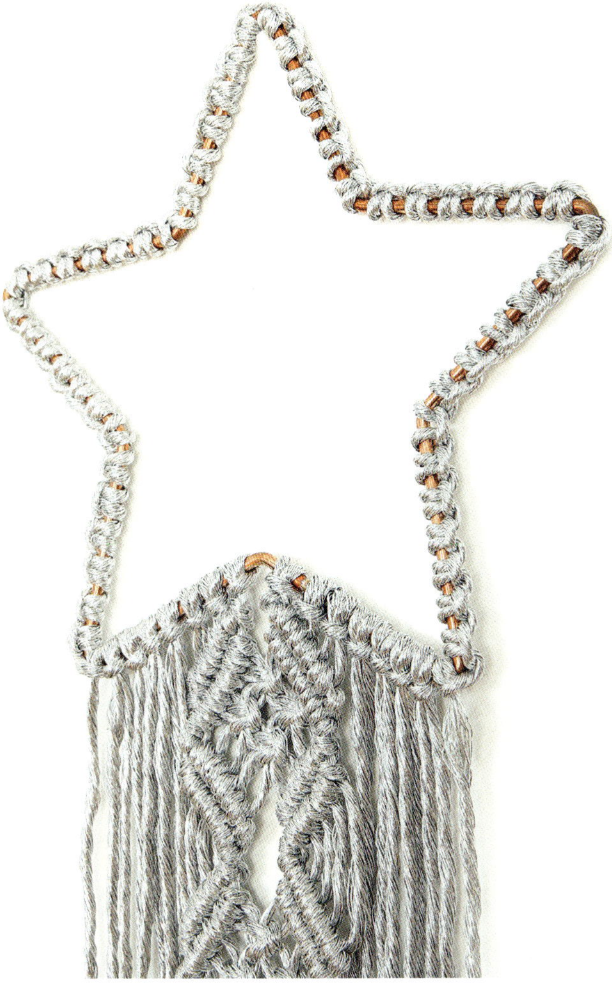
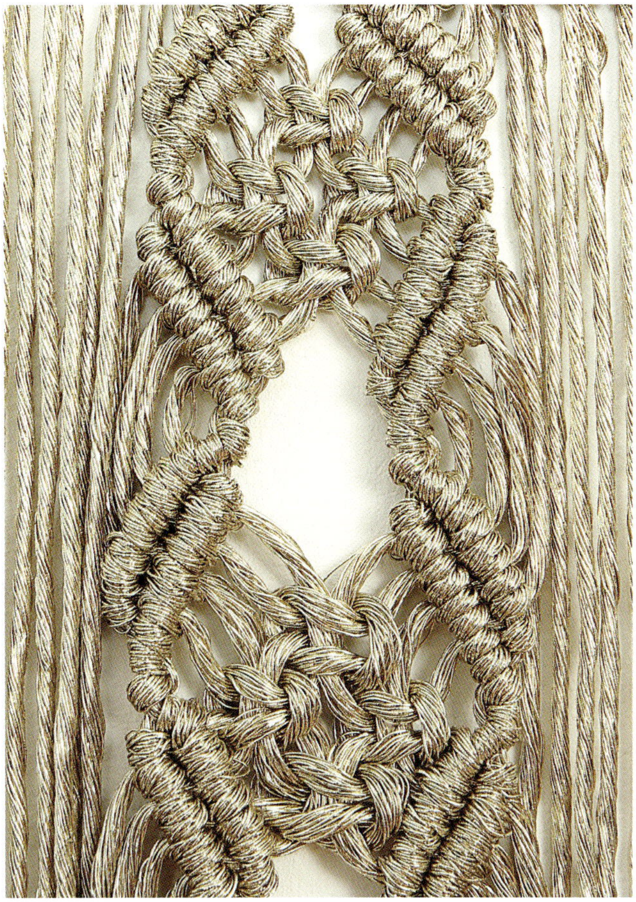
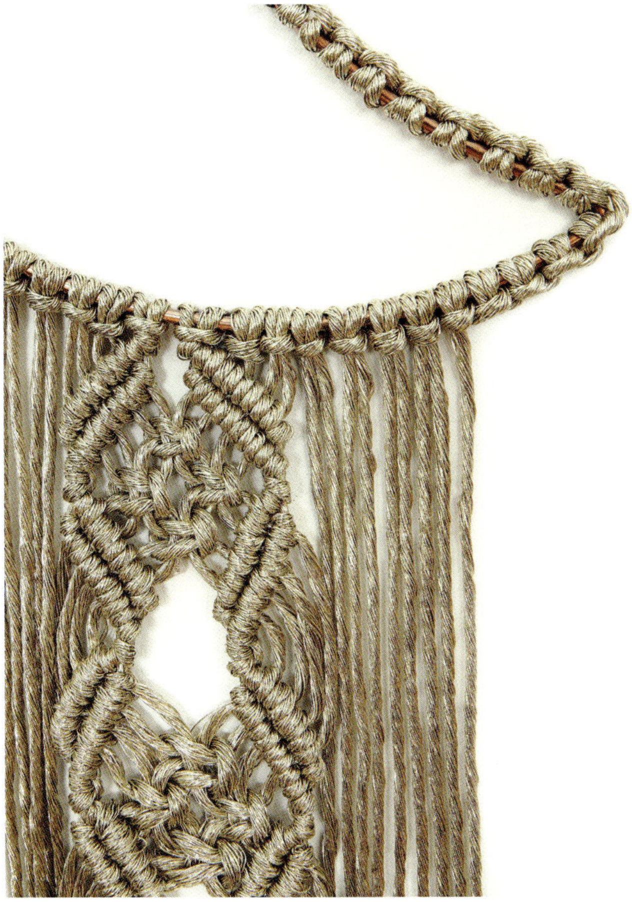
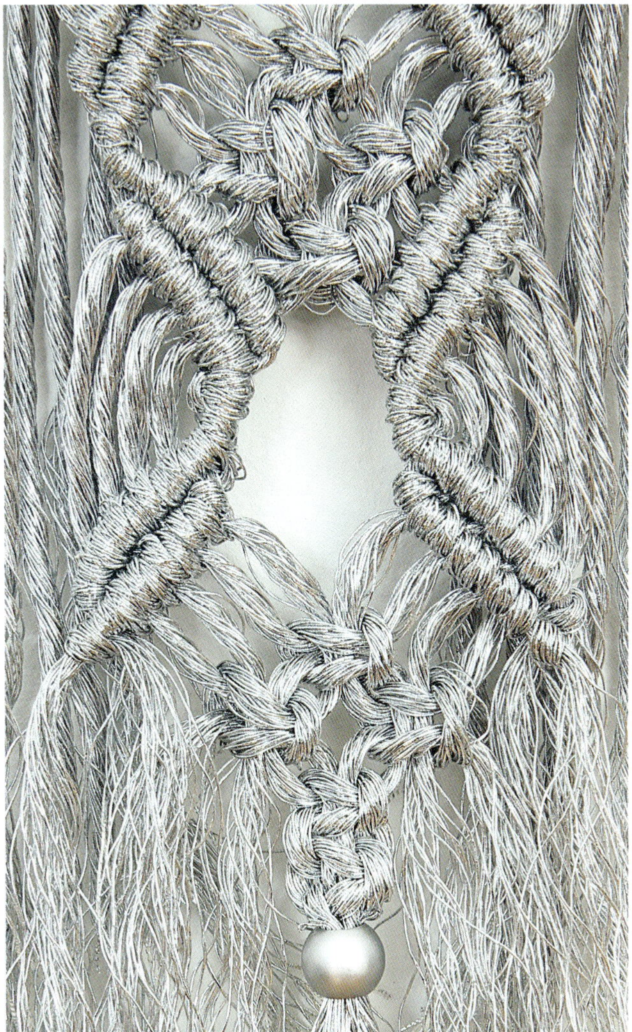

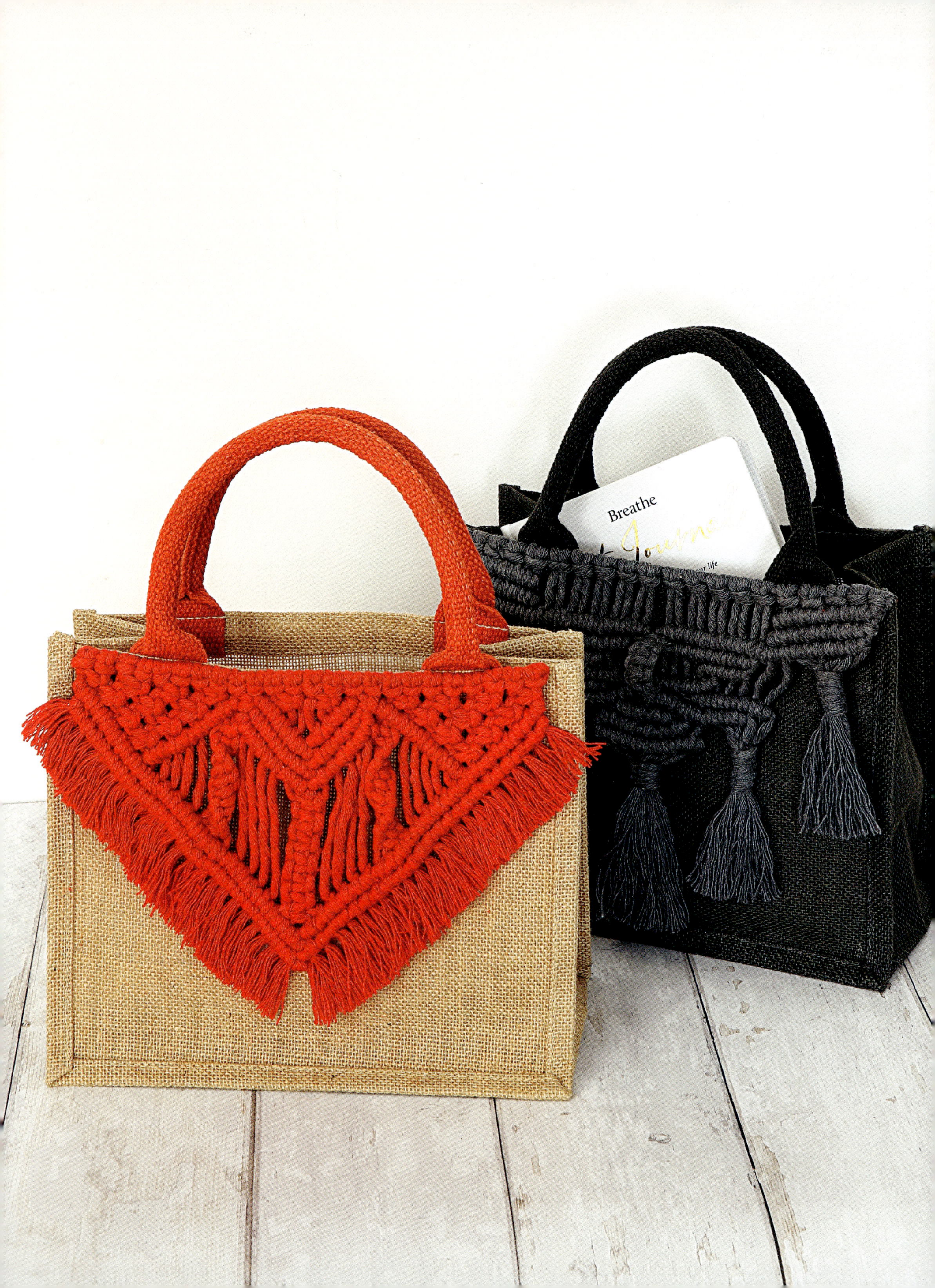
Breathe

Mini-Täschchen

Sian Hamilton

Peppen Sie eine Stofftasche mit einer einzigartigen Makramee-Applikation auf. In diesem Werkstück wird mit Mini-Einkaufstaschen gearbeitet, die perfekt als Lunchpaket geeignet sind, aber die Designs lassen sich auch hervorragend für größere Shopper adaptieren.

SIE BENÖTIGEN

Rote Stofftasche

- Makrameegarn, 4 mm (ich habe Welcome Yarn von Barbante in Red verwendet)

Graue Stofftasche

- Makrameegarn, 4 mm (ich habe Welcome Yarn by Barbante in Dark Grey verwendet)

- Mini-Jutebeutel
- Nadel und farblich passendes Garn
- Makramee-Board und Vielzweck-Klammern
- Schere
- Bürste mit Borsten

ROTE STOFFTASCHE

1 Folgen Sie den Schritten auf Seite 102, um ein Arbeitsbrett mit einem roten Faden aufzubauen.

2 Schneiden Sie 24 Garnlängen zu je 1,2 Meter zu. In der Mitte falten und an dem soeben angebrachten Faden mit dem Ankerstich (siehe Seite 94) befestigen. Haben Sie alle Fäden befestigt, legen Sie die Tasche darüber und überprüfen Sie, ob sie gleich breit wie die festgemachten Knoten ist.

3 Knüpfen Sie eine Reihe Kreuzknoten (siehe Seite 96). Vergewissern Sie sich erneut, dass die Breite mit der Tasche übereinstimmt.

4 Teilen Sie die Knoten in drei Gruppen zu je vier Knoten. Legen Sie die mittlere Knotengruppe beiseite und knüpfen Sie an beiden Seiten je ein Kreuzknoten-Dreieck. Dafür müssen Sie die beiden linken Fäden des ersten Knotens in der ersten Reihe auslassen und die beiden rechten Fäden (des linken ersten Knotens) mit den beiden linken Fäden des zweiten Knotens aus der ersten Reihe (siehe Schritt 8–9 auf Seite 96) verwenden. Knüpfen Sie drei Knoten in der zweiten Reihe, zwei in der dritten Reihe und nur einen in der vierten Reihe.

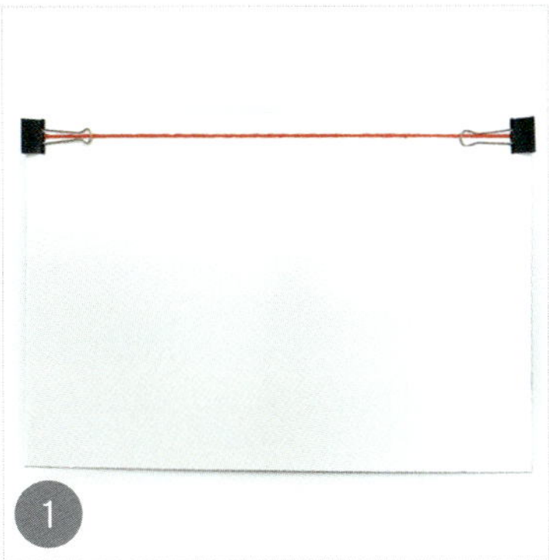
1

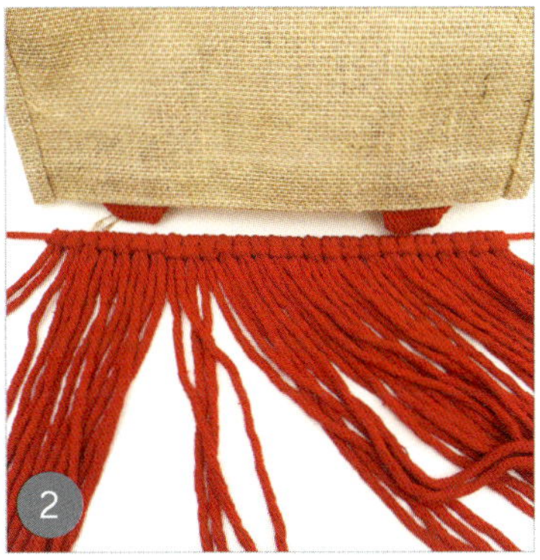
2

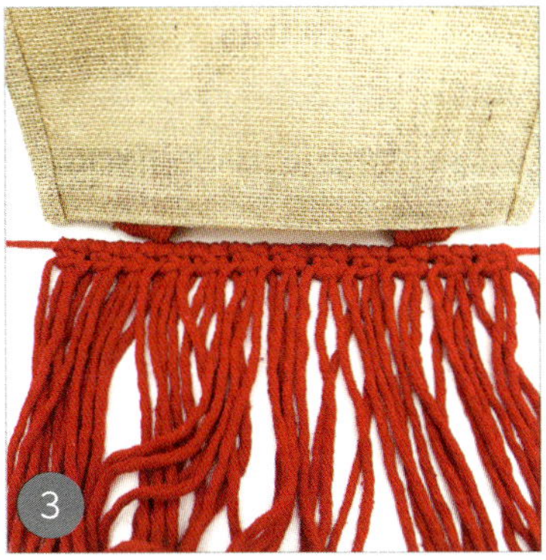
3

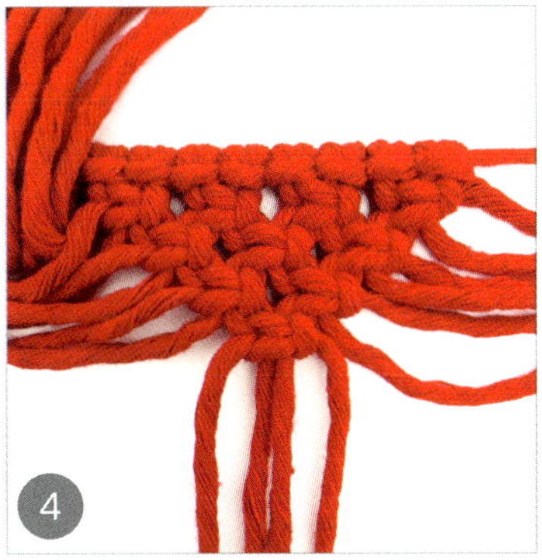
4

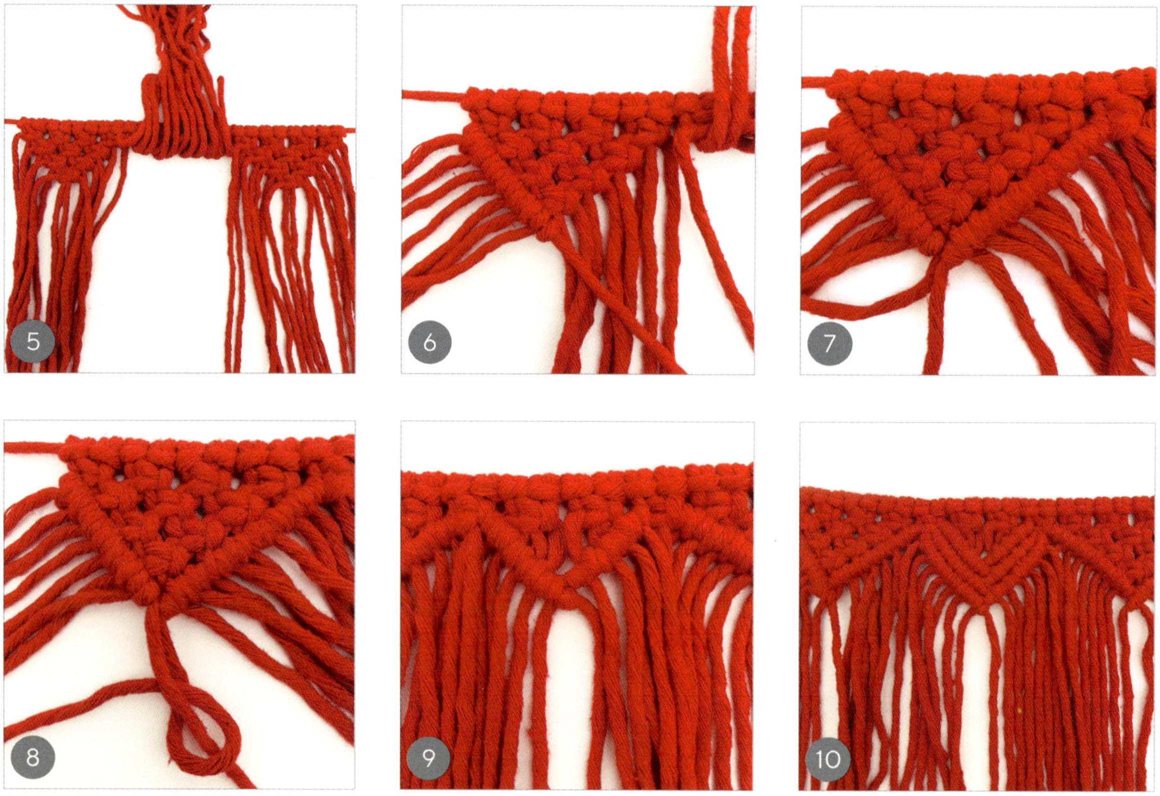

5 Wiederholen, um auf der anderen Seite ein identisches Dreieck zu knüpfen.

6 Bei diesem Muster verläuft eine Rippenknotenreihe entlang der Seiten nach unten. Nehmen Sie den äußeren Faden auf der linken Seite auf. Verwenden Sie diesen als Trägerfaden für die Rippenknotenreihe und verwenden Sie den zweiten Faden als ersten Arbeitsfaden. Knüpfen Sie eine Rippenknotenreihe (siehe Seite 99) und verwenden Sie dabei alle Fäden entlang des linken Trägerfadens unterhalb des Kreuzknoten-Dreiecks.

7 Verwenden Sie auf der gegenüberliegenden Seite des Dreiecks den linken Faden des fünften Knotens aus der obersten Reihe als Trägerfaden. Rippenknoten bis zur Unterseite des Dreiecks knüpfen. Hören Sie auf zu knüpfen, wenn Sie die andere Rippenknotenreihe erreichen.

8 Verwenden Sie den linken Trägerfaden als Trägerfaden und den rechten Trägerfaden als Arbeitsfaden, um die Spitze des Dreiecks zu schließen.

9 Wiederholen Sie Schritt 7 und 8, um auch um das rechte Dreieck eine Rippenknotenreihe zu knüpfen. Suchen Sie in der Mitte des Musters in der obersten Reihe die beiden Kreuzknoten. Von diesen Knoten verwenden Sie auf jeder Seite die äußersten Fäden als Trägerfäden, um jeweils eine diagonale Rippenknotenreihe um die beiden mittleren Knoten zu knüpfen. Haben Sie alle Fäden verwendet, nehmen Sie den rechten Trägerfaden als letzten Arbeitsfaden, um die Form zu schließen.

10 Sie sollten an jeder Seite der mittleren Knoten lose Trägerfäden vorfinden. Verwenden Sie diese als Trägerfäden und knüpfen Sie zwei weitere Rippenknotenreihen um das mittlere Dreieck. Die Spitze dieser Dreiecksform sollte nun bündig mit den Spitzen der Dreiecke an den Seiten liegen.

TOP-TIPP

Wenn Sie ein Muster für einen größeren Shopper gestalten, halten Sie sich an die Anleitung auf Seite 93, um die Fadenlänge zu ermitteln.

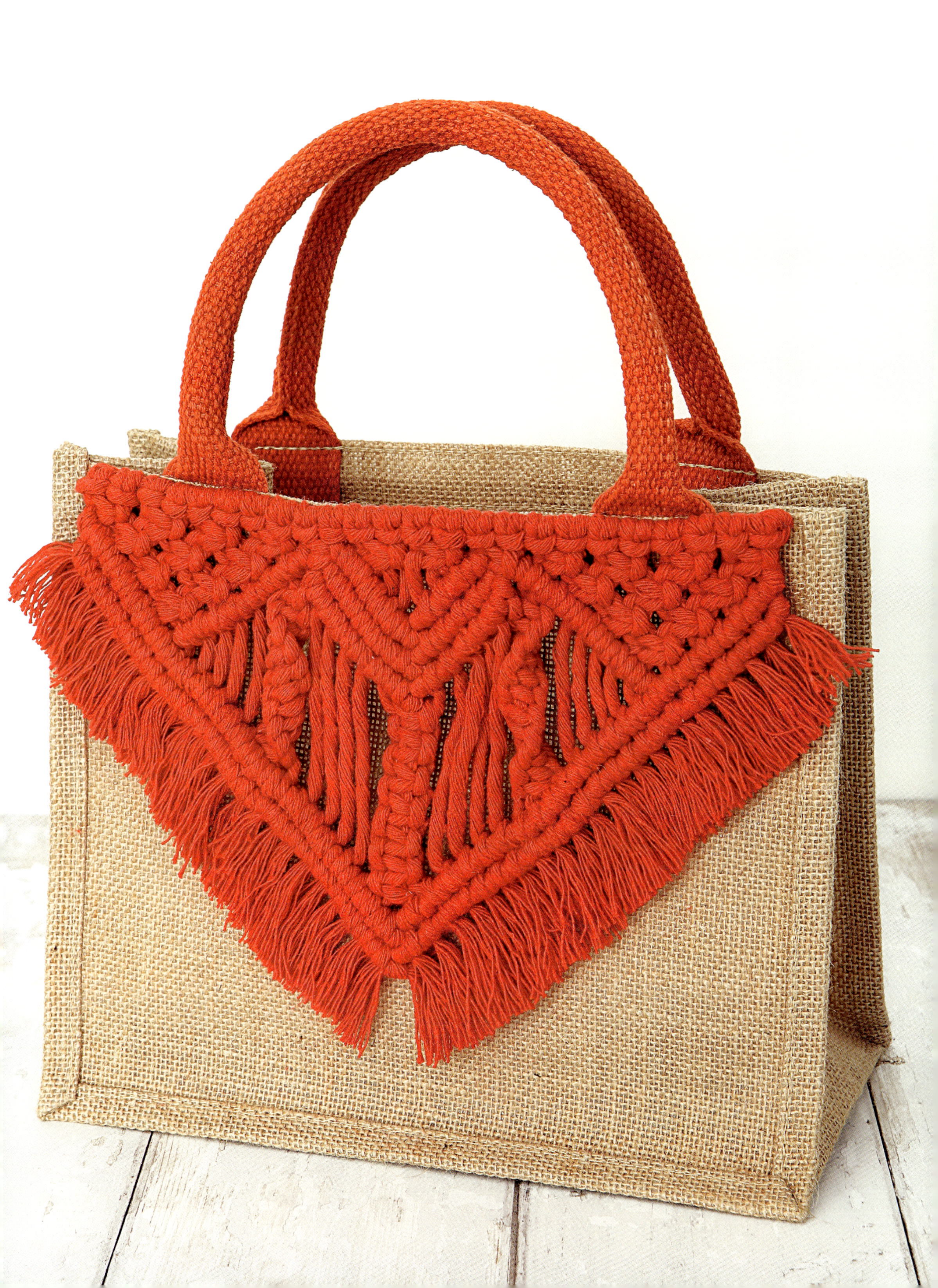

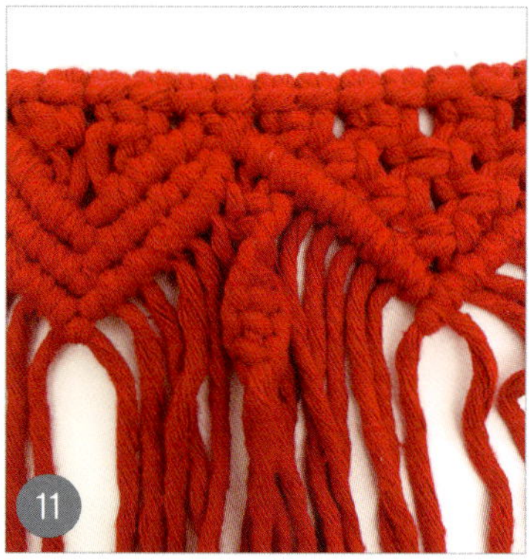

11

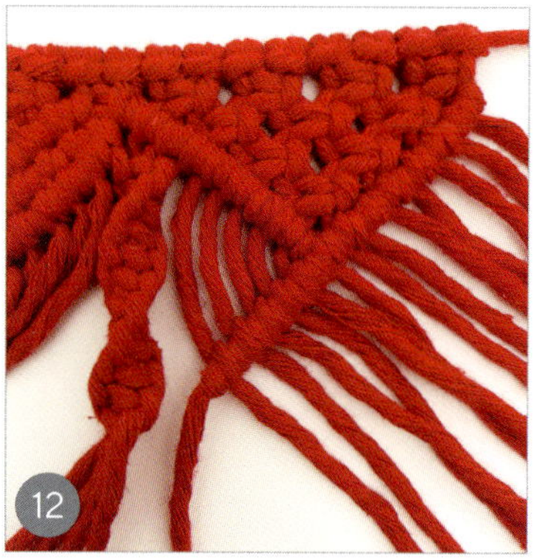

12

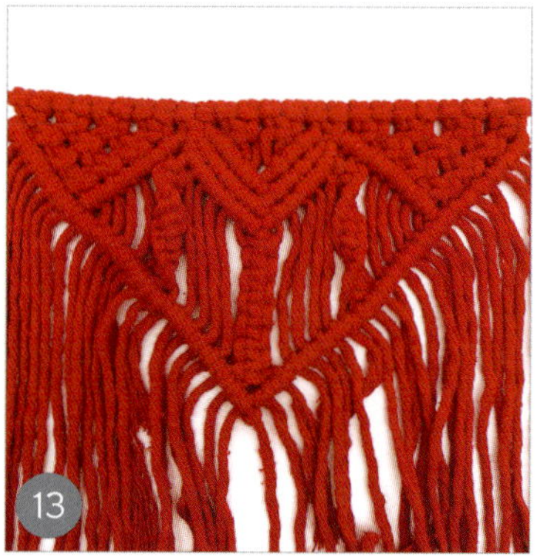

13

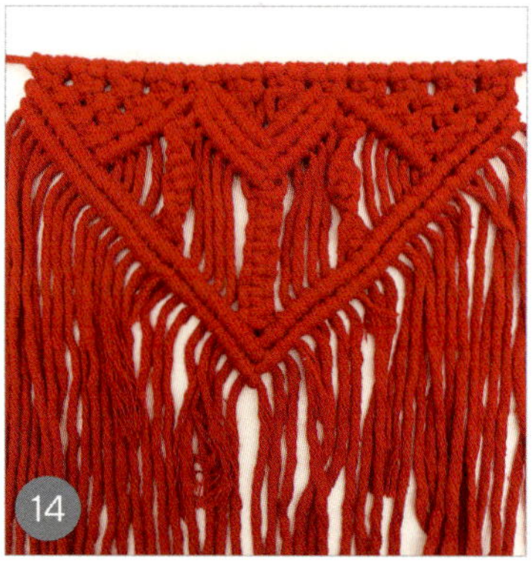

14

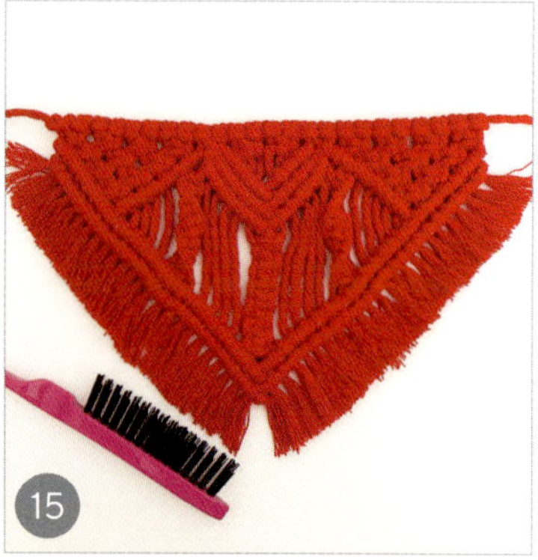

15

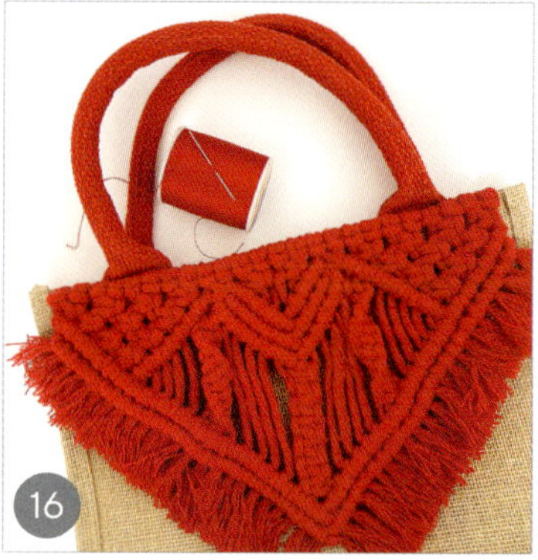

16

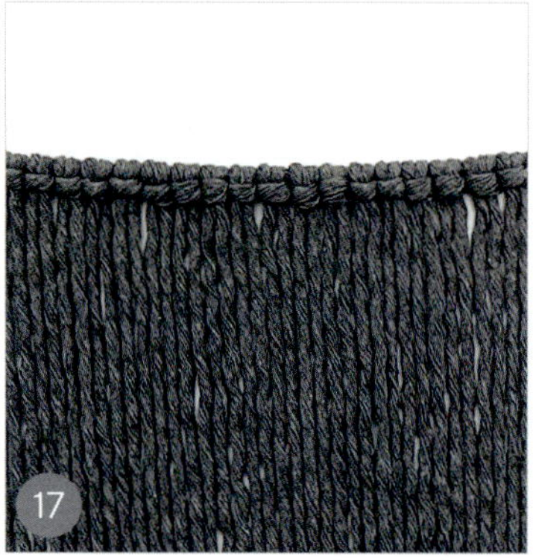

17

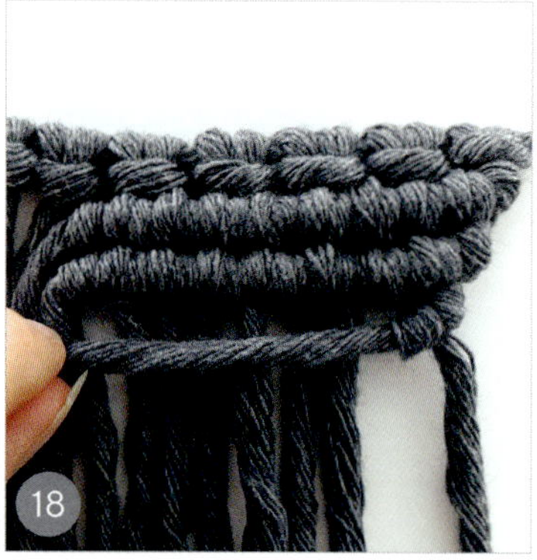

18

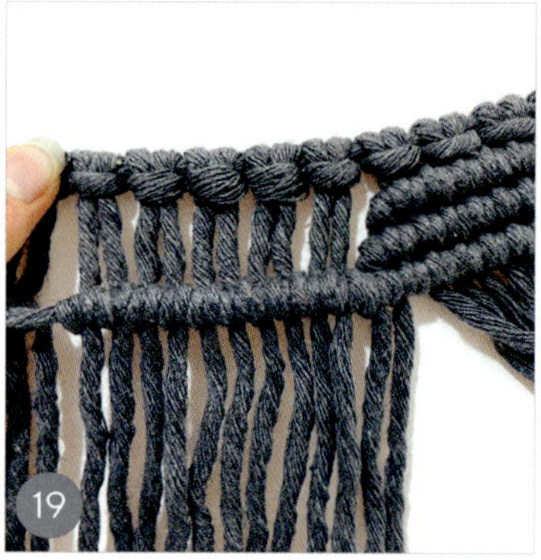

19

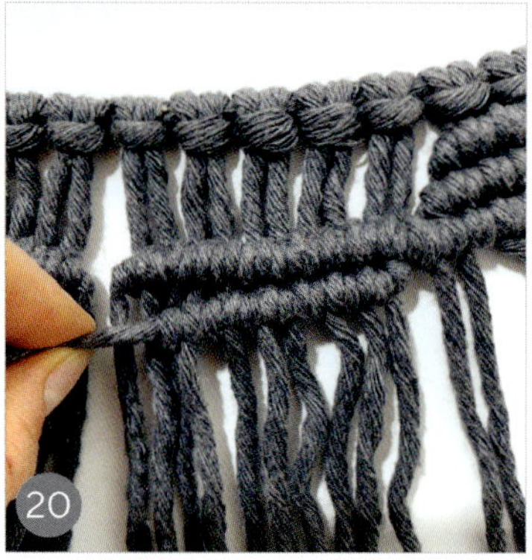

20

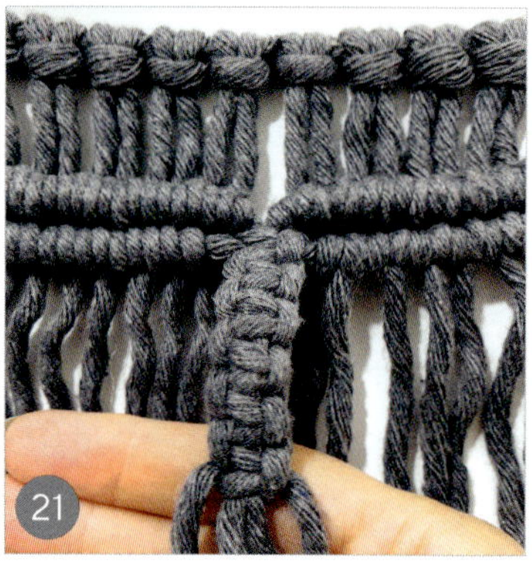

21

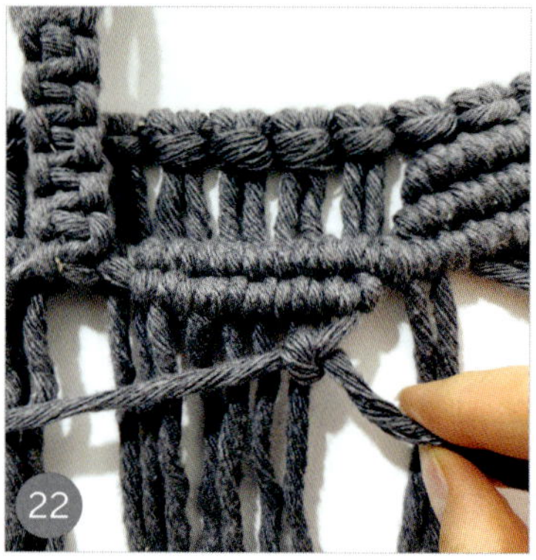

22

11 Nehmen Sie zwischen den Dreiecken einen Faden des mittleren Dreiecks und drei Fäden des seitlichen Dreiecks und knüpfen Sie eine Säule aus elf Wellenknoten (siehe Seite 98) mit Linksdrehung für die rechte Säule und mit Rechtsdrehung für die linke Säule. Die Drehungen sollten nach innen zeigen.

12 Suchen Sie sich den Trägerfaden der Rippenknotenreihe an den Außenkanten des Musters und fahren Sie mit der Linie fort, indem Sie mit allen losen Fäden an den Außenseiten der Säulen Rippenknoten knüpfen.

13 Suchen Sie sich die mittleren vier Fäden unter dem Dreieck in der Mitte (mit drei Rippenknotenreihen) und knüpfen Sie eine Säule aus 12 Kreuzknoten.

Wenn diese Säule an ihrem Platz ist, fahren Sie mit den Rippenknotenreihen aus Schritt 12 fort. Knüpfen Sie weiter in einer 45°-Linie, damit das Muster ein großes Dreieck wird. Wenn Sie an die Spitze dieses großen Dreiecks gelangen, verwenden Sie den Trägerfaden der rechten Seite als letzten Arbeitsfaden, um die Form zu schließen.

14 Knüpfen Sie unter die soeben fertiggestellte Reihe eine zweite Rippenknotenreihe.

15 Nehmen Sie Ihre Arbeit vom Makrameebrett. Schneiden Sie alle Fadenenden auf die gewünschte Länge zu und kämmen Sie die Fäden mit einer Borstenbürste aus. Schneiden Sie entlang der seitlichen Fäden der Oberkante nach unten, lassen Sie aber an jeder Seite 5 cm stehen.

16 Nähen Sie Ihr Werkstück an die Tasche und stecken Sie dabei die Fäden an den Seiten nach innen hinein. Ich habe Garn in einer passenden Farbe verwendet und oben durch die Ankerstiche und die Oberkante der Tasche genäht.

GRAUE STOFFTASCHE

17 Folgen Sie Schritt 1 und 2, um ein Makrameebrett aufzubauen; schneiden Sie dazu 20 Längen graues Garn zu je 1,4 m zu und befestigen Sie sie mit Ankerstichen an dem Querfaden des Bretts.

18 Beginnen Sie auf einer Seite (links oder rechts) und nehmen Sie den äußeren Faden auf. Dies wird Ihr Trägerfaden für eine Rippenknotenreihe. Knüpfen Sie Rippenknoten mit neun Fäden – Sie sollten so alle Fäden von 5 Ankerstichen verbrauchen. Knüpfen Sie zwei weitere Rippenknotenreihen darunter. Auf der anderen Seite wiederholen.

19 Verwenden Sie auf beiden Seiten weiterhin die Trägerfäden der dritten Rippenknotenreihe und verknüpfen Sie alle losen Fäden, bis die beiden Reihen einander in der Mitte treffen.

20 Zählen Sie neun Fäden vom linken Rand aus nach innen und verwenden Sie den 10. Faden als Trägerfaden für eine zweite Rippenknotenreihe. Dafür sieben Fäden verwenden. Nach der Wiederholung dieser Reihe auf der rechten Seite sollten sechs lose Fäden in der Mitte übrig sein.

21 Suchen Sie sich die beiden Trägerfäden in der Mitte der oberen Reihen und die beiden Trägerfäden der zweiten Reihen. Verwenden Sie diese, um eine Säule aus sechs Kreuzknoten zu knüpfen.

22 Bauen Sie nun eine dritte Rippenknotenreihe auf und verwenden Sie dabei den äußeren Faden der zweiten Reihe als Trägerfaden. Mit vier Fäden knüpfen.

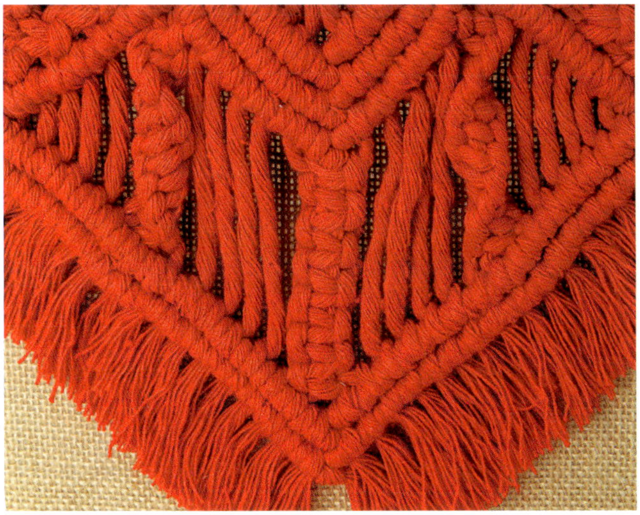

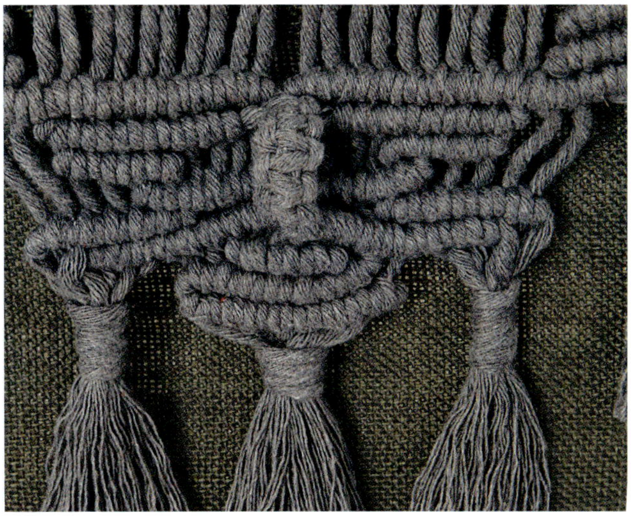

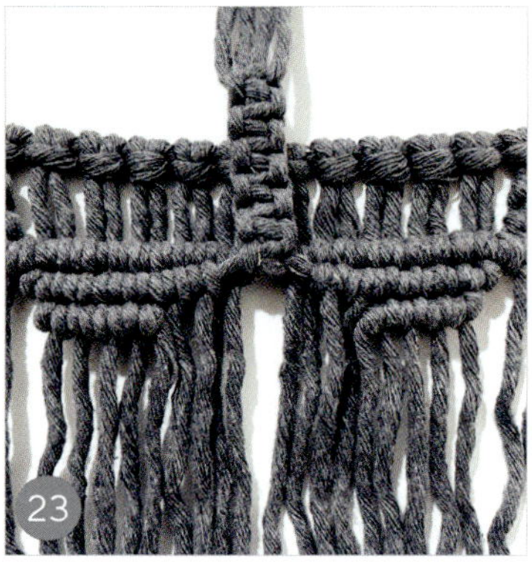
23

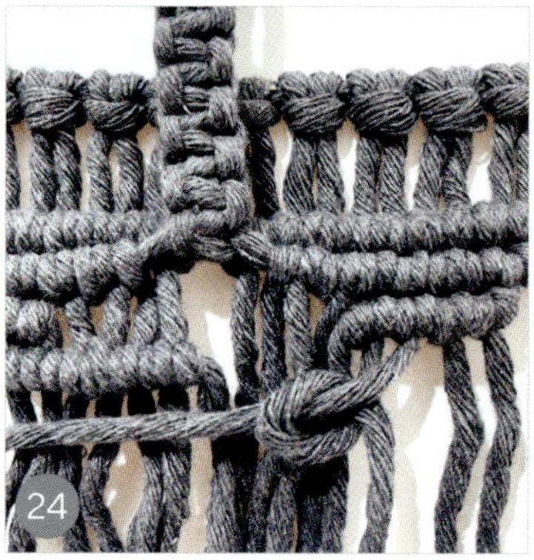
24

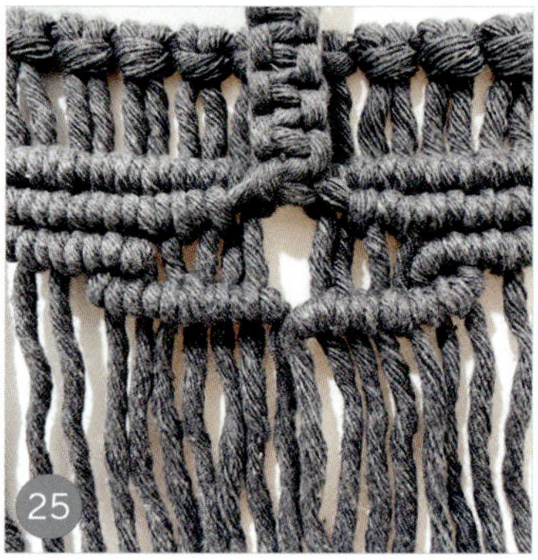
25

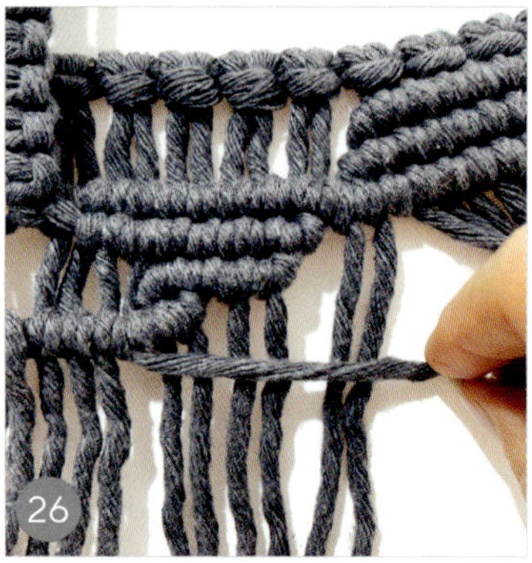
26

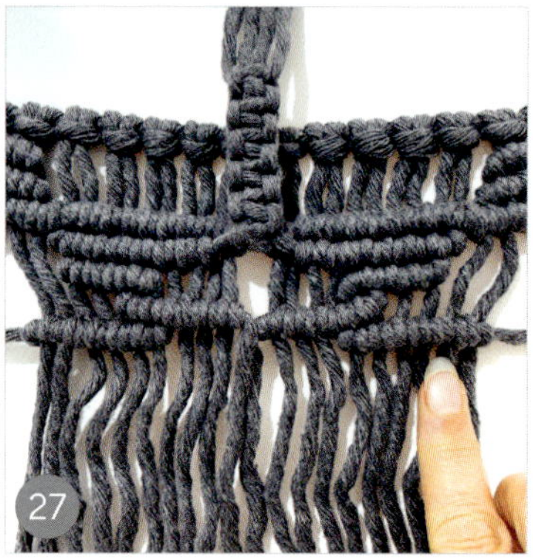
27

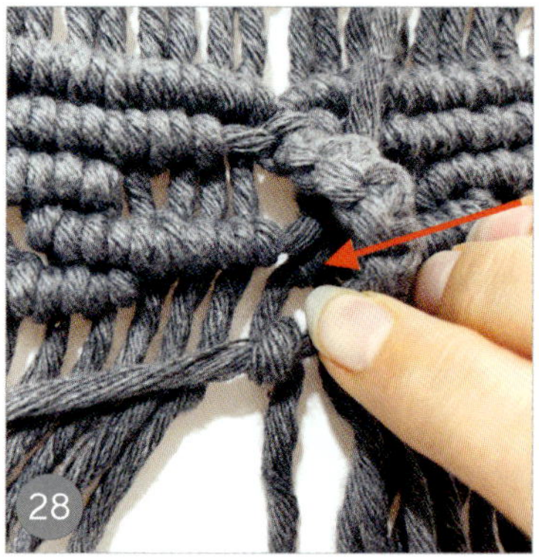
28

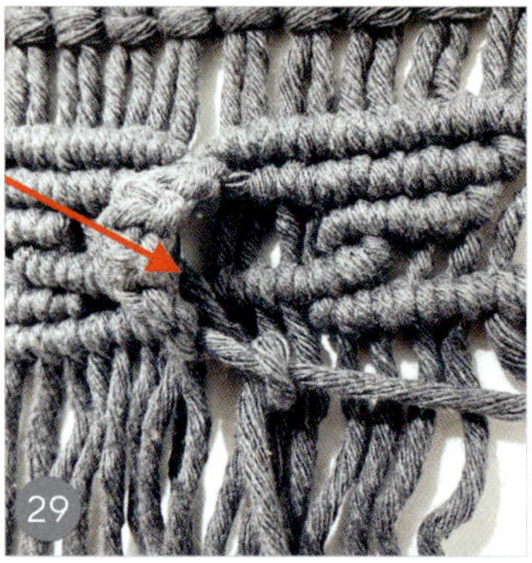
29

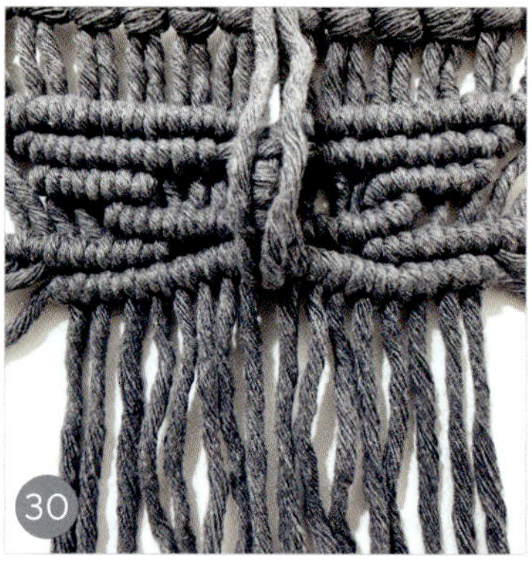
30

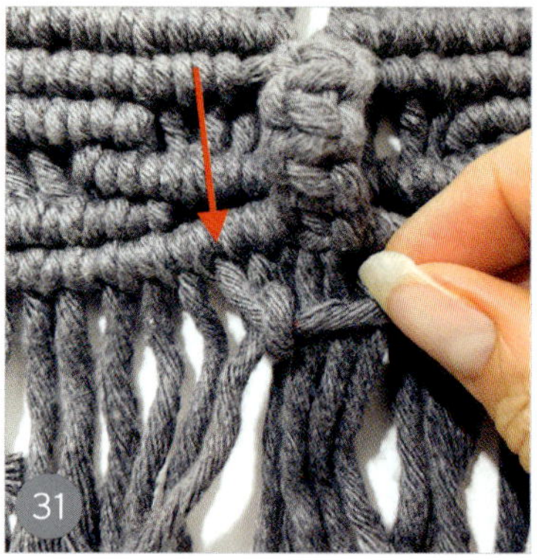
31

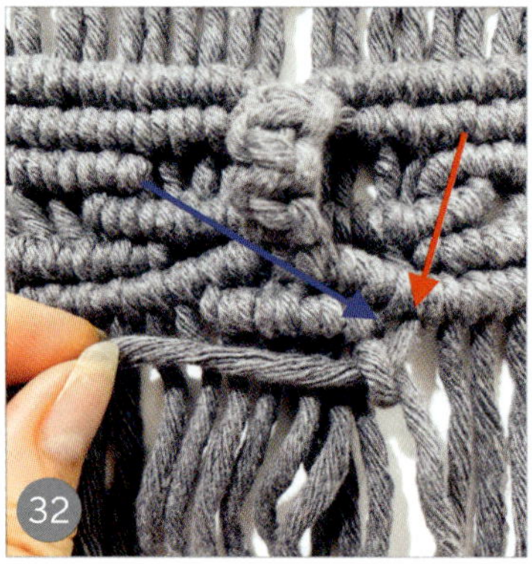
32

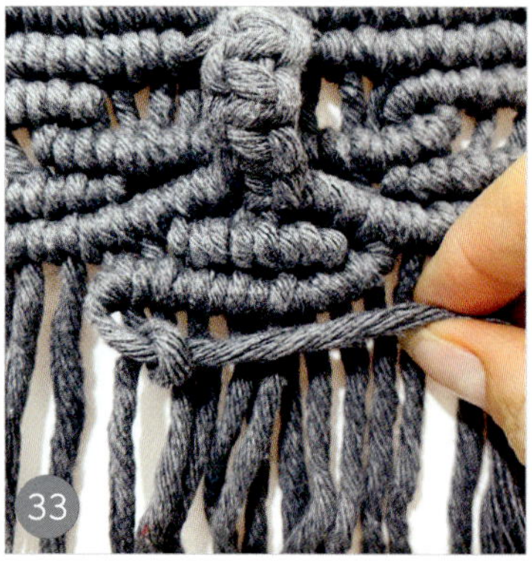
33

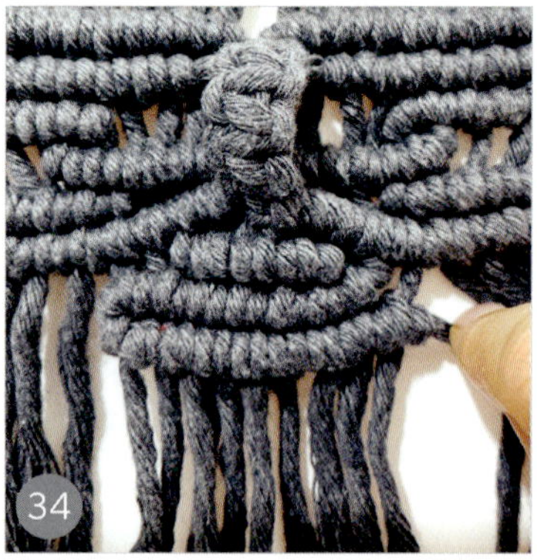
34

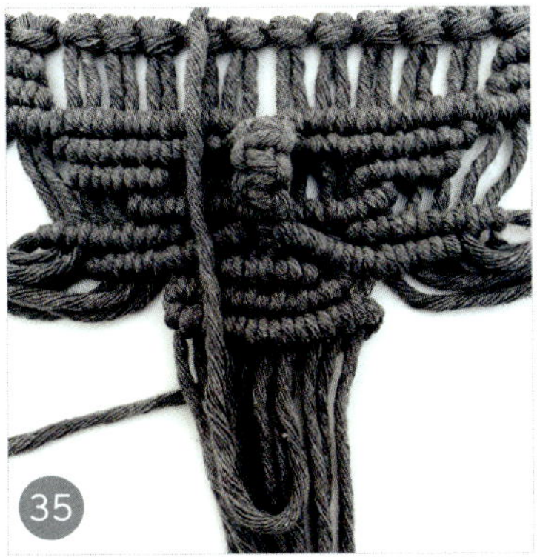

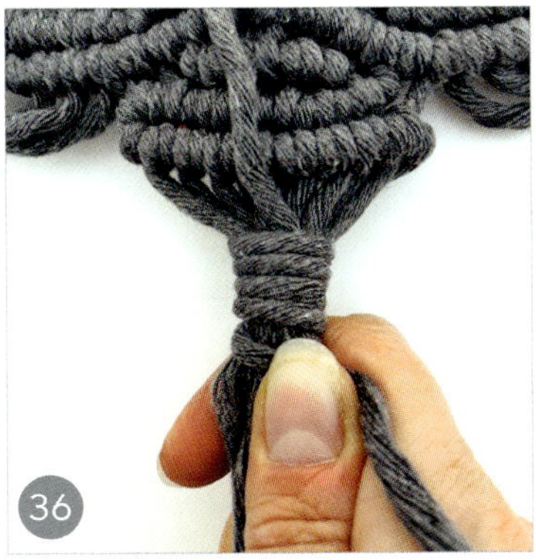

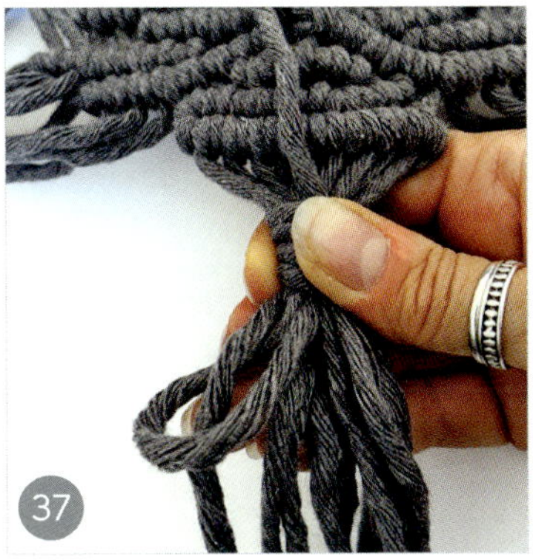

23 Auf der anderen Seite wiederholen. Vergewissern Sie sich, dass Ihre Rippenknotenreihen, von der Mitte aus gesehen, spiegelverkehrt geknüpft sind.

24 Fügen Sie eine weitere Rippenknotenreihe hinzu. Überspringen Sie die beiden losen äußeren Fäden und verwenden Sie den dritten als Trägerfaden für die Reihe; dabei alle losen Fäden verwenden, bis Sie in der Mitte angelangt sind.

25 Sie sollten so sechs Fäden auf jeder Seite als Arbeitsfäden verwenden.

26 Die nächsten Rippenknotenreihen werden mit den vierten Fäden von der Mitte als Trägerfäden geknüpft.

27 Mit sechs Fäden in Richtung Außenränder knüpfen. Auf der anderen Seite wiederholen.

28 Die nächsten Rippenknotenreihen sind am Anfang ein bisschen knifflig. Die Trägerfäden sind die äußeren Fäden der Kreuzknotensäule und die ersten Arbeitsfäden sind die Trägerfäden der Rippenknotenreihen aus Schritt 24. Sie liegen hinter der Säule. Verwenden Sie den Trägerfaden der rechten Seite als ersten Arbeitsfaden auf der linken Rippenknotenreihe (wie im Foto gezeigt).

29 Für die andere Seite wiederholen. Verwenden Sie den Faden links außen von der Säule als Trägerfaden und suchen Sie sich den Trägerfaden von hinter der Säule für den ersten Knoten.

30 Knüpfen Sie auf jeder Seite mit acht Fäden. Halten Sie die Rippenknotenreihen eng an den darüberliegenden Reihen.

31 Als Nächstes folgen drei Reihen um den Beginn der Säule herum. Von der Säule auf der linken Seite aus einen Faden überspringen und den zweiten Faden als Trägerfaden verwenden. Arbeiten Sie nach rechts und verwenden Sie den Faden an der Seite der Säule als ersten Arbeitsfaden.

32 Knüpfen Sie nach rechts und verwenden Sie dabei vier Fäden einschließlich der Trägerfäden in der Säule. Nehmen Sie den zweiten losen Faden auf der rechten Seite auf (mit rotem Pfeil gezeigt) und verwenden Sie ihn als Trägerfaden für eine Rippenknotenreihe zurück in die entgegengesetzte Richtung, nach links. Der erste Arbeitsfaden in dieser zweiten Reihe ist der Faden links des Trägerfadens (mit blauem Pfeil gezeigt).

33 Knüpfen Sie mit acht Fäden hinüber, kehren Sie dann den Trägerfaden um und verwenden Sie den letzten geknüpften Faden als ersten Arbeitsfaden einer neuen Reihe, die nach rechts führt.

34 Verwenden Sie für das Knüpfen der Reihe neun Fäden; acht von der oberen Reihe und einen von der rechten Seite, um die Reihe zu verankern.

35 Um die Quasten zu gestalten, nehmen Sie alle Fäden unter dem Mittelteil, den Sie gerade fertiggestellt haben, zusammen. Schieben Sie die anderen losen Fäden beiseite. Nehmen Sie einen der mittleren Fäden und bilden Sie eine große, nach oben zeigende Schlaufe mit dem Fadenende (wie im Foto für den Arbeitsschritt gezeigt). Suchen Sie sich den Trägerfaden der unteren Rippenknotenreihe und führen Sie ihn hinter die zusammengenommenen Fäden. Halten Sie ihn separat und lassen Sie ihn zur Seite zeigen.

36 Heben Sie den links sitzenden Trägerfaden auf und wickeln Sie ihn um alle zusammengehaltenen Fäden, die Sie mit Ihrer freien Hand festhalten. Viermal umwickeln.

37 Halten Sie den umwickelten Bereich mit Ihrer freien Hand und ergreifen Sie die Schlaufe aus Schritt 35. Fädeln Sie das Ende des Fadens, mit dem Sie die Fäden umwickelt haben, durch diese Schlaufe. Siehe Seite 100 für nähere Anweisungen zu Quasten am Werkstücksrand.

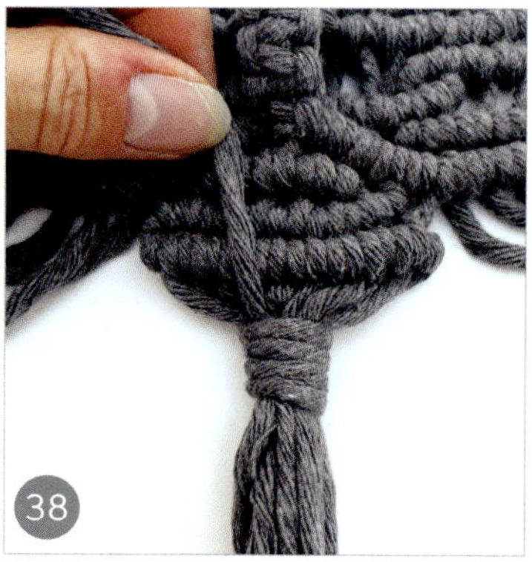

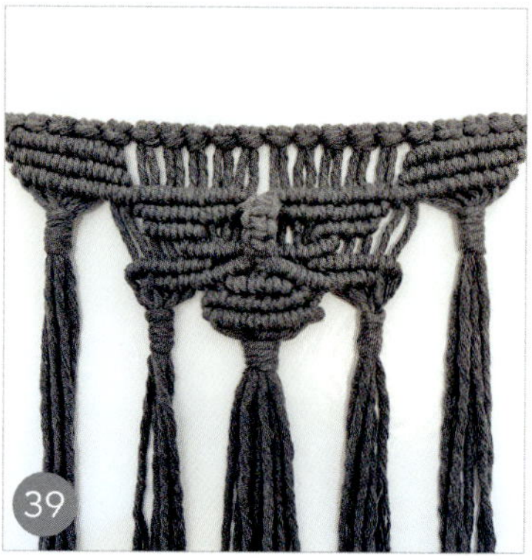

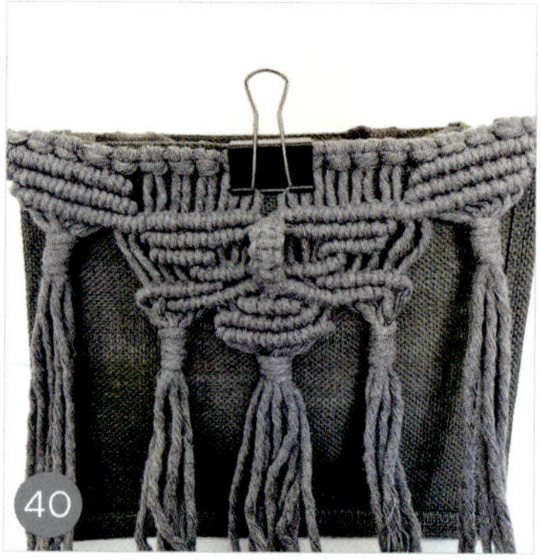

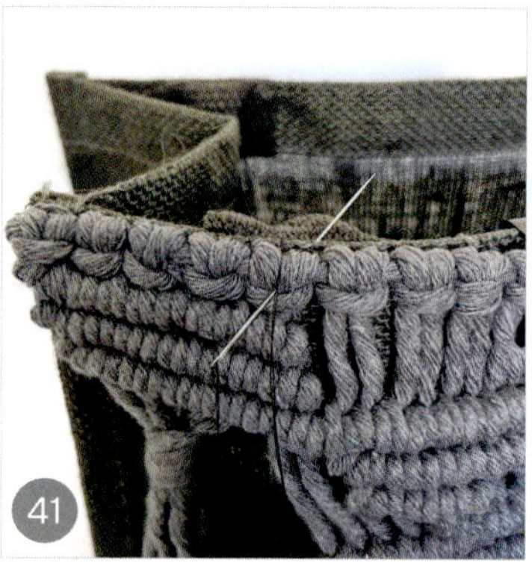

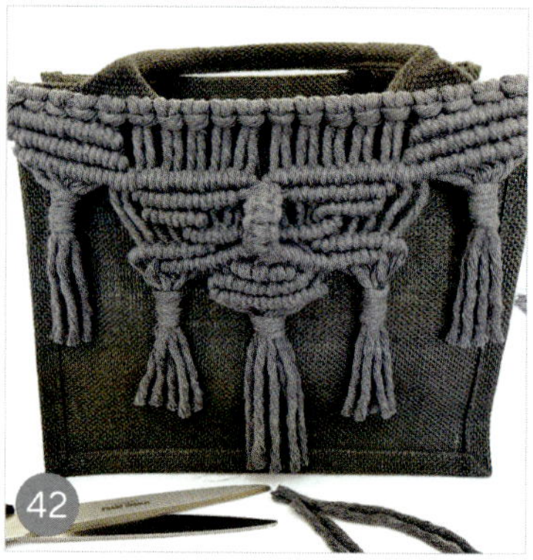

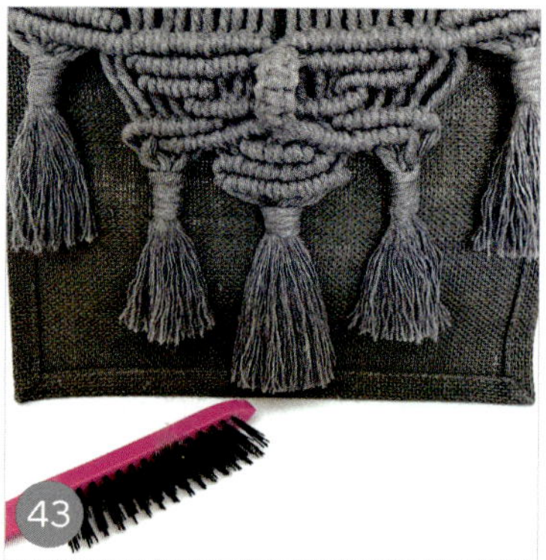

38 Halten Sie die umwickelten Fäden weiter fest und ziehen Sie am Ende jenes Fadens, der nach oben und heraus aus diesem Teil des Werkstücks zeigt. Die Schlaufe unter der Wicklung sollte sich bewegen und den Wickelfaden ins Innere des umwickelten Abschnitts ziehen. Sie müssen fest ziehen. Ziehen Sie ihn jedoch nicht ganz nach oben, sondern nur gerade genug, dass Sie das Ende des Wickelfadens nicht mehr sehen. Schneiden Sie das Ende, an dem Sie gezogen haben, bündig mit der Wicklung ab.

39 Wiederholen Sie die Schritte 35–38, um Quasten unter allen Abschnitten des Musters anzubringen. Nehmen Sie die Makramee-Arbeit vom Brett und schneiden Sie die seitlichen Linien auf ca. 5 cm zu.

40 Nehmen Sie die Tasche und klemmen Sie das Werkstück an die Oberkante. So bleibt es an Ort und Stelle, während Sie es festnähen. Stecken Sie die Enden an den Seiten unter das Muster, nahe der Oberkante, damit auch sie mit eingenäht werden.

41 Nähen Sie entlang der Kante und achten Sie immer darauf, durch die Makramee-Arbeit und die Tasche zu nähen.

42 Sind Ihre Näharbeiten fertig, schneiden Sie die Quasten auf die gewünschte Länge zu. Ich habe sie die Dreiecksform des Musters widerspiegeln lassen.

43 Zum Fertigstellen kämmen Sie die Quasten mit einer Haarbürste mit Borsten aus und schneiden die Enden erneut zu, um ein ordentliches Ergebnis zu erhalten.

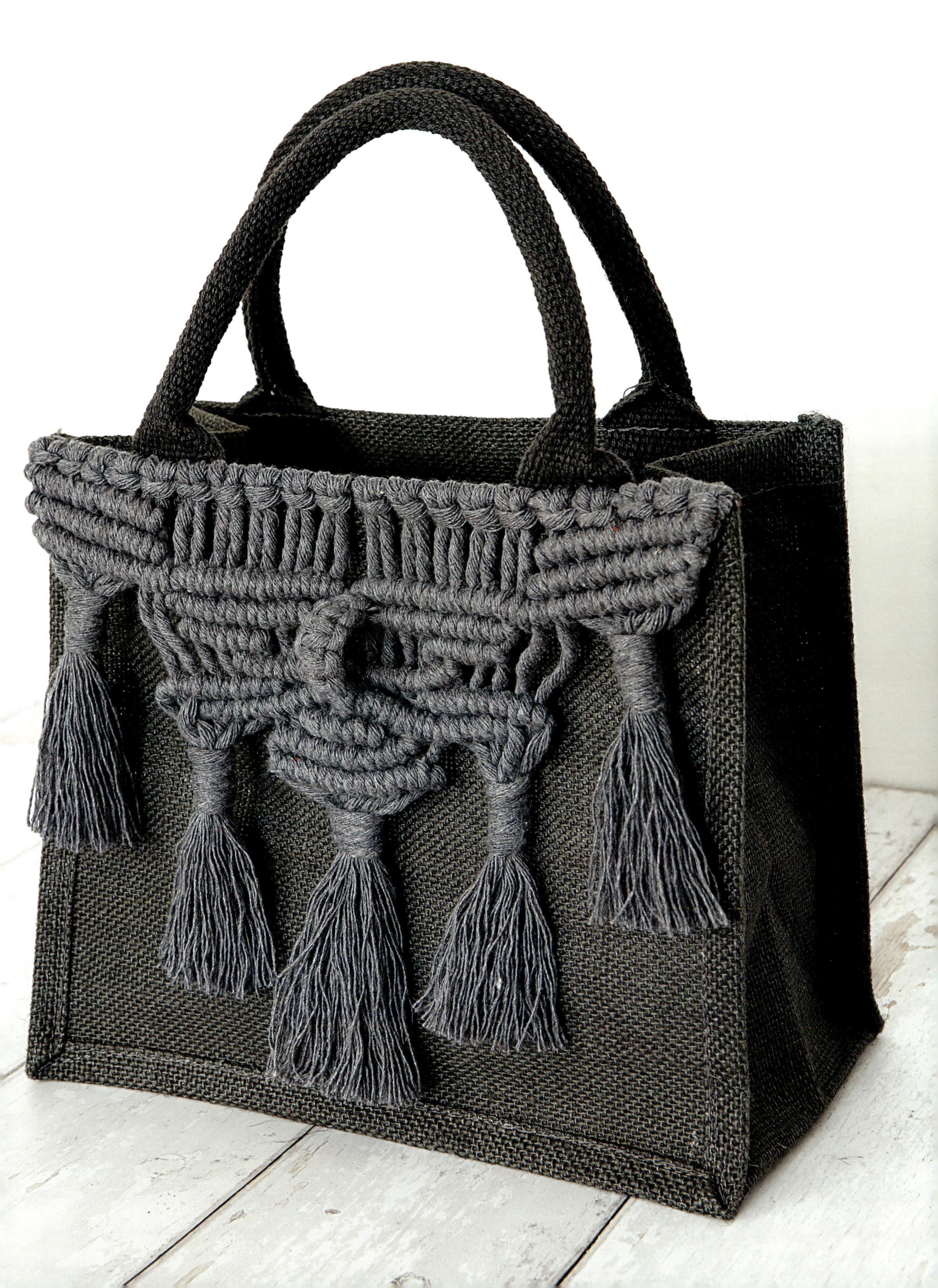

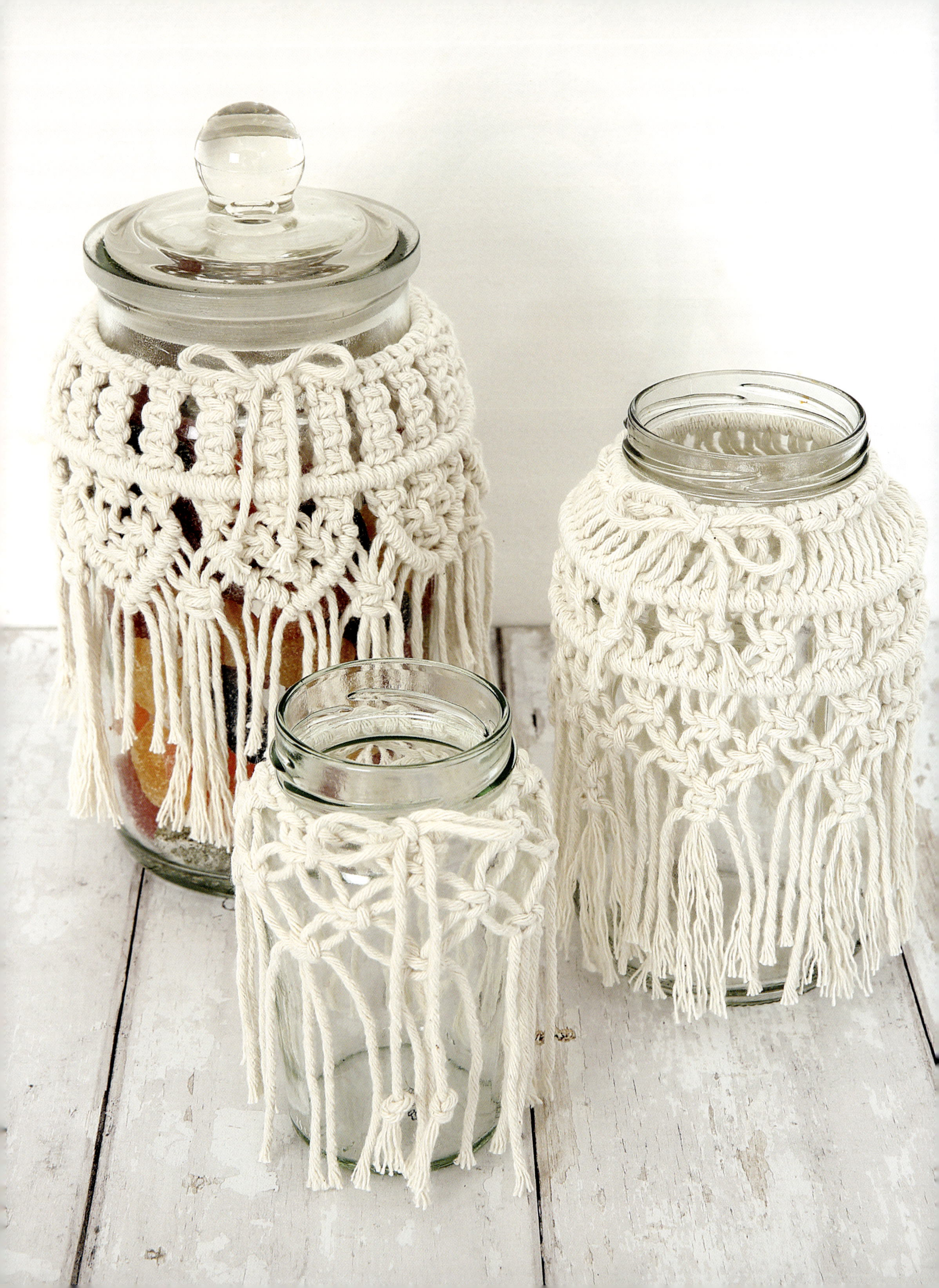

Vom Marmeladen- zum Glamourglas

Tansy Wilson

Sie können mit diesem Projekt einem alten Marmeladenglas zu einem glamourösen Auftritt verhelfen. Ich habe die Maße für die Gläser angegeben, die ich verwendet habe, aber Sie können natürlich auch andere Größen verwenden. Zählen Sie als Faustregel die Fäden immer in Viererschritten. Wenn ich also 16 Fäden verwendet habe und Ihr Glas etwas größer ist, ist die nächste Anzahl 20, dann 24 und so weiter. Die Designkombinationen sind schier endlos, weshalb Sie wirklich magische Makramee-Arbeiten zaubern können.

SIE BENÖTIGEN

- Bindfaden (Spagat), 2 mm
- Schere
- Auswahl an Marmeladengläsern

GROSSES GLAS

1 Dieses Glas ist 20 cm hoch und misst 40 cm im Umfang. 2 Längen Bindfaden zu je 60 cm zuschneiden und einen Faden beiseitelegen. Binden Sie das andere Stück mit einer Schleife lose um den Hals des Glases, damit Sie diese lösen können, wenn notwendig. Ich nenne diesen Faden für die nächsten Arbeitsschritte den oberen Querfaden.

2 Schneiden Sie 48 Längen zu je 1 m Garn zu. Nehmen Sie immer nur einen und falten Sie jeden in der Mitte, um ihn mit dem Ankerstich (siehe Seite 94) am Querfaden zu befestigen.

3 Wenn Sie alle 48 Stücke eingeknüpft haben, können Sie die Schleife öffnen und erneut binden, um den Querfaden fester zu ziehen, sodass alle 96 Garnlängen zu je 50 cm ordentlich eng aneinandergereiht liegen. Nehmen Sie die ersten vier Garnlängen, die direkt unter dem Knoten der Schleife sitzen, auf.

4 Knüpfen Sie mit diesen vier Fäden drei Kreuzknoten (siehe Seite 96) direkt untereinander.

5 Nehmen Sie die nächsten vier Fäden und knüpfen Sie damit erneut drei Kreuzknoten direkt untereinander. Wiederholen Sie diesen Schritt, um dicke vertikale Kreuzknotensäulen rund um das Marmeladenglas zu erhalten.

6 Nehmen Sie die übriggebliebene 60 cm lange Garnlänge aus Schritt 1 und halten Sie sie horizontal direkt unter die letzte Kreuzknotenreihe. Ich nenne diesen Faden für die nächsten Arbeitsschritte horizontaler Trägerfaden.

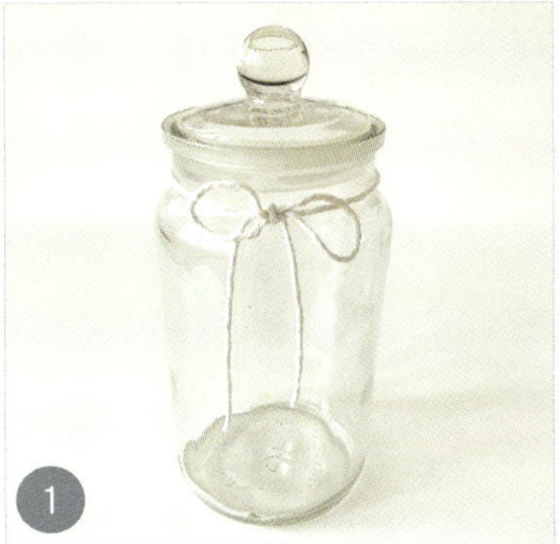

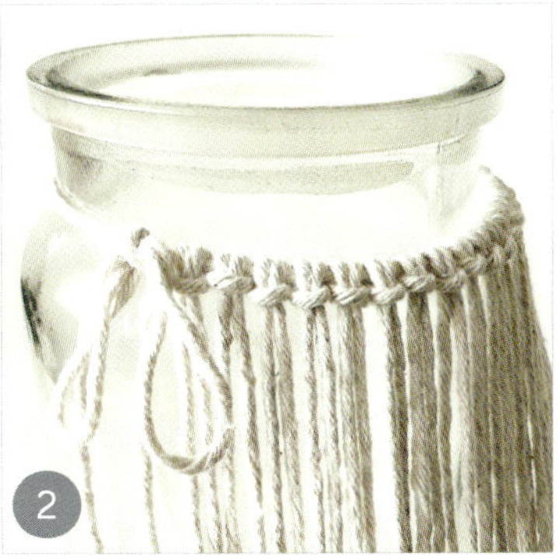

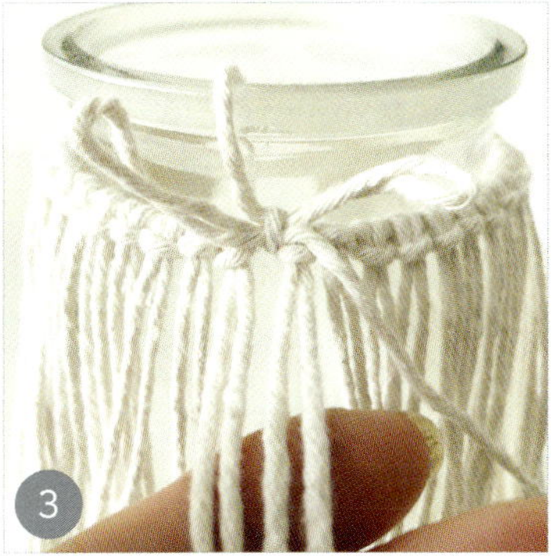

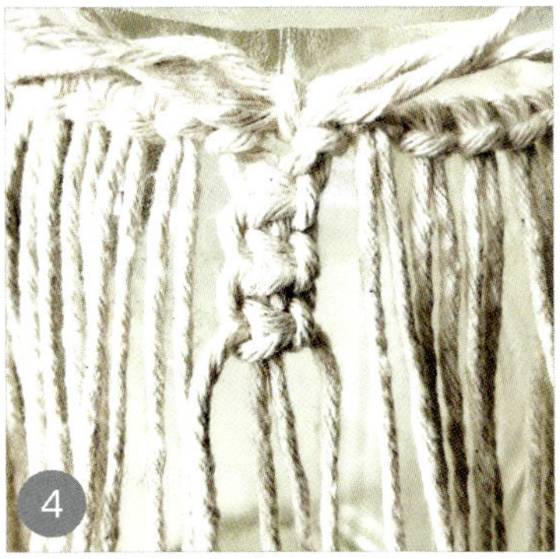

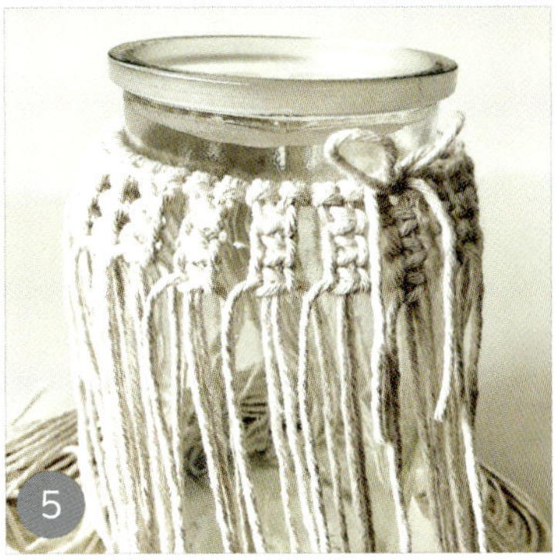

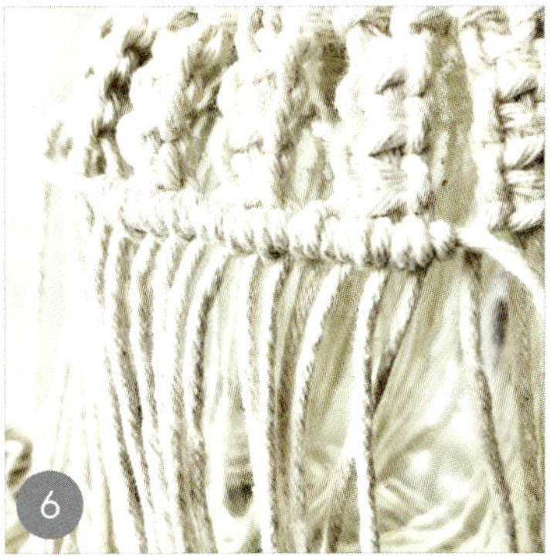

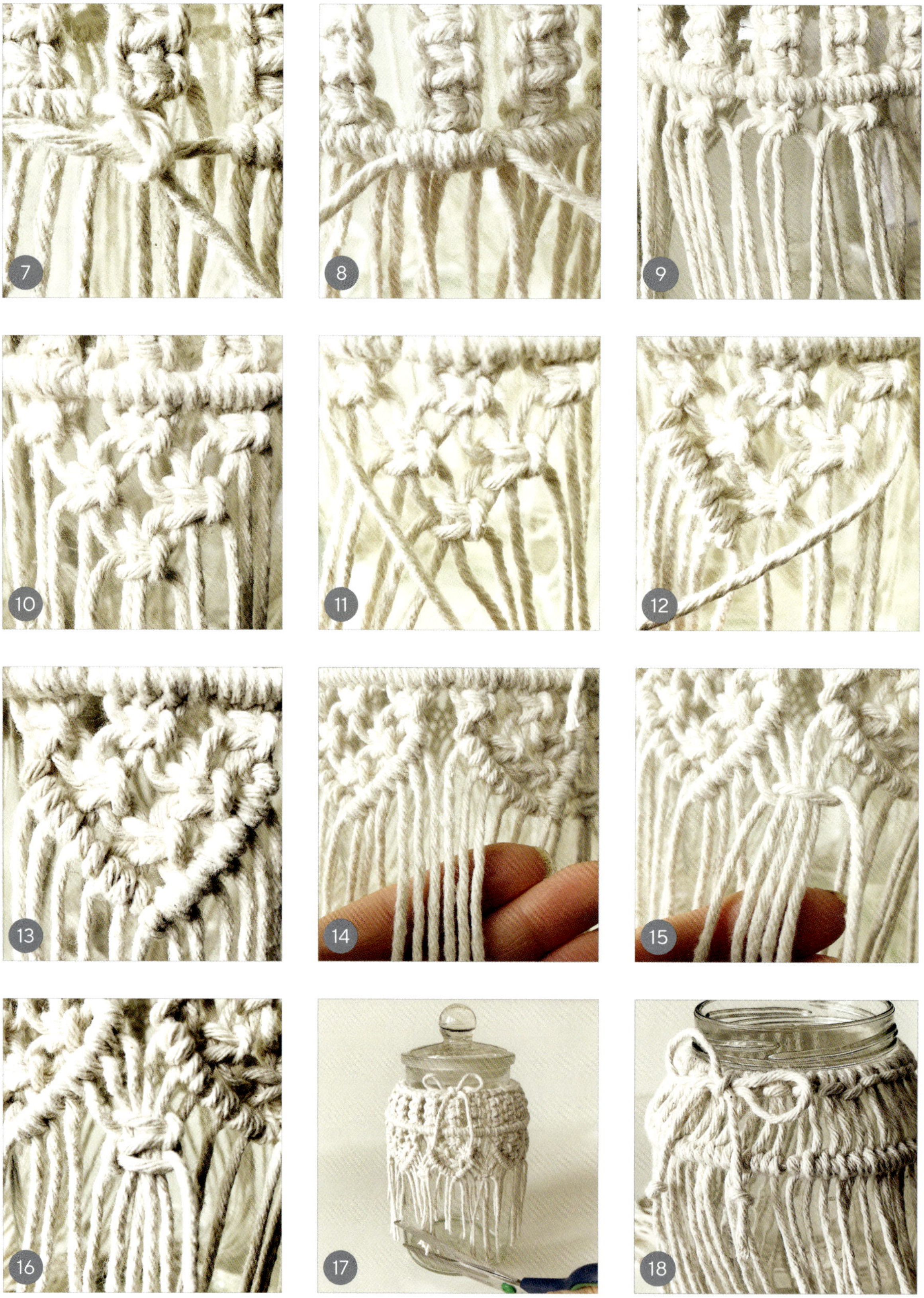
7
8
9
10
11
12
13
14
15
16
17
18

Beginnen Sie an irgendeiner Stelle in Richtung Glasrückseite, nehmen Sie einen Faden und binden Sie einen Rippenknoten (siehe Seite 99) um den horizontalen Trägerfaden. Den nächsten Faden aufnehmen und wiederholen. Versuchen Sie, diesen horizontalen Trägerfaden so nah wie möglich unter den Kreuzknoten zu halten, und arbeiten Sie sich methodisch rund um das Glas herum.

7 Bevor Sie zu den letzten vier Fäden kommen, die von dem übriggebliebenen Kreuzknoten stammen, überkreuzen Sie beide Enden des horizontalen Trägerfadens, sodass es nun zwei Trägerfäden gibt, auf die Sie Ihre letzten vier Rippenknoten knüpfen können.

8 Ziehen Sie als Nächstes einfach beide Enden des horizontalen Trägerfadens in entgegengesetzte Richtungen, damit die Rippenknoten fest zusammengezogen werden, und befestigen Sie den Trägerfaden gut an Ihrem Werkstück. Schneiden Sie die überschüssige Länge des Trägerfadens mit einer scharfen Schere ab.

9 Begutachten Sie das Marmeladenglas von der vorderen Schleife aus und suchen Sie sich die vier Fäden, die direkt unter der waagerechten Reihe aus Schritt 8 hängen (die auch in Schritt 4 verwendet wurden, um die erste senkrechte Reihe aus drei Kreuzknoten direkt unter der Schleife zu binden). Knüpfen Sie einen Kreuzknoten. Nehmen Sie die vier Fäden zur Linken dieses Kreuzknotens und knüpfen Sie einen weiteren Kreuzknoten. Nehmen Sie nun die vier Fäden rechts des mittleren Kreuzknotens und knüpfen Sie einen weiteren Kreuzknoten auf der rechten Seite, sodass Sie am Ende drei Kreuzknoten in einer Reihe haben.

10 Knüpfen Sie zwei Kreuzknoten unter der Reihe der drei in Schritt 9 gebundenen Kreuzknoten und lassen Sie dabei die beiden jeweils ersten und letzten Fäden aus. Knüpfen Sie einen letzten Kreuzknoten darunter, um das Dreiecksmuster fertigzustellen.

11 Verwenden Sie den linken Faden aus dem oberen linken Kreuzknoten in der Reihe der drei Kreuzknoten aus Schritt 9 als Ihren Trägerfaden.

12 Knüpfen Sie mit dem jeweils danebenliegenden Faden Rippenknoten rund um diesen Trägerfaden, bis Sie zum untersten Kreuzknoten gelangen, wo Sie nur die zwei linken Fäden verwenden, die unter diesem Knoten erscheinen.

13 Nehmen Sie den Trägerfaden, der unten aus dem oberen rechten Knoten in der Reihe der drei in Schritt 9 geknüpften Knoten kommt, und verwenden Sie ihn als Trägerfaden. Knüpfen Sie darauf Rippenknoten, um auf die beiden letzten rechten Fäden aus dem unteren alleinstehenden Kreuzknoten zu stoßen, den Sie in Schritt 10 in der Mitte geknüpft haben. Schließlich können Sie diese beiden Trägerfäden miteinander verbinden, indem Sie einen zum Trägerfaden machen und mit dem anderen einen Rippenknoten knüpfen.

14 Wiederholen Sie die Schritte 9–13, um acht Dreiecksmuster rund um das Marmeladenglas zu gestalten. Ich habe dann drei Fäden, die rechts aus einem der Dreiecke kommen, und drei aus der linken Seite des Dreiecks direkt daneben aufgenommen (in Summe sechs Fäden).

15 Beginnen Sie einen Kreuzknoten mit dem 1. und dem 6. Faden und halten Sie ihn locker, damit sich die vier Fäden in der Mitte nicht wellen.

16 Stellen Sie den Kreuzknoten fertig und knüpfen Sie dann einen halben Kreuzknoten (siehe Seite 98), um eineinhalb Kreuzknoten zu erhalten.

17 Wiederholen Sie die Schritte 14–16, um eineinhalb Kreuzknoten zwischen jedem Dreiecksabschnitt zu knüpfen. Sie können mit einer Schere alle Fäden zuschneiden – entweder in einer geraden Linie oder parallel zu den Spitzen eines jeden Dreiecks.

MITTLERES GLAS

18 Dieses Glas ist 17 cm hoch und misst 32 cm im Umfang.

Schneiden Sie 3 Längen Bindfaden zu je 50 cm zu und legen Sie zwei Fäden beiseite. Binden Sie ein Garnstück als oberen Faden lose um den Hals des Glases und schneiden Sie dann 32 Längen zu je 1 m Garn zu. Falten Sie jeden in der Mitte und bringen Sie ihn mit dem Ankerstich am Querfaden an. Ziehen Sie den Querfaden durch Festziehen der Schleife fester, falls notwendig. Bringen Sie dann, wie in den Schritten 6–8, eine weitere Garnlänge mit 50 cm waagerecht an und befestigen Sie sie mit Rippenknoten genau dort, wo die Form des Glases sich ändert.

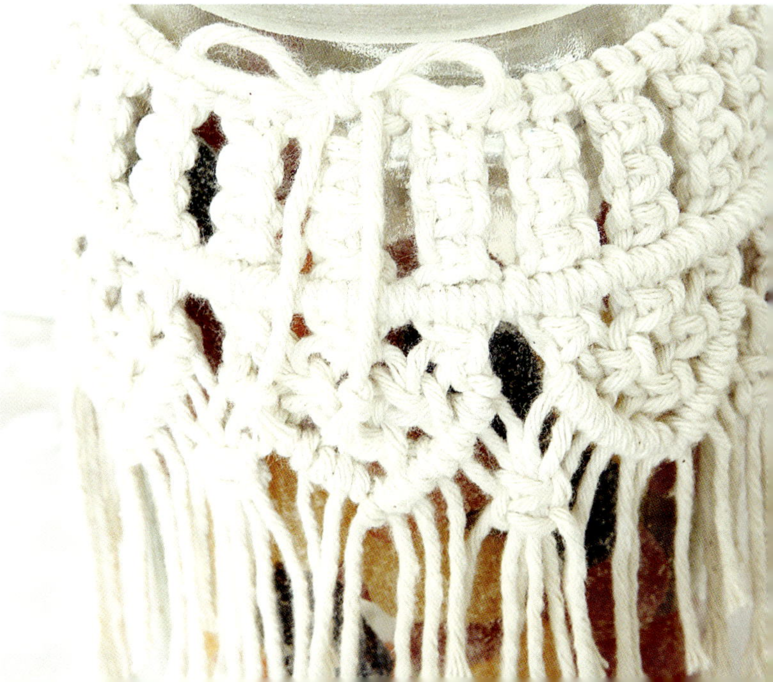

19 Knüpfen Sie unter diesem zweiten waagerechten Faden eine Reihe Kreuzknoten.

20 Fügen Sie nun Ihren letzten horizontalen Faden (50 cm lang) hinzu und befestigen Sie ihn exakt wie in den Schritten 6–8 mit Rippenknoten.

21 Direkt unter diesem letzten waagerechten Faden knüpfen Sie noch eine Reihe Kreuzknoten rund um das Glas herum. Knüpfen Sie dann eine weitere Reihe aus Kreuzknoten darunter, wobei Sie die ersten beiden Fäden auslassen, damit die Knoten der zweiten Reihe versetzt sind. Ich habe das Muster mit Dreiecken fertiggestellt und zwei Kreuzknoten übereinander geknüpft, wobei ich jeden vierten Faden ausgelassen habe. Die Enden mit einer Schere abschneiden.

KLEINES GLAS

22 Dieses Glas ist 12 cm hoch und hat einen Umfang von 25 cm.

Für ein viel einfacheres Design können Sie ein offeneres Makrameemuster knüpfen. Schneiden Sie eine Länge zu 40 cm zu und binden Sie eine lockere Schleife um den Hals des Glases als oberen Faden.

Schneiden Sie 16 Längen zu je 60 cm zu, falten Sie sie in der Mitte und befestigen Sie sie mit dem Ankerstich am oberen Faden. Nachdem sie nicht eng aneinanderliegen, verteilen Sie diese 32 Bahnen gleichmäßig am oberen Faden und knüpfen Sie acht Kreuzknoten.

23 Nehmen Sie die unteren beiden rechten Fäden eines Kreuzknotens und die unteren beiden linken Fäden des nächsten Knotens und binden Sie einen weiteren Kreuzknoten. Halten Sie die Abstände immer gleich, um ein gleichmäßig offenes Muster zu gestalten. Um das Glas herum immer weiter wiederholen.

24 Knüpfen Sie unter dieser zweiten Reihe eine letzte Kreuzknotenreihe, indem Sie wieder die unteren beiden rechten Fäden eines Kreuzknotens und die unteren beiden linken Fäden des danebenliegenden Knotens nehmen und die Abstände beibehalten. Die Enden mit einer Schere zurechtschneiden.

TOP-TIPP

2 mm starkes Paketband ist eine günstige Alternative zu echtem Makrammeegarn. Sie können auch Gartenzwirn für ein rustikaleres Aussehen verwenden. Es gibt so viele Möglichkeiten, mit denen Sie spielen können!

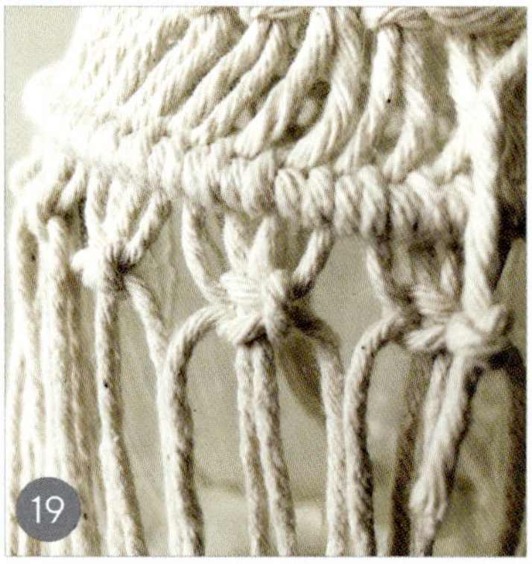

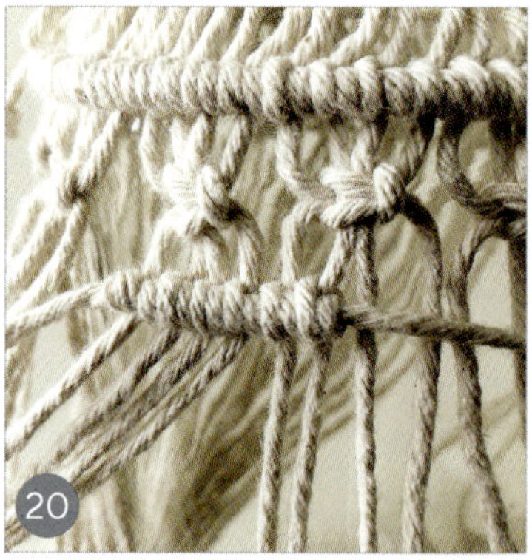

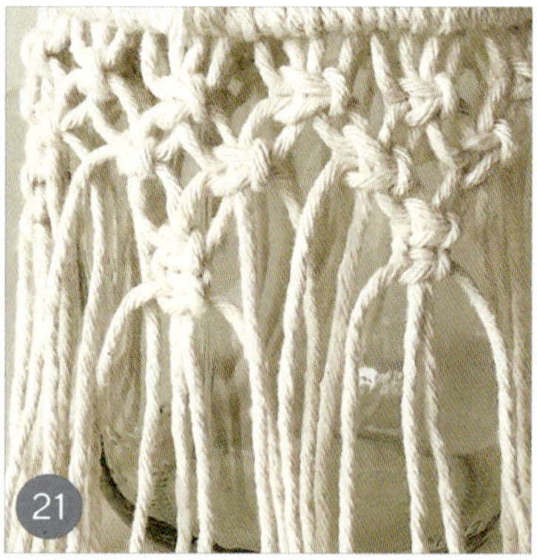

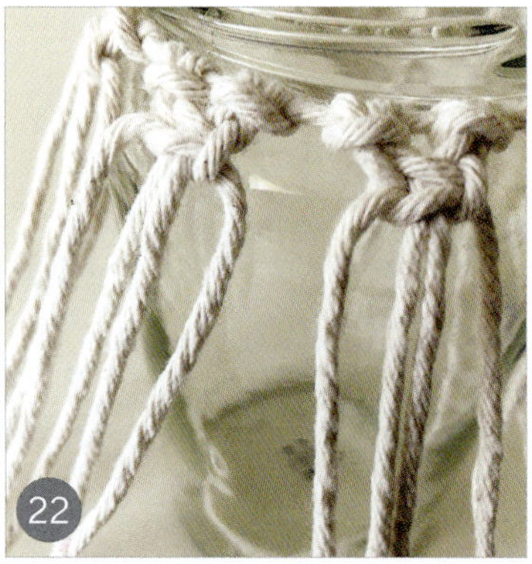

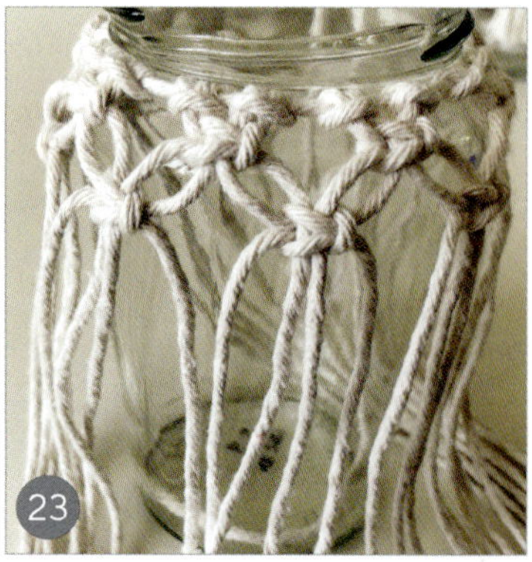

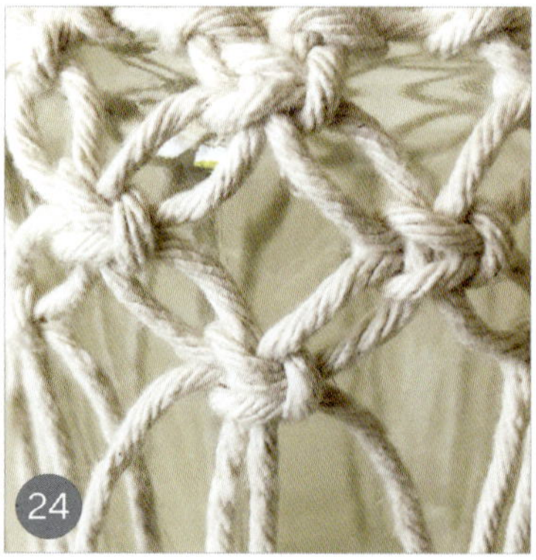

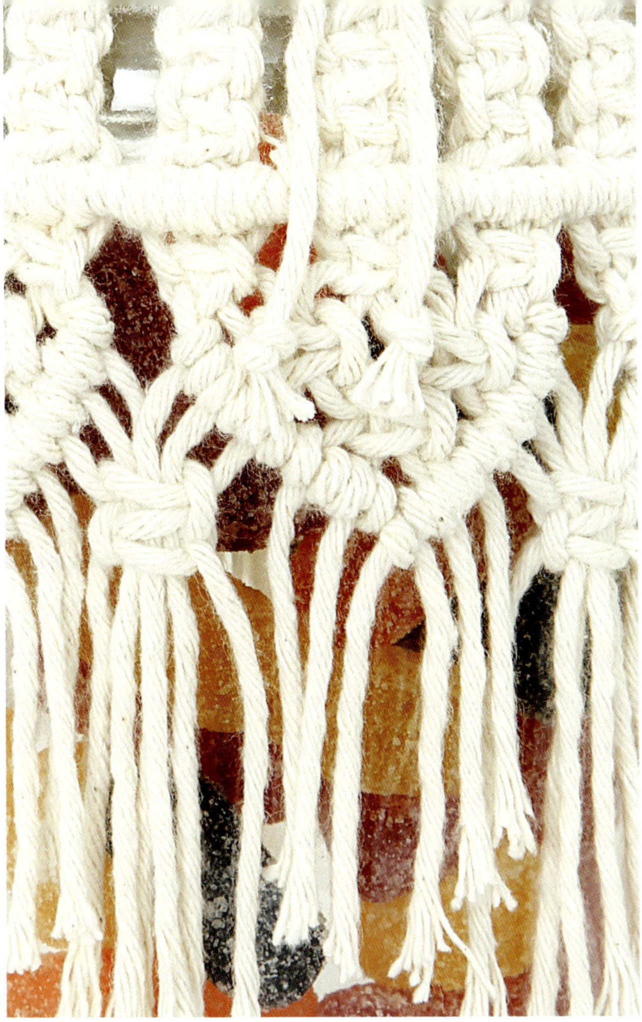
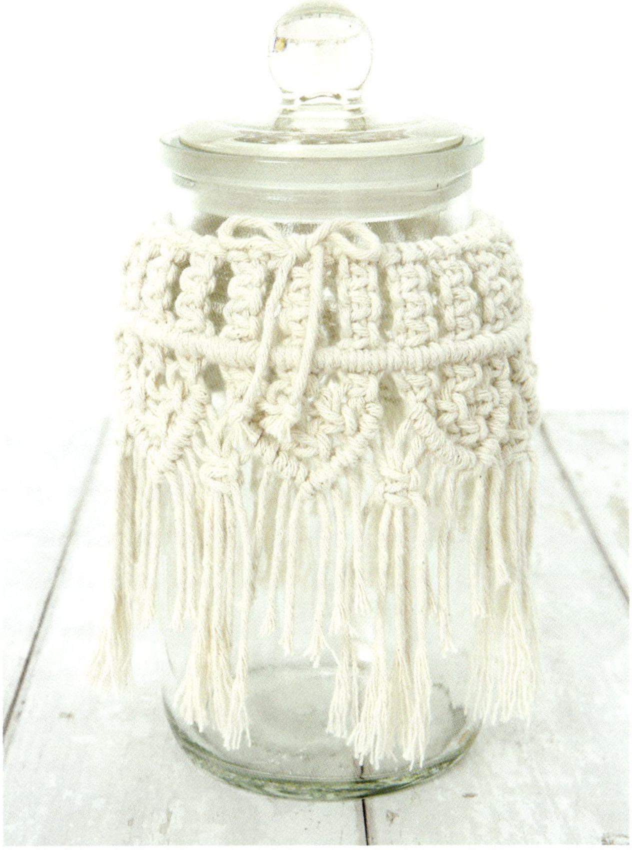
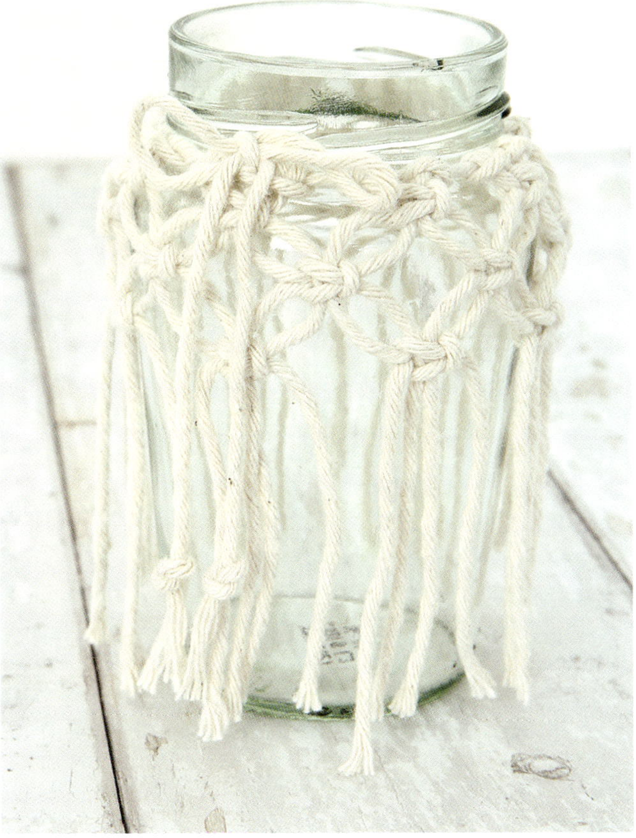
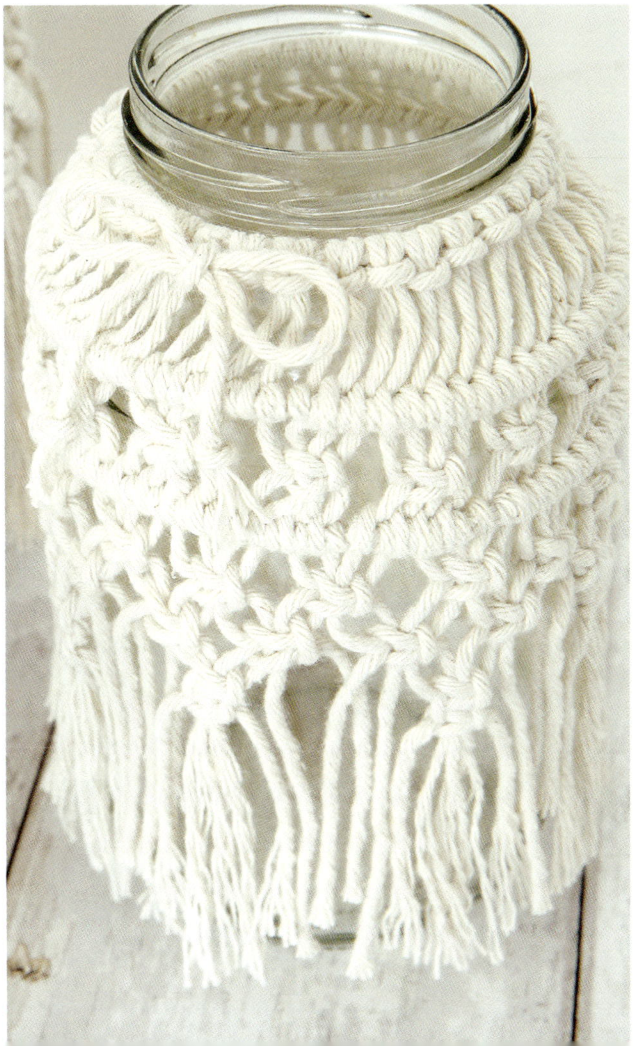

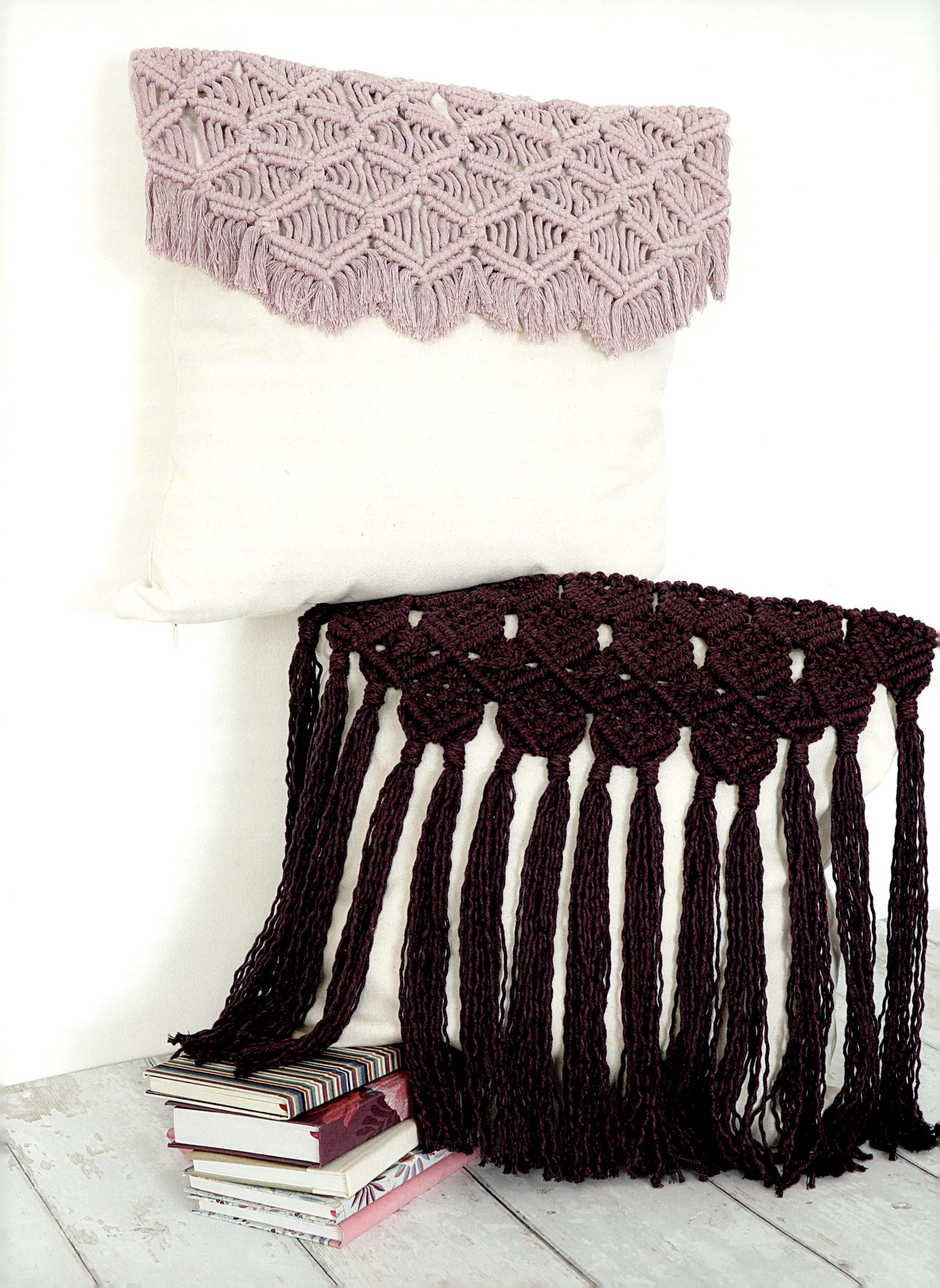

Kissen mit Quasten

Sian Hamilton

Makrameekissen liegen voll im Trend! Peppen Sie jeden Sessel mit Ihren selbstgestalteten Kissen mit Quasten auf!

SIE BENÖTIGEN

Rosa Kissen

- Makrameegarn, 3,5 mm (ich habe einfach gedrehte Baumwollkordel in Altrosa verwendet)

Violettes Kissen

- Makrameegarn, 3 mm (ich habe 3-fädige Schnur in Brombeerviolett verwendet)

- Nadel und farblich passendes Garn
- Kissenbezug, 40 x 40 cm
- Makrameebrett und Vielzweck-Klammern
- Schere
- Haarbürste mit Borsten

ROSA KISSEN

1 Folgen Sie den Anweisungen auf Seite 102, um ein Makrameebrett (Makramee-Board) zu bestücken. Für ein 40 cm großes Kissen schneiden Sie 35 Garnlängen zu je 1,3 m zu. Sollte Ihr Kissen größer sein, benötigen Sie mehr Fäden. In der Mitte falten und am Querfaden des Makrameebretts mit Ankerstichen (siehe Seite 94) befestigen.

2 Dieses Muster besteht aus Rippenknoten (siehe Seite 99) und Kreuzknoten (siehe Seite 96). Für jeden Abschnitt aus Rippenknoten benötigen Sie sechs Fäden. Um mit dem Rippenknoten zu beginnen, nehmen Sie den äußeren Faden auf der linken Seite auf. Dies ist Ihr Trägerfaden, auf den Sie knüpfen. Sie müssen ihn ungefähr in einem 45°-Winkel zum Rest Ihrer Fäden halten. Nehmen Sie den Faden daneben auf und knüpfen Sie einen Rippenknoten. Der Trägerfaden sollte immer vor allen anderen Fäden liegen. Der Arbeitsfaden wird von unterhalb des Trägerfadens nach oben geführt und um diesen geschlungen, um die Knoten zu binden.
Sie knüpfen mit jedem Arbeitsfaden zweimal den Rippenknoten.

3 Knüpfen Sie eine Rippenknotenreihe mit fünf Fäden. Zählen Sie sechs Fäden weiter und verwenden Sie den sechsten als nächsten Trägerfaden. Halten Sie ihn im 45°-Winkel nach links. Knüpfen Sie Rippenknoten, die im Winkel zu jenen passen, die Sie gerade fertiggestellt haben. Sie sind dabei, eine nach unten zeigende Dreiecksform zu gestalten.

4 Knüpfen Sie eine zweite Rippenknotenreihe unter die beiden Reihen, die Sie bereits haben. Verwenden Sie die äußeren Fäden an jeder Seite als Trägerfäden.

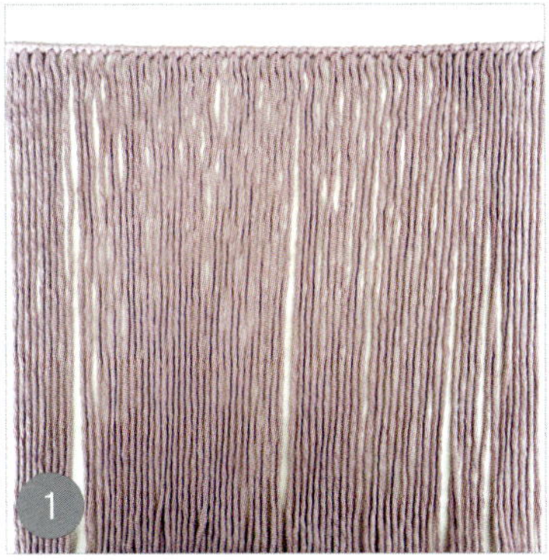
1

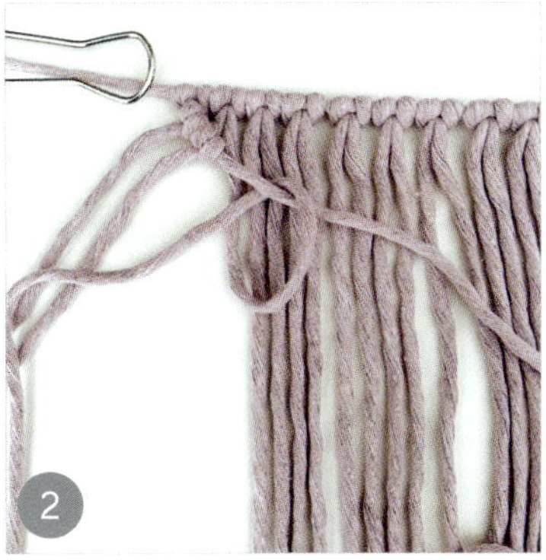
2

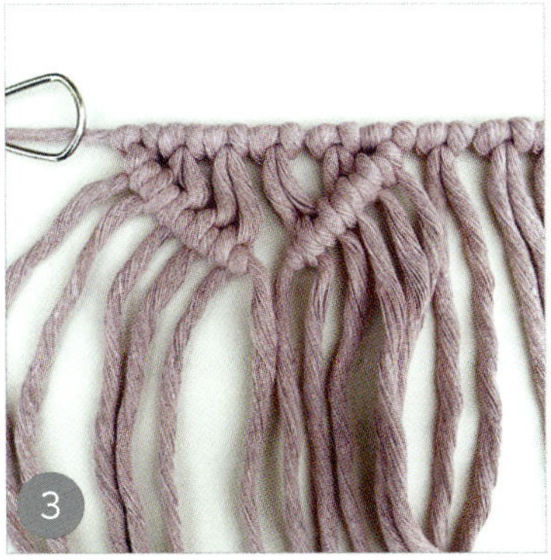
3

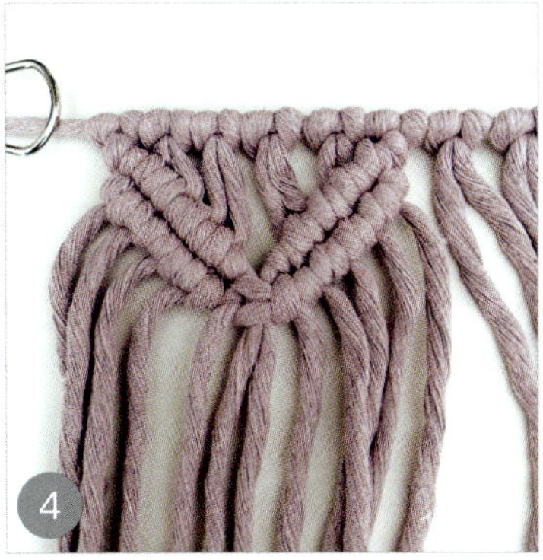
4

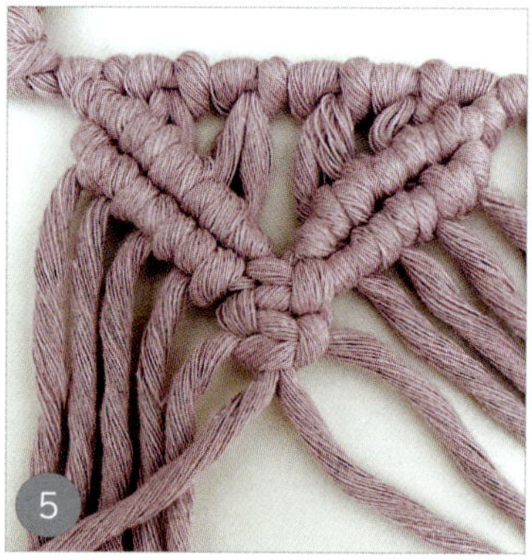

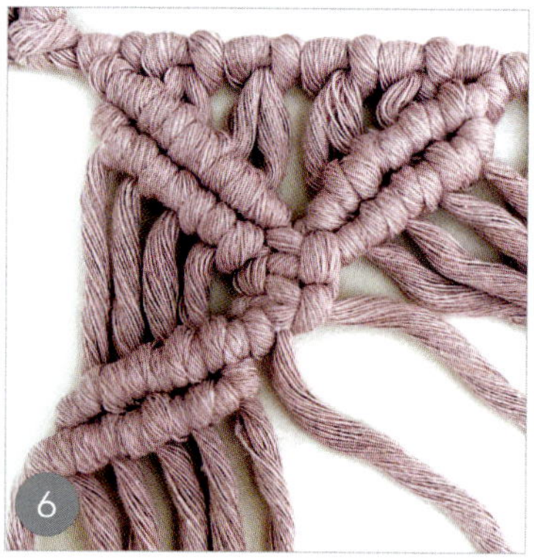

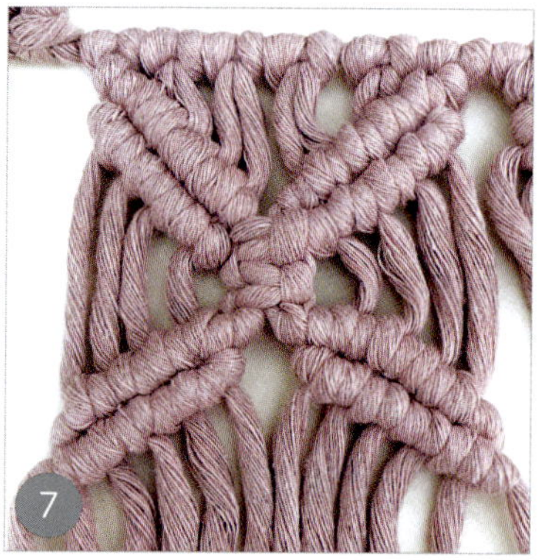

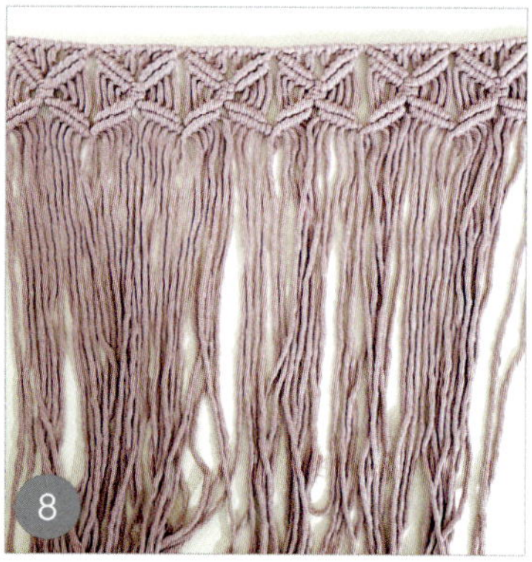

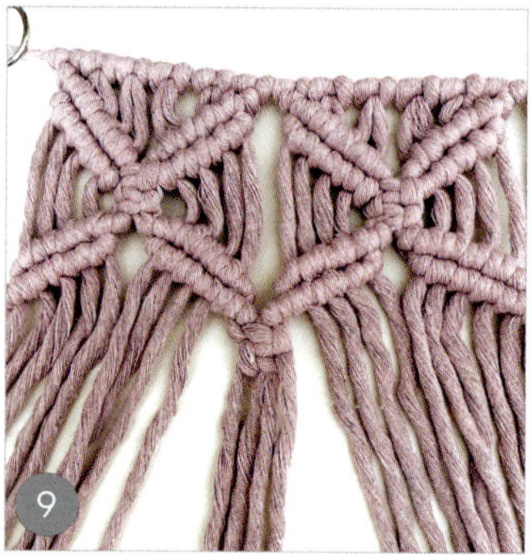

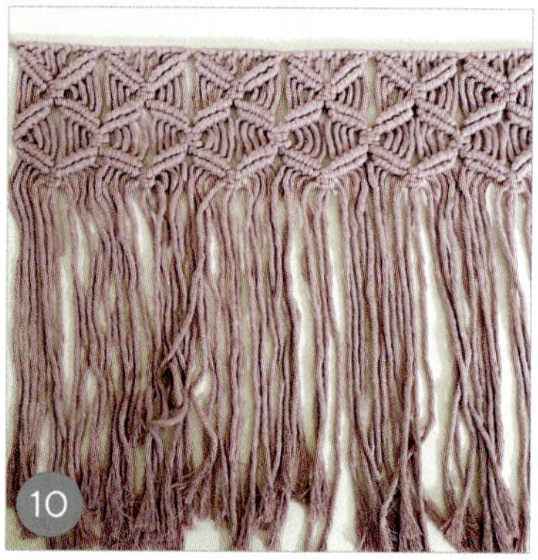

Um diese schrägen Reihen miteinander zu verbinden, wird in diesem Muster mit Kreuzknoten gearbeitet. Knüpfen Sie einen Kreuzknoten mit den Trägerfäden der ersten Reihen als Trägerfäden. Knüpfen Sie den Knoten mit den beiden Trägerfäden aus den zweiten Reihen.

5 Knüpfen Sie mit denselben Fäden einen zweiten Kreuzknoten.

6 Nehmen Sie den linken Trägerfaden des Kreuzknotens auf und verwenden Sie diesen als Trägerfaden für eine neue Rippenknotenreihe im 45°-Winkel zur Linken. Verwenden Sie alle Fäden dieser Seite und bauen Sie darunter eine zweite Reihe auf.

7 Wiederholen Sie Schritt 6, um zwei Reihen auf der anderen Seite zu knüpfen.

8 Wiederholen Sie Schritt 2–7, um sechs Kreuzformen mit allen Fäden zu knüpfen. Versuchen Sie, sie so gleichmäßig und auf gleicher Höhe zu halten, wie nur möglich.

9 Die Kreuze sind alle getrennt voneinander; um sie miteinander zu verankern, knüpfen Sie zwei Kreuzknoten zwischen jedes Kreuz. Sie sollten die Kreuzknoten in der Mitte der Kreuze spiegeln.

10 Knüpfen Sie noch eine Reihe Rippenknoten mit allen Fäden. Wiederholen Sie das Muster mit doppelten Rippenknotenreihen und doppelten Kreuzknoten zwischen den Reihen, um eine Reihe in Rautenform zu knüpfen. Dieses Muster wiederholt sich über das gesamte Werkstück hinweg.

TOP-TIPP

Das Muster ergibt auch ein hübsches, vollständiges nach unten zeigendes Dreieck. Benutzen Sie längere Fäden (2–2,2 m) für ein 40 cm großes Kissen, damit sie lang genug dafür sind.

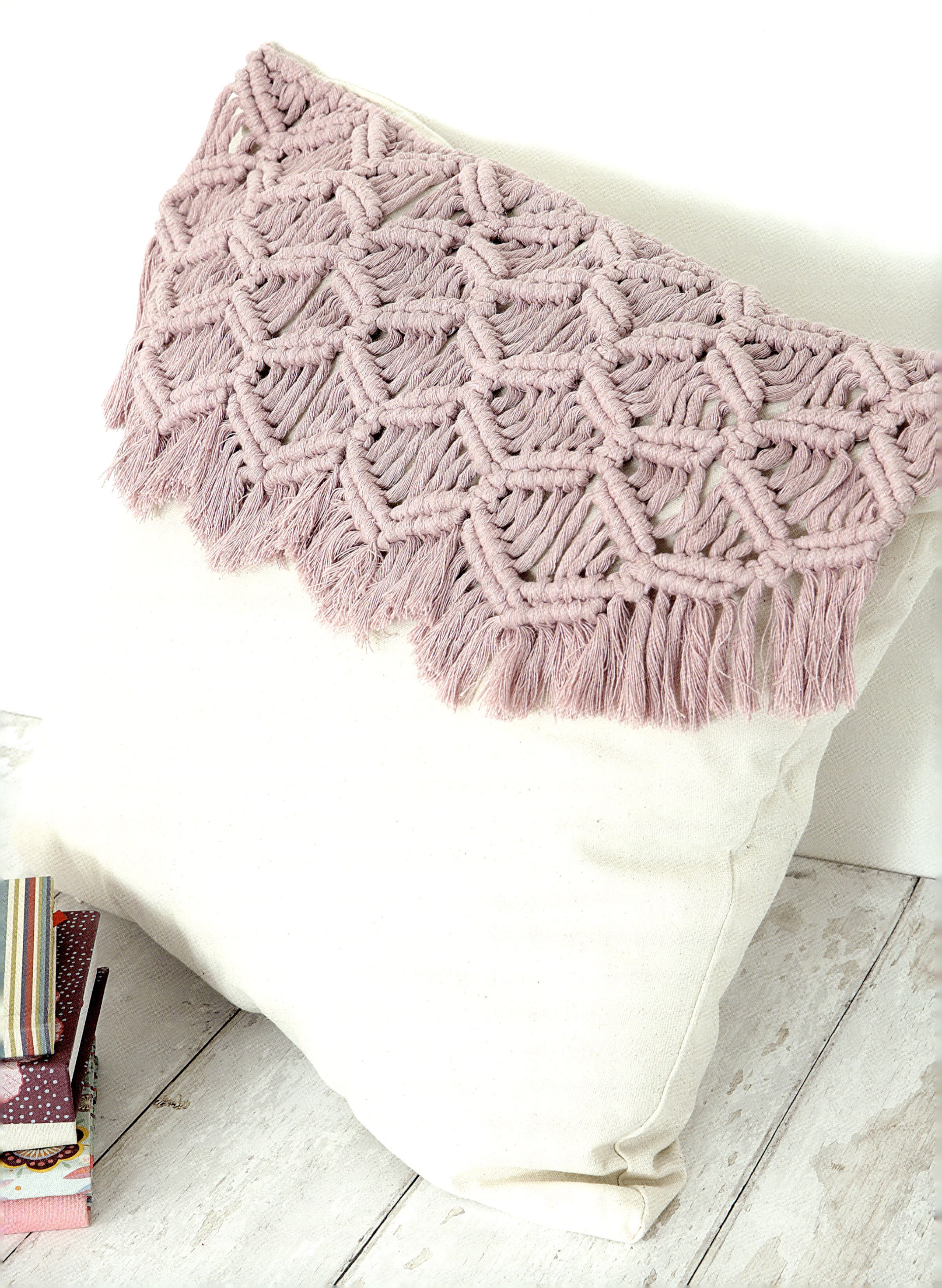

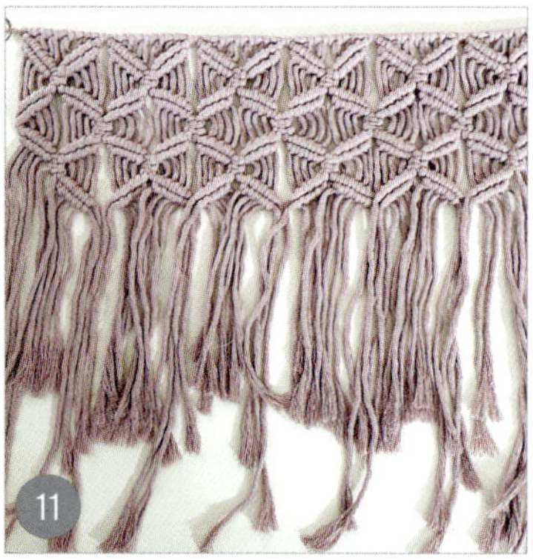
11

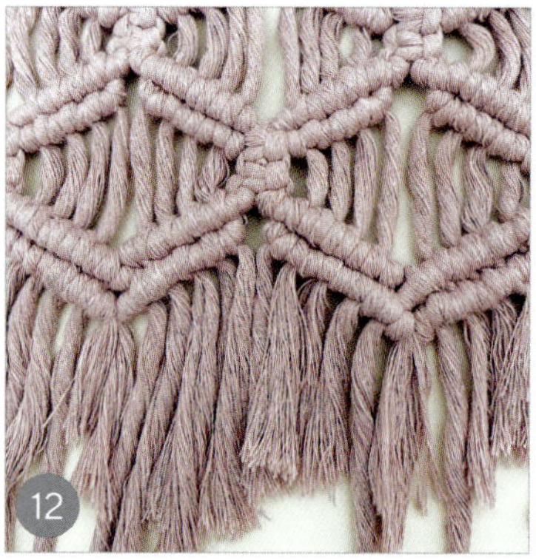
12

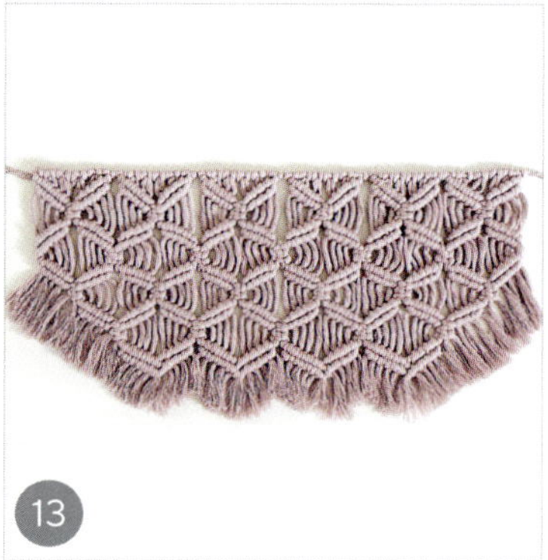
13

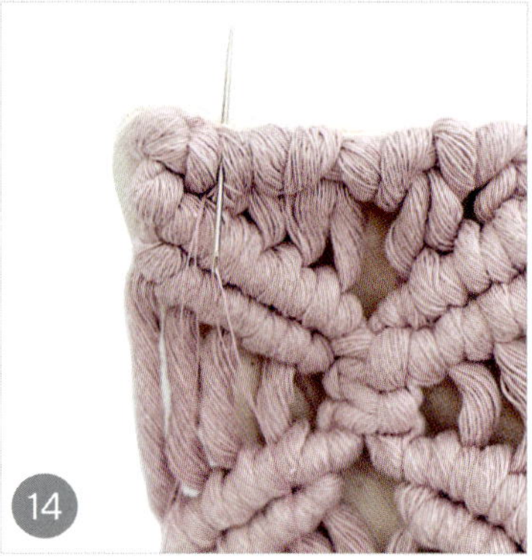
14

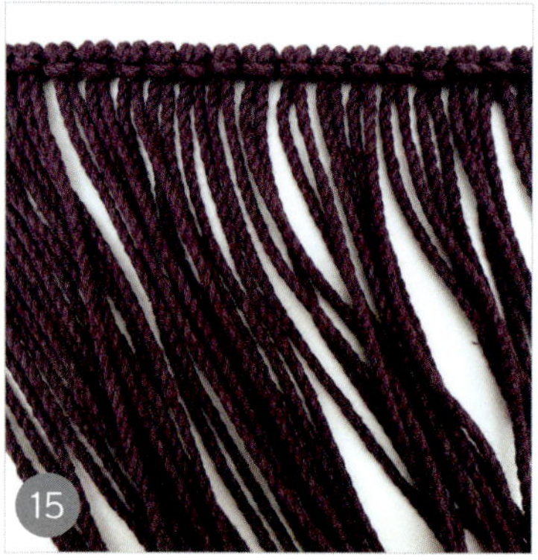
15

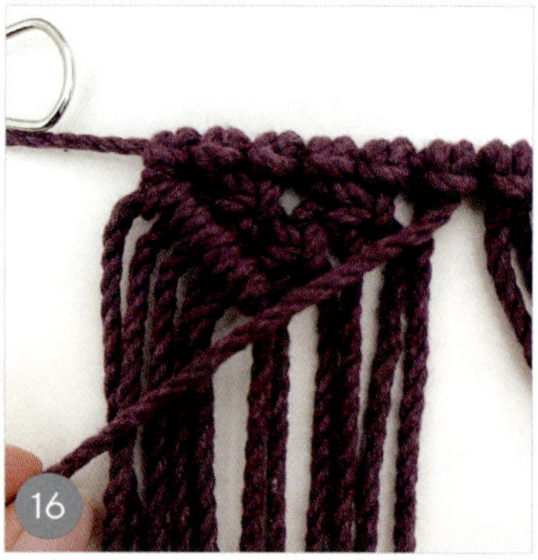
16

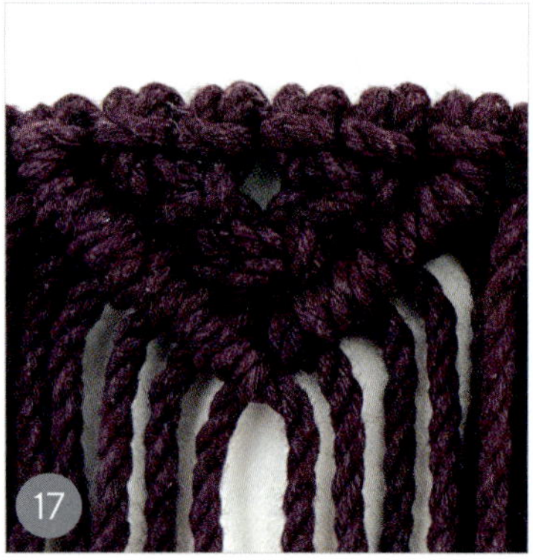
17

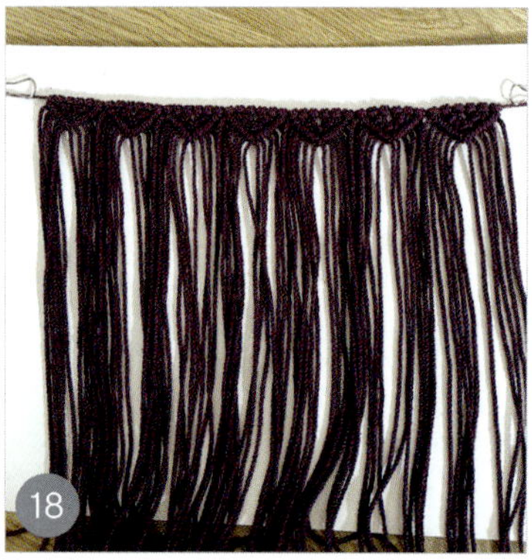
18

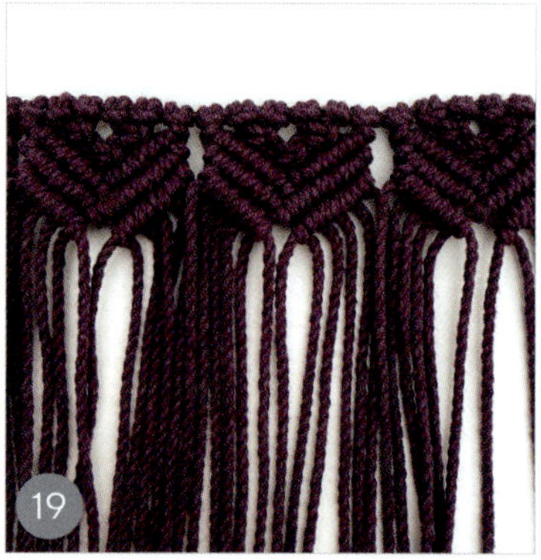
19

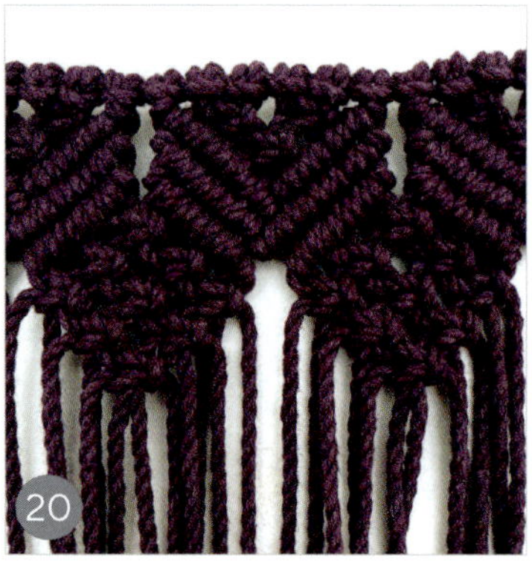
20

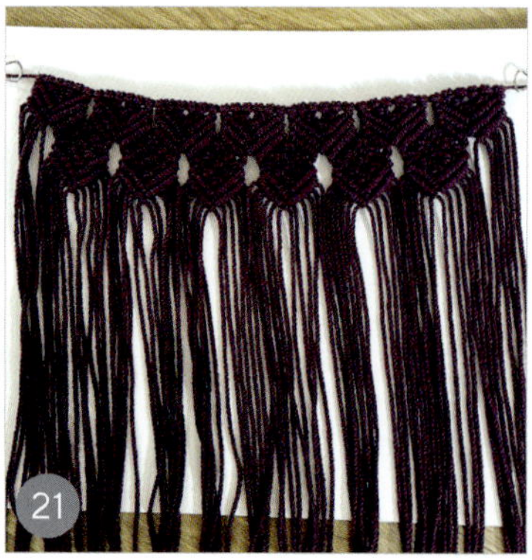
21

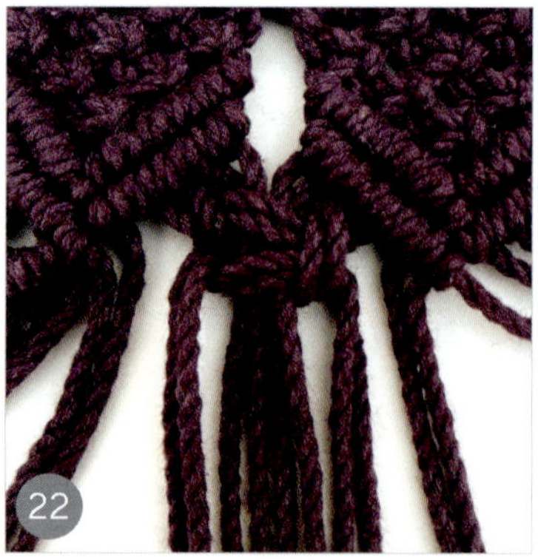
22

11 Wiederholen Sie Schritt 10, lassen Sie jedoch die äußere Fadengruppe auf jeder Seite aus. Beginnen Sie diese Reihe mit dem rechten Trägerfaden des obenliegenden Kreuzknotens als Trägerfaden. Sie sollten sechs lose Fäden an jeder Seite des Musters vorfinden.

12 Wiederholen Sie Schritt 11; dabei 12 Fäden auf jeder Seite lose lassen. Dies ist die letzte Reihe. Wenn Sie alle Reihen geknüpft haben, sind diese unten offen. Um die Rippenknotenreihen miteinander zu verbinden und die Rhomben zu schließen, müssen Sie einen zusätzlichen Rippenknoten knüpfen – mit dem Trägerfaden der rechten Reihen als Arbeitsfaden.

Nehmen Sie den Trägerfaden von links und verwenden Sie den Trägerfaden von rechts als Arbeitsfaden, um die Reihen zu schließen und nach unten zeigende Dreiecke zu knüpfen. Für die zweite Rippenknotenreihe wiederholen.

13 Wenn Sie die letzte Reihe fertiggestellt haben, müssen Sie die Fransen bündig zuschneiden. Nehmen Sie die Arbeit von Ihrem Makrameebrett und schneiden Sie die Garnenden mit einer scharfen Schere zurecht. Ich habe sie bis zum kürzesten Faden abgeschnitten. Sie werden sehen, dass alle Fadenenden unterschiedliche Längen aufweisen, auch wenn sie am Anfang gleich lang waren. Wenn Sie einen fluffigen Abschluss möchten, bürsten Sie die Fäden mit einer Bürste mit Nylonborsten aus. Schneiden Sie die überstehenden Fäden ab, die die Arbeit am Brett gehalten haben, und lassen Sie an den Seiten etwa 4 cm stehen, damit der äußerste Ankerstich nicht herunterrutscht.

14 Befestigen Sie Ihr Werkstück mit Nähnadel und Garn am Kissenbezug. Sie können die Arbeit erst an das Kissen stecken, ich fand es jedoch leicht, sie einfach festzuhalten und durch alle Schichten zu nähen. Denken Sie daran, den Querfaden an jedem Ende unter das Muster zu stecken, damit er eingenäht und befestigt wird. Die Arbeit wird nur oben befestigt und ist an den Seiten lose. Sie können die Seiten ebenfalls festnähen, wenn Ihnen das lieber ist.

VIOLETTES KISSEN

15 Folgen Sie Schritt 1, um das Makrameebrett aufzubauen, und schneiden Sie 36 Garnlängen zu je 2 m zu. Befestigen Sie sie mit Ankerstichen am Brett.

16 Beginnen Sie auf der linken Seite. Lassen Sie die ersten beiden Fäden aus und knüpfen Sie dann zwei Kreuzknoten. Binden Sie einen dritten Kreuzknoten mittig unter die ersten beiden. Nehmen Sie den äußeren Faden links auf und verwenden Sie ihn als Trägerfaden für eine Rippenknotenreihe, die entlang der Kante der Kreuzknoten verläuft. Beenden Sie die Reihe, wenn Sie den linken Trägerfaden des unteren Kreuzknotens verwendet haben. Auf der anderen Seite wiederholen.

17 Wenn Sie unten ankommen, nehmen Sie den Trägerfaden der linken Reihe und verwenden Sie den Trägerfaden der rechten Reihe als letzten Arbeitsfaden, um das Dreieck zu schließen.

18 Wiederholen Sie die Schritte 16 und 17, bis Sie mit allen Fäden sieben Dreiecke geknüpft haben.

19 Knüpfen Sie zu jedem Dreieck zwei weitere Rippenknotenreihen. Schließen Sie die zweite Reihe wie in Schritt 17. Schließen Sie die dritte Reihe nicht, sondern lassen Sie beide Trägerfäden nach unten hängen.

20 Beginnen Sie auf der linken Seite und verwenden Sie alle Fäden zwischen dem ersten und dem zweiten Dreieck, um einen Rhombus aus Kreuzknoten zu knüpfen. Die Reihen sollten wie folgt aufgebaut sein: ein Knoten, zwei Knoten, drei Knoten, zwei Knoten und ein Knoten. Wiederholen und in Summe sechs Rhomben knüpfen. An jeder Seite sollten sich ungeknüpfte Fäden befinden.

21 Knüpfen Sie unter den Kreuzknotenrhomben zwei Rippenknotenreihen mit den äußeren Fäden als Trägerfäden. Für jede Raute wiederholen und sichergehen, dass beide Reihen geschlossen sind (wie in Schritt 17).

22 Die nächste Reihe auf der anderen Seite besteht aus großen Kreuzknoten zwischen den Rhomben. Beginnen Sie mit der ersten und der zweiten Raute. Nehmen Sie die vier oberen Fäden (zwei von links und zwei von rechts) auf – dies sind die Trägerfäden für den Kreuzknoten. Nehmen Sie die nächsten zwei Fäden auf jeder Seite, um den Kreuzknoten zu knüpfen. Sie sollten auf jeder Seite zwei lose Fäden haben. Zwischen allen Rauten wiederholen. Am Ende sollten Sie fünf große Kreuzknoten haben.

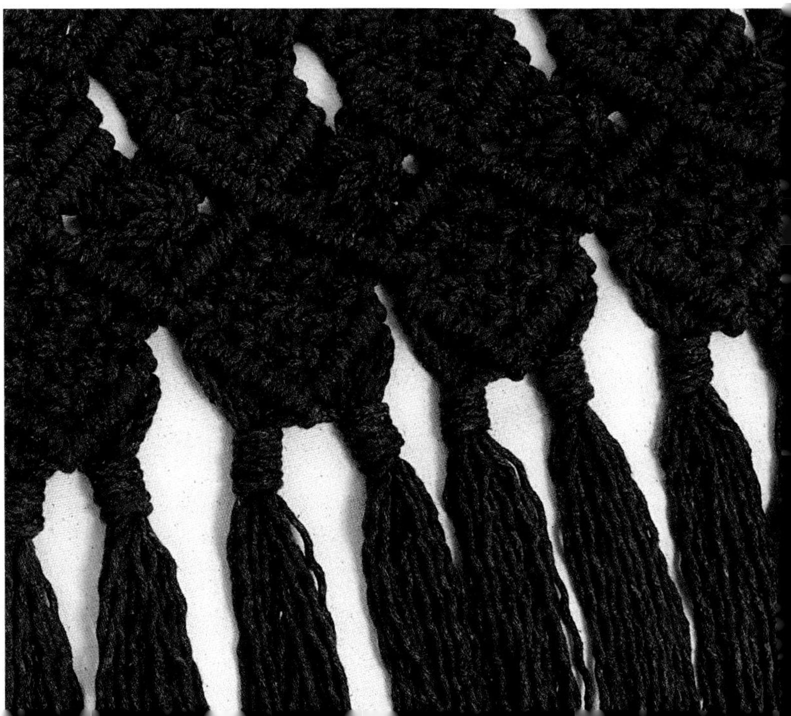

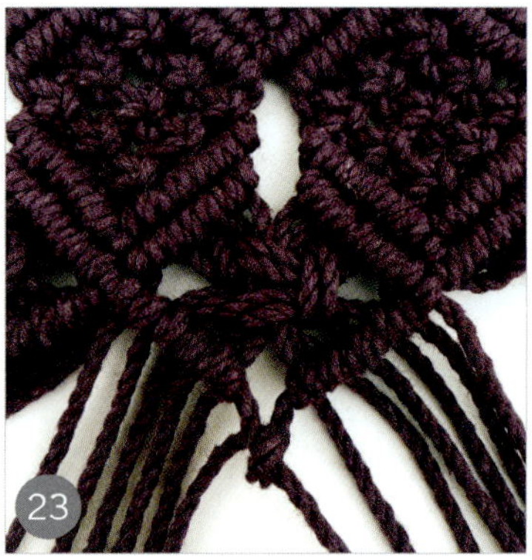

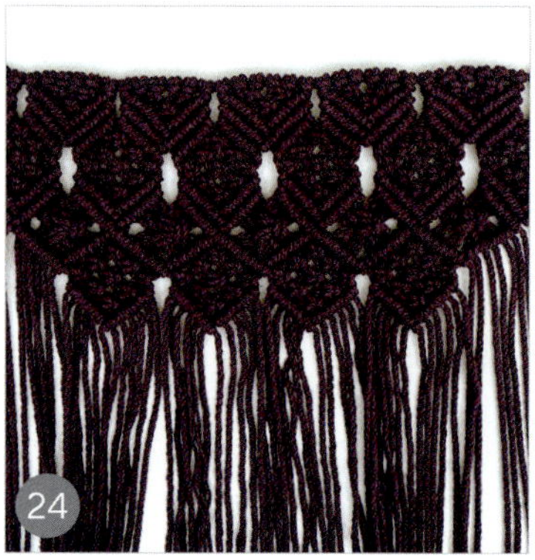

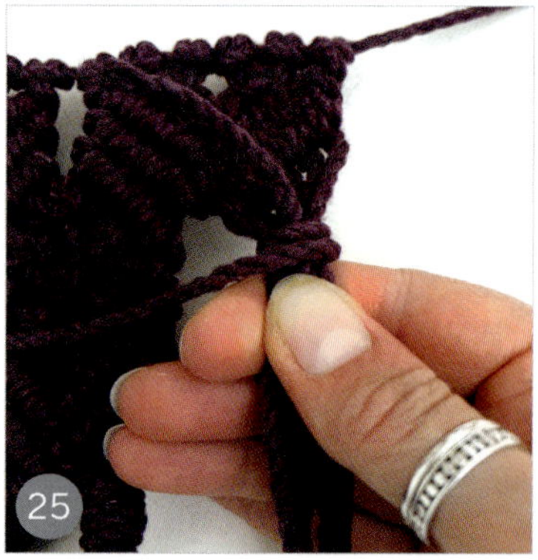

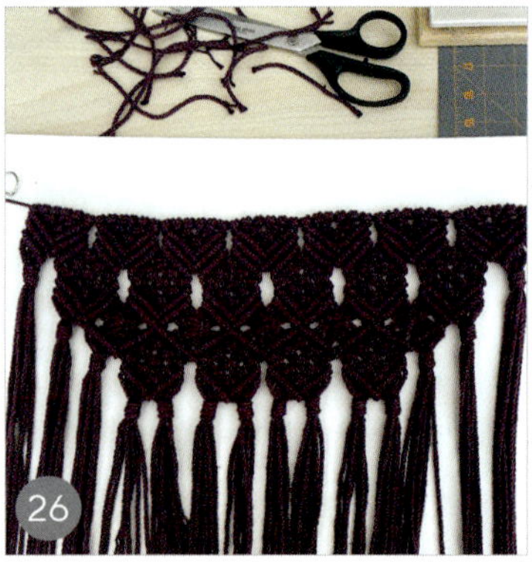

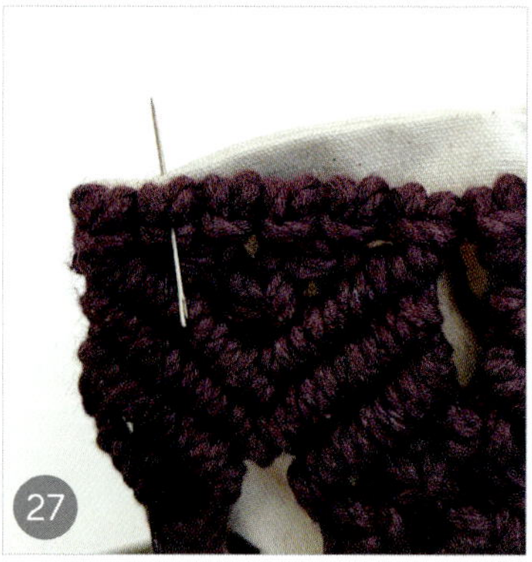

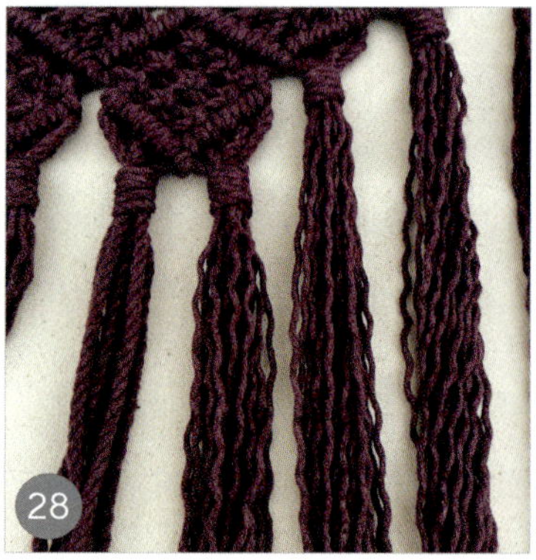

23 Knüpfen Sie unter jeden großen Kreuzknoten eine Rippenknotenreihe und verwenden Sie weiterhin die Trägerfäden der oberen Reihen. Die Reihen wie in Schritt 17 schließen.

24 Wiederholen Sie Schritt 20, um eine weitere Reihe aus vier Rauten zu knüpfen und Schritt 23 für die Rippenknotenreihen darunter.

QUASTEN NACH WAHL

25 Meine Wahl fiel bei diesem Werkstück auf lange, wellige Quasten. Sie können sie entweder ebenso gestalten oder das Muster zu einem vollen Dreieck weiterknüpfen. Folgen Sie den Anweisungen auf Seite 100, um eine Quaste zu gestalten.

26 Wickeln Sie alle Quasten, schneiden Sie die Enden jedoch noch nicht ab. Nehmen Sie das Werkstück vom Brett und schneiden Sie den überschüssigen Querfaden ab; dabei etwa 4 cm auf jeder Seite stehenlassen.

27 Nähen Sie das Muster an das Kissen wie in Schritt 14.

28 Dieses 3-fädige Garn lässt sich nicht so leicht auskämmen wie einfach gedrehte Schnur, aber es sieht hübsch wellig aus, wenn Sie jedes Garnstück in seine drei Fäden auftrennen. Wenn Sie alle entwirrt haben, schneiden Sie die Enden zu, damit sie bündig sind und mit der Kissenkante abschließen. Wenn die Quasten nicht über die Kissenkante hängen sollen, schneiden Sie sie auf die gewünschte Länge zu.

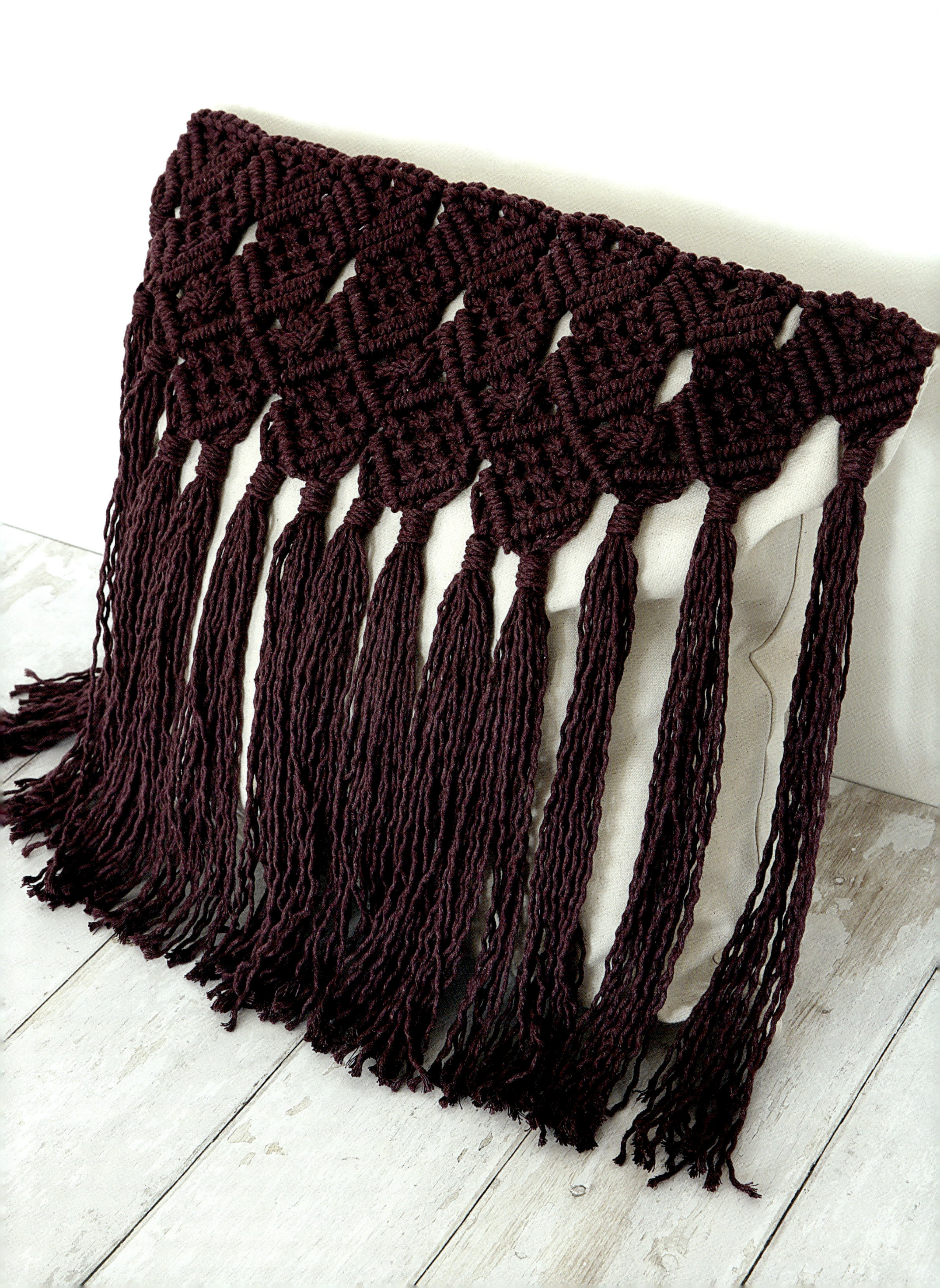

Werkzeug, Material und Tipps

GARN

Makramee kann mit so ziemlich jeder Art Schnur geknüpft werden: Stickgarn, Hanfgarn, Satinband, Baumwollgarn, Paracord und vielem mehr. Die einzige Regel, die Sie im Hinterkopf behalten müssen, ist: Je dicker das Garn, umso gröber wird am Ende das Werkstück.

MAKRAMEEBRETT

Für kleine Projekte gibt es Makramee-Boards, das sind dicke Schaumstoffplatten, in die Sie T-Nadeln stecken können, um die Arbeit zu befestigen. Diese Platten haben eine geschlitzte Kante, um überschüssiges Garn an Ort und Stelle zu halten, während Sie arbeiten. Sie sind gut geeignet für kleine Werkstücke oder Schmuck. Arbeiten Sie an größeren Projekten, brauchen Sie eventuell eher eine Hängestange als eine flache Platte.

NADELN

T-Nadeln sind dicke Stifte mit t-förmigem Oberteil, die zum Anstecken von Garn an Makrameebretter verwendet werden, wenn das Werkstück flachliegend bearbeitet wird, um es dort zu halten, wo es hingehört. Es gibt sie bei zahlreichen Händlern für Makrameebedarf.

Sie können auch Standard-Stecknadeln verwenden, die dünner und somit ein bisschen schwieriger im Handling sind. Jene mit Glaskopf sind gut geeignet, da der Kopf hilft, die Nadel zu greifen und in das Board zu stecken.

T-Nadeln sind stabiler; wenn Sie also ein spezielles Makrameebrett benutzen, wäre es eine gute Idee, auch in diese zu investieren.

SCHERE

Sie brauchen eine scharfe Schere, um das Garn und die Ränder zuzuschneiden. Es ist eine gute Idee, die Schere für diese Art Handarbeit separat von Scheren für Papier usw. aufzubewahren, da Papier die Klinge stumpf machen kann, wodurch die Schere für Garn und Faden unbrauchbar wird.

Schneiderscheren sind sehr scharf, da sie zum Stoffschneiden gemacht werden, also sind sie auch gut für Schnur oder Zwirn geeignet. Die Größe der Schere, die Sie benötigen, wird durch das Design bestimmt. Je größer das Design, umso größer die Schere. Versuchen Sie nicht, gerade Fransen eines großen Werkstücks mit einer Nagelschere zu schneiden – das funktioniert einfach nicht!

KLEBSTOFF

Wenn Sie die Enden Ihrer Projekte kleben möchten, brauchen Sie einen Klebstoff, der durchsichtig aushärtet. Ein Allzweckkleber ist gut geeignet, braucht aber Zeit zum Trocknen; denken Sie also daran, ihn vollständig austrocknen zu lassen. Für Paracord oder andere Kunstfaserschnüre können Sie Superkleber verwenden. Er trocknet sofort, kann aber da, wo der Klebstoff ist, einen dunkleren Bereich hinterlassen. Verwenden Sie ihn also vorsichtig und sparsam.

DIE BESTEN TIPPS

- Wenn Sie ein Garn verwenden, das zu stark ausfranst, benutzen Sie ein kleines Stück Klebeband an jedem Ende, um die Fäden zusammenzuhalten.
- Verkleben Sie die Enden, um sie zu befestigen, wenn Sie Taschen gestalten, die häufig in Verwendung sind. Kleben Sie nur, wenn Sie die Enden verstecken können, da der Kleber die Farbe des Garns oft verdunkelt. Machen Sie eine Probe, bevor Sie Klebstoff für ein Werkstück verwenden.
- Verwenden Sie einen Kamm, um die Enden der Garnstränge zu Fransen auszukämmen.
- Beachten Sie, dass sich künstliche Schnurmaterialien, wie Paracord, verdrehen. Es liegt in der Natur dieser Art Schnur, sich selbst zu verdrehen. Sie sollten versuchen, Ihre Fäden gerade zu halten, da es letztlich das Aussehen Ihres Werkstücks beeinflusst, wenn Sie mit einer ungewünschten Verdrehung in der Schnur arbeiten.
- Passen Sie bei der Verwendung von Schnur aus Hanf oder von Metallicgarn bei Arbeiten auf, die auf der Haut aufliegen! Diese Garnarten können kratzig sein, weshalb sie unbequem zu tragen sind.
- Achten Sie auf die Spannung! Einige Garne oder Fäden sind etwas dehnbar, ziehen Sie sie also nicht zu fest. Der Schlüssel liegt zwar darin, die Knoten festzuziehen, aber wenn Sie zu fest werden, ändert dies das Design und das Ergebnis in Ihrem Werkstück ist, dass es nicht gerade liegt und ungleichmäßig aussieht.
- Skizzieren Sie Ihre Designs zuerst auf Papier. Es klingt ein bisschen merkwürdig, aber wenn Sie an einem neuen Freihanddesign arbeiten, sollten Sie es aufzeichnen, damit Sie etwas haben, dem Sie folgen können.
- Wenn Sie die Längen für ein neues Design zuschneiden, seien Sie großzügig mit der Länge, da die Werkstücke mit schweren Knoten die fertige Länge um 75 % verkürzen können. Schneiden Sie immer Längen zu, die mindestens dreimal so lang sind wie Ihre Wunschlänge, außer das Muster ist sehr offen.

Garnmenge berechnen

Für alle Projekte in dieser Publikation wird die Garnmenge, die Sie benötigen, angegeben, wenn Sie dieselbe Stärke verwenden, wie im Projekt vorgeschlagen. Wenn Sie eine andere Garnstärke benötigen, müssen Sie berechnen, wie viel Schnur Sie für das Projekt benötigen.

1 Kleben Sie einen Stift oder einen dünnen Stab (ich habe eine Häkelnadel verwendet) auf Ihre Arbeitsfläche und befestigen Sie ein Stück Garn in der Stärke, die Sie verwenden möchten. Falten Sie den Faden in der Hälfte und bringen Sie ihn mit Hilfe eines Ankerstichs (siehe Seite 94) an dem Stift an – dies sind Ihre Trägerfäden. Schneiden Sie ein neues Stück Garn zu, das Sie zum Knüpfen eines Kreuzknotens verwenden könne. Bringen Sie es hinter die Trägerfäden. Knüpfen Sie einen vollständigen Kreuzknoten (siehe Seite 96).

2 Den Knoten festziehen und die Tiefe des Knotens abmessen. In diesem Beispiel ist er genau 1 cm tief.

3 Ziehen Sie mit einem Marker Linien an den Kanten des Knotens, wie hier mit blauen Pfeilen gezeigt.

4 Lösen Sie den Knoten und legen Sie die Schnur aus, damit Sie den Abstand zwischen den beiden angezeichneten Linien messen können. Dieses Beispiel maß knapp unter 10 cm.

Jetzt müssen Sie ein bisschen rechnen!

BERECHNUNG

Wenn Sie die Reihenanzahl der Kreuzknoten kennen – wenn das fertige Projekt beispielsweise 30 Reihen Kreuzknoten hat, müssen Sie dies mit der Länge eines jeden Knotens (10 cm) multiplizieren, die Sie in Schritt 4 herausgefunden haben.

Beispiel
Länge bei Fertigstellung (30 cm) geteilt durch Knotentiefe (10 cm) = 300 Knoten, was bedeutet, dass jeder Arbeitsfaden 3 m lang sein muss.

Wenn das Projekt eine Endhöhe, aber keine fixe Anzahl an Knotenreihen hat, brauchen Sie eine andere Art der Berechnung.

Teilen Sie die fertige Höhe des Projekts durch die Tiefe eines einzelnen Knotens – die Berechnung z. B. für ein 25 cm hohes Projekt ist wie folgt:

Beispiel
Länge bei Fertigstellung (25 cm) geteilt durch Knotentiefe (1 cm) = 25 Knoten.

Multiplizieren Sie die Knotenanzahl (25) mal der in Schritt 4 gemessenen Länge (die Garnlänge, die Sie benötigen).

Knotenanzahl (25) x Länge eines jeden Knoten (10 cm) = 250 cm oder 2,5 m pro Arbeitsfaden.

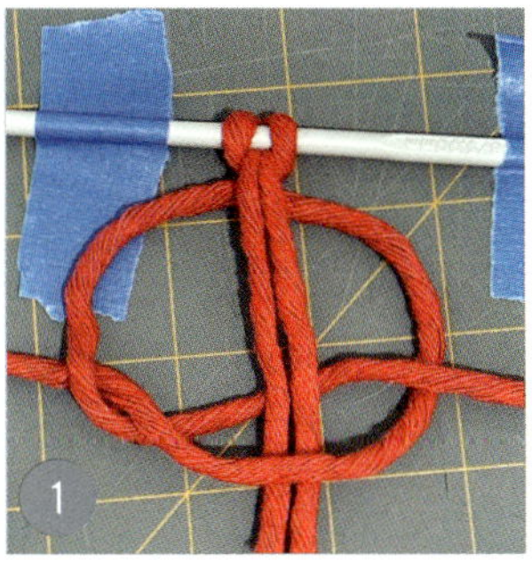

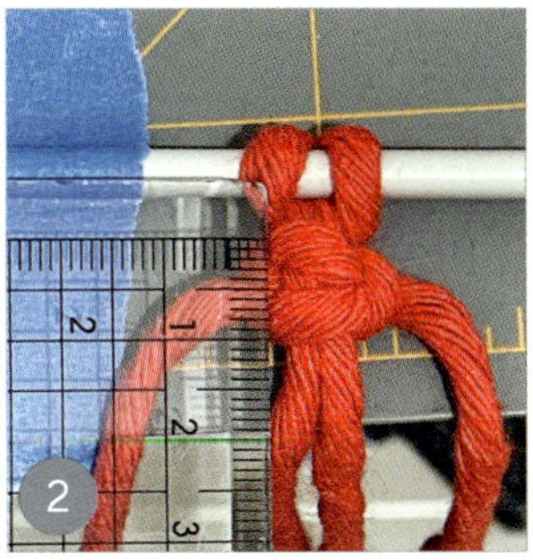

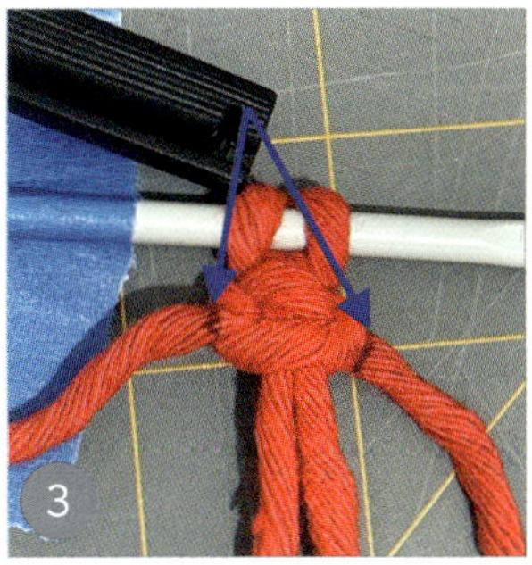

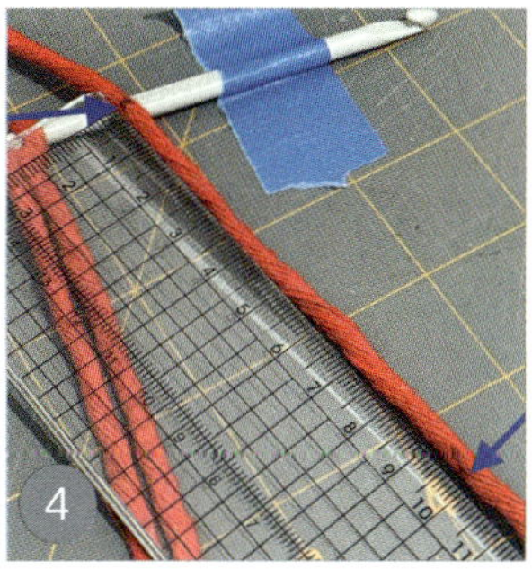

Ankerstich

Dies ist der Knoten, der verwendet wird, um alle Fäden am zugrundeliegenden Stab oder Ring oder an einem anderen Gegenstand zu befestigen, an dem Sie arbeiten. Für diese Technik nennen wir ihn einfach „Stab". Der Ankerstich ist ein sehr nützlicher Knoten für Schmuck – man kann mit ihm einen Anhänger an einem Halsband befestigen.

1 Wenn Sie mit einem Projekt beginnen, müssen Sie zuerst alle benötigten Fäden zuschneiden. Seien Sie dabei immer großzügig, damit Sie noch Spiel haben. Um den Ankerstich zu beginnen, falten Sie das Garn in der Hälfte und legen das gefaltete Ende hinter den Stab.

2 Bringen Sie die beiden Garnenden vor die Stange und fädeln Sie sie durch die Schlinge.

3 Ziehen Sie an den Garnenden, um den Knoten an der Stange festzuziehen. Sie müssen sicher sein, dass Ihre Knoten fest sind, bevor Sie beginnen, am Werkstück zu arbeiten. Diesen Knoten wiederholen, um alle Fäden, die Sie für Ihr Projekt benötigen, anzubringen.

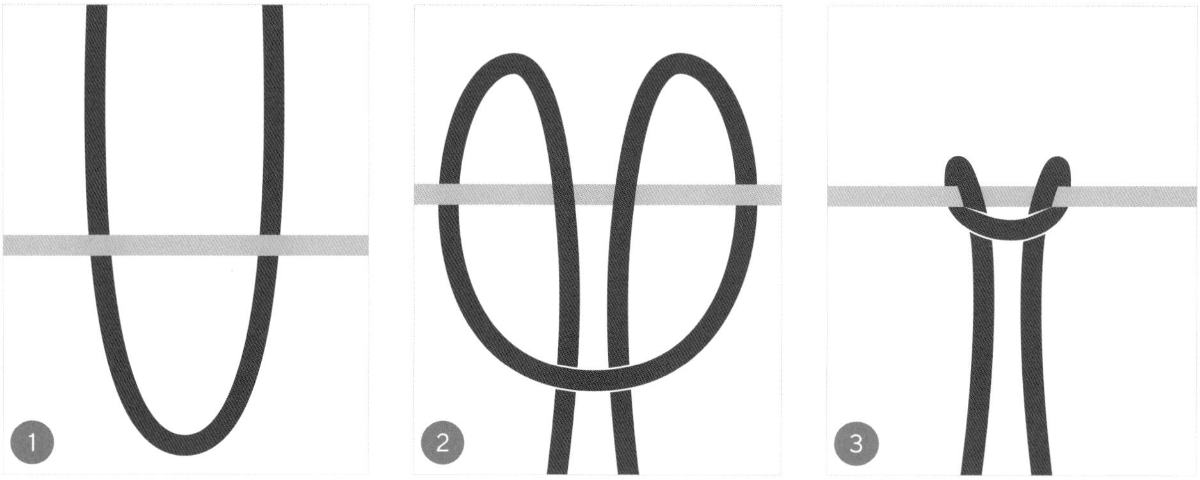

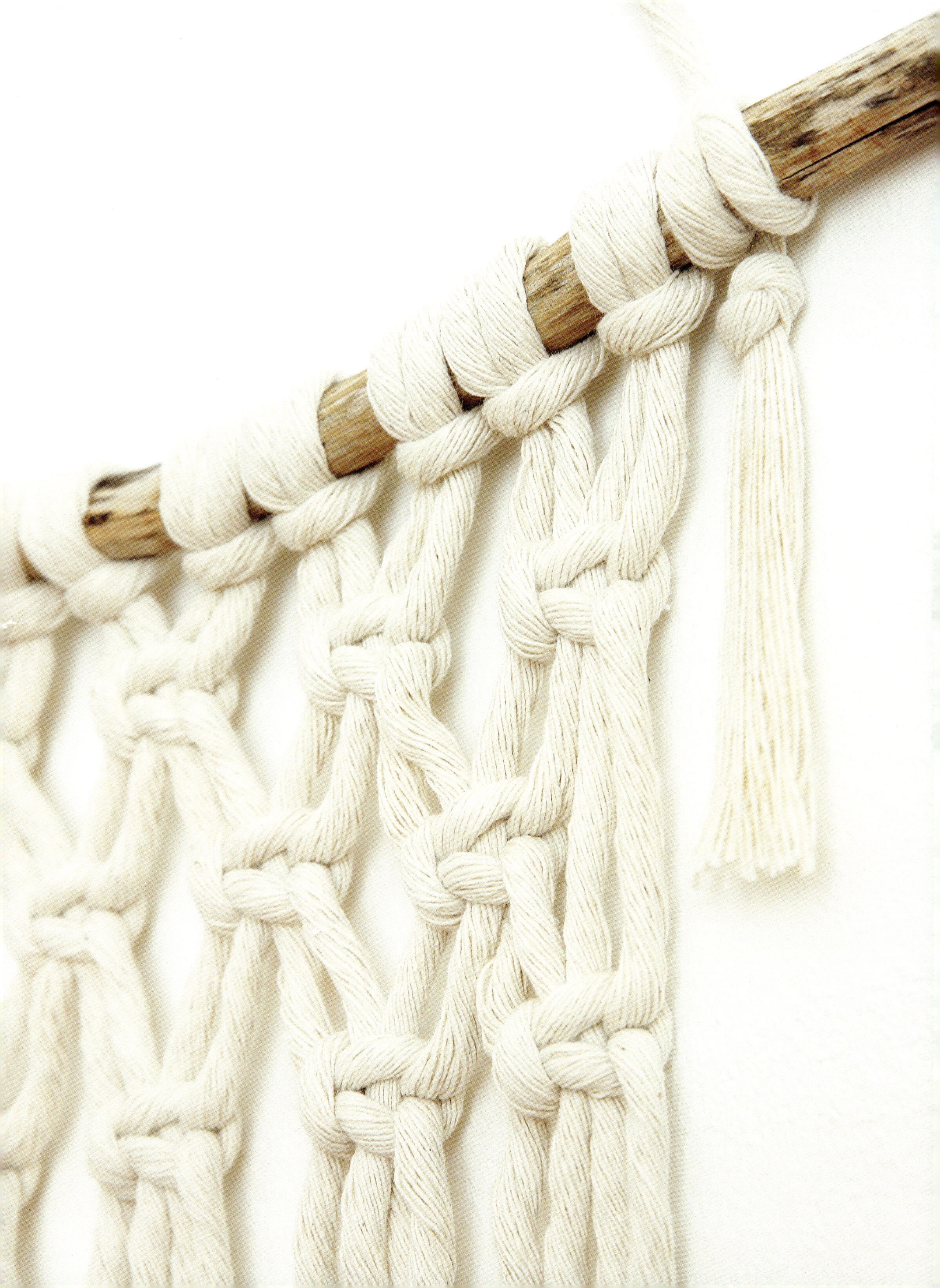

Kreuzknoten

Dies ist der Knoten, den Sie wahrscheinlich als Makrameeknoten wiedererkennen, da er am weitesten verbreitet ist.

1 Befestigen Sie alle benötigten Fäden mit dem Ankerstich (siehe Seite 94) an dem Stab. Die Illustrationen zeigen den Aufbau eines Kreuzknotens.

2 Um diesen Knoten klar darzustellen, ist der äußere linke Faden rosa und der äußere rechte Faden blau gefärbt. Die beiden Fäden in Grau werden Trägerfäden genannt – sie bleiben liegen, da Sie die beiden äußeren Fäden zum Knüpfen verwenden. Führen Sie den Faden links außen (rosa) vor die beiden Trägerfäden (grau) und unter den Faden rechts außen (blau).

3 Nehmen Sie den Faden rechts außen (blau) auf und führen Sie ihn hinterher den beiden Trägerfäden vorbei und durch die Schlinge, die im Faden links außen (rosa) entstanden ist.

4 Ziehen Sie die beiden äußeren Fäden fest – so entsteht der erste Teil des Kreuzknotens. **Anmerkung:** Dies ist ein Wellenknoten (halber Knoten), wenn Sie ein sich drehendes Spiralmuster wünschen, wiederholen Sie diese Hälfte des Knotens. Während des Arbeitens werden Sie bemerken, dass die Knoten sich von selbst zu einer Spirale drehen (siehe Seite 98).

5 Sie müssen nun den ersten Teil des Knotens in die andere Richtung wiederholen, um einen ganzen Kreuzknoten zu knüpfen. Führen Sie den Faden rechts außen (rosa) vor den beiden Trägerfäden (grau) und hinter dem Faden links außen (blau) auf die andere Seite.

6 Bringen Sie den Faden links außen (blau) hinter die beiden Trägerfäden (grau) und durch die Schlinge, die in dem Faden rechts außen (rosa) entstanden ist.

7 Ziehen Sie die äußeren Fäden fest, um den Kreuzknoten fertigzustellen.

8 Dieser Knoten erzeugt mit zunehmenden Reihen ein ziegelartiges Muster. Lassen Sie in der zweiten Reihe die ersten beiden Fäden aus und verwenden Sie den rechten Trägerfaden und den Faden rechts außen (blau) des darüberliegenden linken Knotens. Verwenden Sie den Faden links außen (rosa) und den linken Trägerfaden des darüberliegenden rechten Knotens. Die beiden Trägerfäden (gezeigt in Grau) sind nun die Fäden, die zum Knüpfen verwendet werden.

9 Folgen Sie diesen Schritten, um weitere Kreuzknoten hinzuzufügen. Ziehen Sie die Knoten fest nach oben hin gegen die vorherige Reihe an.

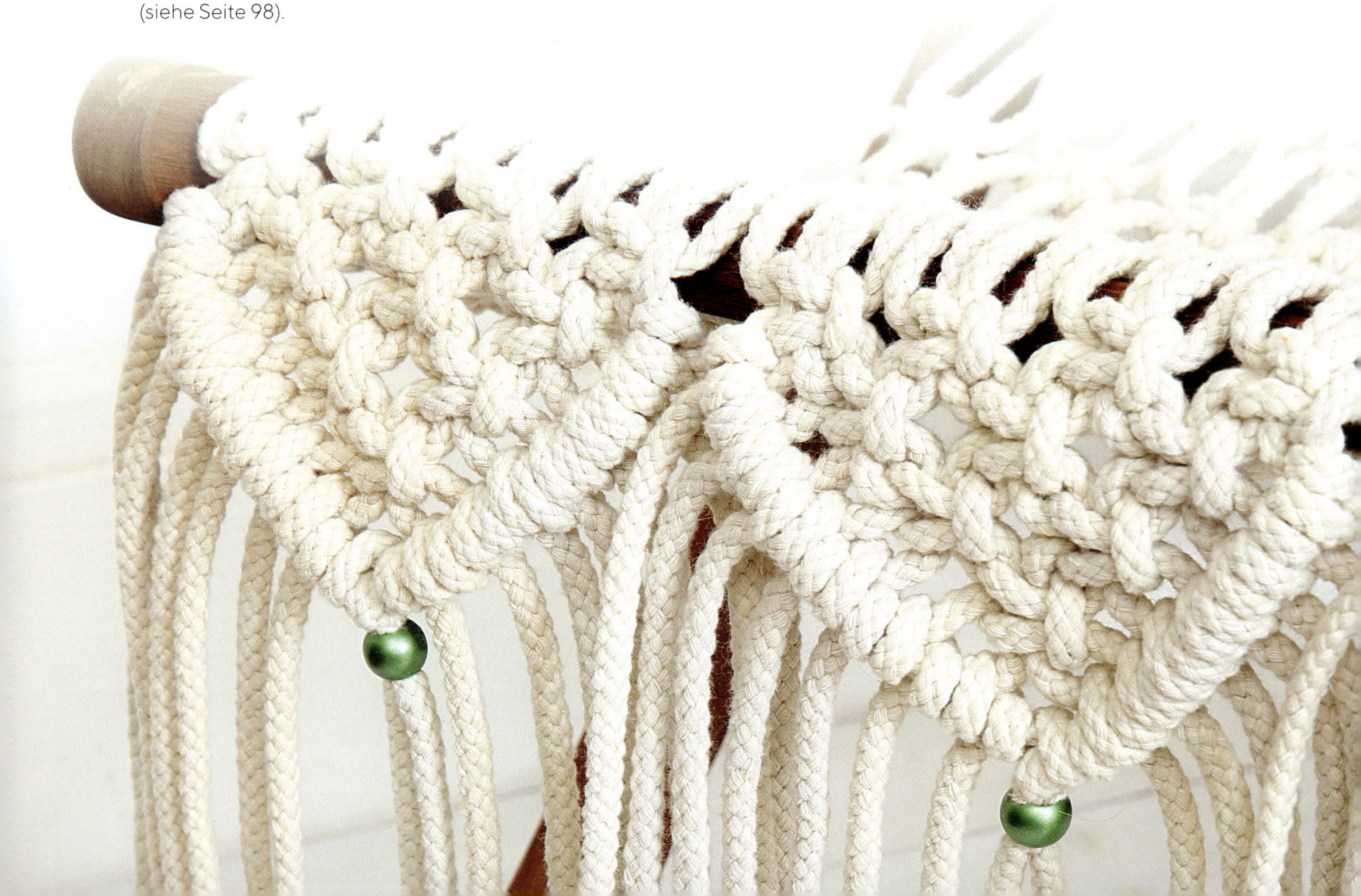

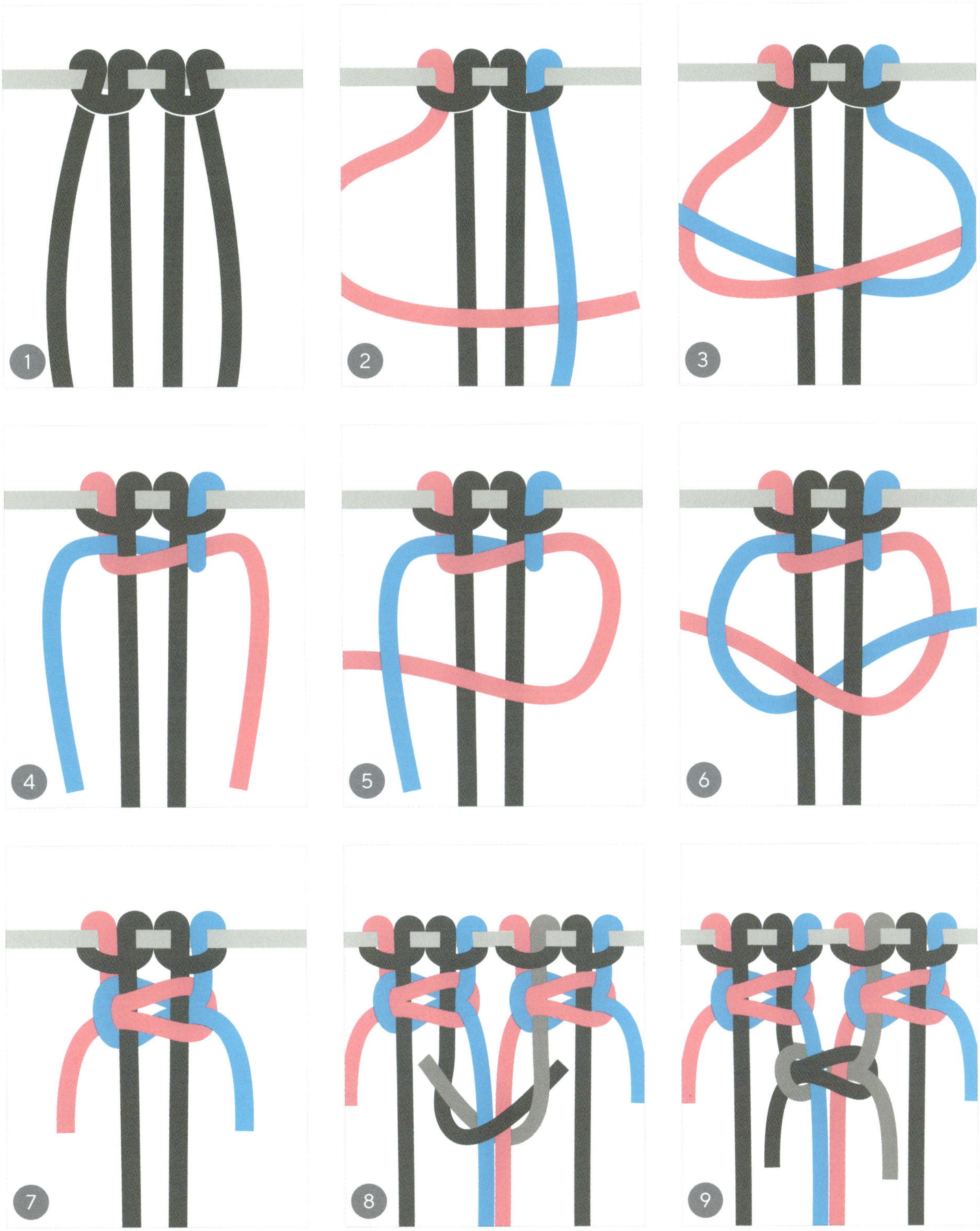
1
2
3
4
5
6
7
8
9

Wellenknoten (halber Knoten)

Hier wird dieselbe Technik verwendet, wie für den Standard-Kreuzknoten, es wird jedoch nur die Hälfte des Knotens wiederholt, um eine sich drehende Knotensäule zu knüpfen.

1 Für diesen Knoten sind vier Fäden erforderlich, zwei Fäden in der Mitte als Trägerfäden (in Grau gezeigt) und zwei Arbeitsfäden (in Rosa und Blau gezeigt). Bringen Sie den linken Arbeitsfaden (rosa) über die beiden Trägerfäden und hinter den rechten Arbeitsfaden (blau).

2 Bringen Sie den rechten Arbeitsfaden (blau) nach oben und hinter die Trägerfäden und achten Sie darauf, dass er sich unter dem rosa Faden befindet. Ziehen Sie ihn durch die mit dem rosa Faden gelegte Schlinge auf die linke Seite.

3 Ziehen Sie den Knoten fest. Dies ist ein halber Knoten.

4 Schritt 1–3 wiederholen, um mehr halbe Knoten zu knüpfen. Vergewissern Sie sich immer, dass der linke Arbeitsfaden vor den Trägerfäden und der rechte Arbeitsfaden dahinter verläuft.

5 Sie werden sehen, dass die aneinandergereihten Knoten sich nach rechts drehen, wenn Sie den halben Knoten wiederholen. Wenn Sie wollen, dass sie sich nach links drehen, vertauschen Sie die Arbeitsenden in Schritt zwei; bringen Sie also den linken Arbeitsfaden (blau) vor die Trägerfäden und unter den rosa Faden. Führen Sie den rosa Faden hinter den Trägerfäden und durch die blaue Schlinge. So entsteht eine Drehung nach links.

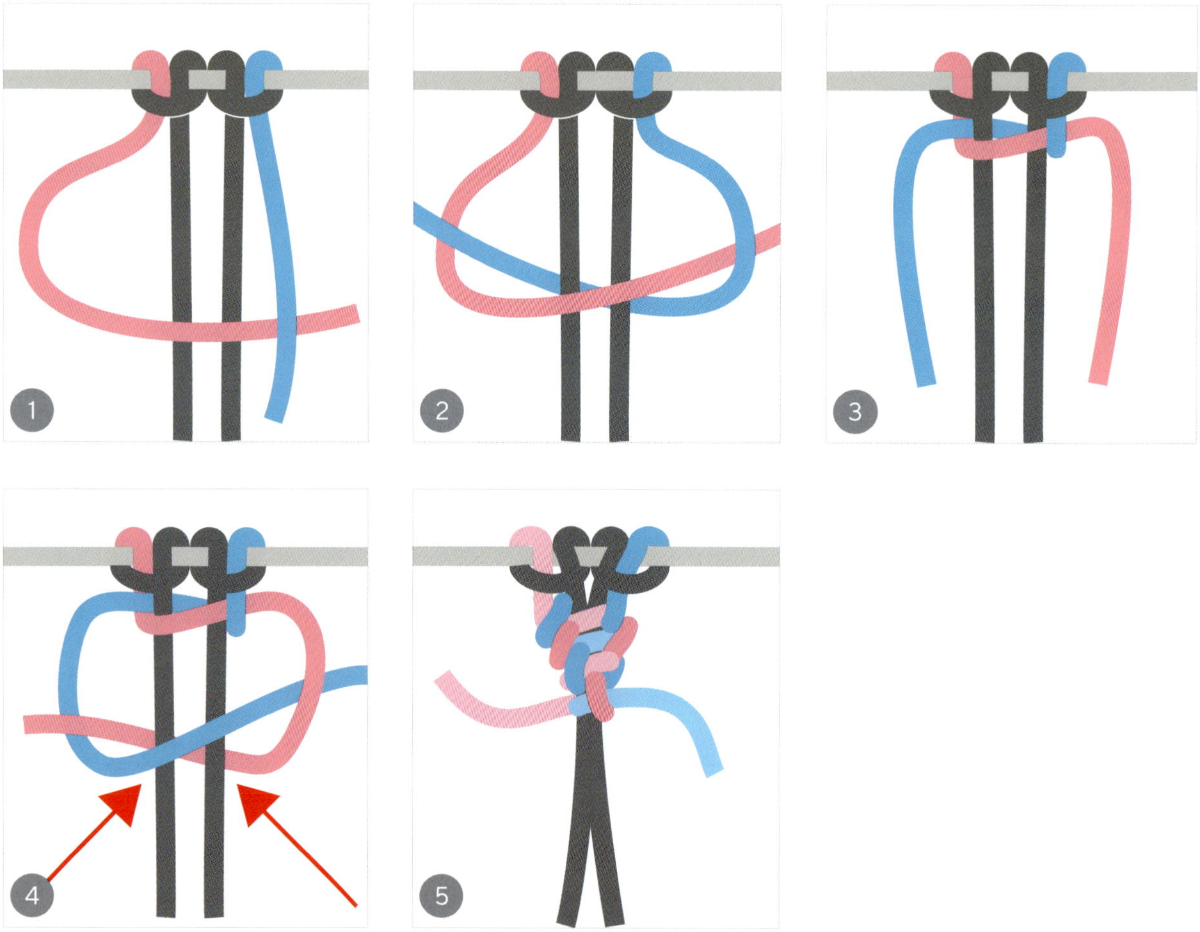

Rippenknoten

Dieser Knoten ist auch als Webeleinstek, Vorwärtsknoten (beim Knüpfen von Freundschaftsbändern) oder Achterknoten bekannt. Er ergibt eine hübsche feste Knotenreihe und kann gerade entlang des Werkstücks oder diagonal geknüpft werden, sodass oben Platz frei bleibt.

1 Beginnen Sie mit einer Reihe von Fäden, die mit dem Ankerstich (siehe Seite 94) an einem Stab befestigt sind, oder, wenn Sie dabei sind, ein Werkstück fertigzustellen, fangen Sie an der linken Seite des Abschnitts an, an dem Sie arbeiten. Nehmen Sie den äußersten linken Faden (gezeigt in Rosa) und legen Sie ihn über alle anderen Fäden. Dieser rosa Faden ist der Faden, auf den Sie knüpfen. Er wird Trägerfaden genannt.

2 Halten Sie den Trägerfaden (rosa) nach rechts und nehmen Sie den nächsten Faden (gezeigt in Blau) auf – das ist der Arbeitsfaden. Bringen Sie den Arbeitsfaden (blau) hinter dem Trägerfaden (rosa) nach links, führen Sie ihn dann über den Trägerfaden und wieder zurück unter den Trägerfaden (rosa) und durch die Schlinge, die im Arbeitsfaden (blau) entstanden ist.

3 Den Arbeitsfaden (blau) festziehen und Schritt 2 wiederholen, um einen identischen Knoten zu knüpfen. Dieser Knoten wird meist doppelt verwendet.

4 Nehmen Sie den nächsten freien Faden (gezeigt in Grün) auf – das ist nun der Arbeitsfaden. Schritt 2–3 wiederholen, um den nächsten Rippenknoten zu knüpfen.

5 Den Knoten festziehen und so oft, wie benötigt, wiederholen. Es bedarf Übung, um diesen Knoten schön einheitlich zu knüpfen, da es leicht passieren kann, dass er zu fest oder zu locker wird. Behalten Sie also im Auge, wie er aussieht, und achten Sie darauf, dass Sie mit der Spannung, mit der Sie Ihre Knoten knüpfen, gleichmäßig bleiben. Schieben Sie die Knoten mit Ihrem Daumennagel nach oben zu den zuvor geknüpften, um eine feste Linie aufrechtzuerhalten.

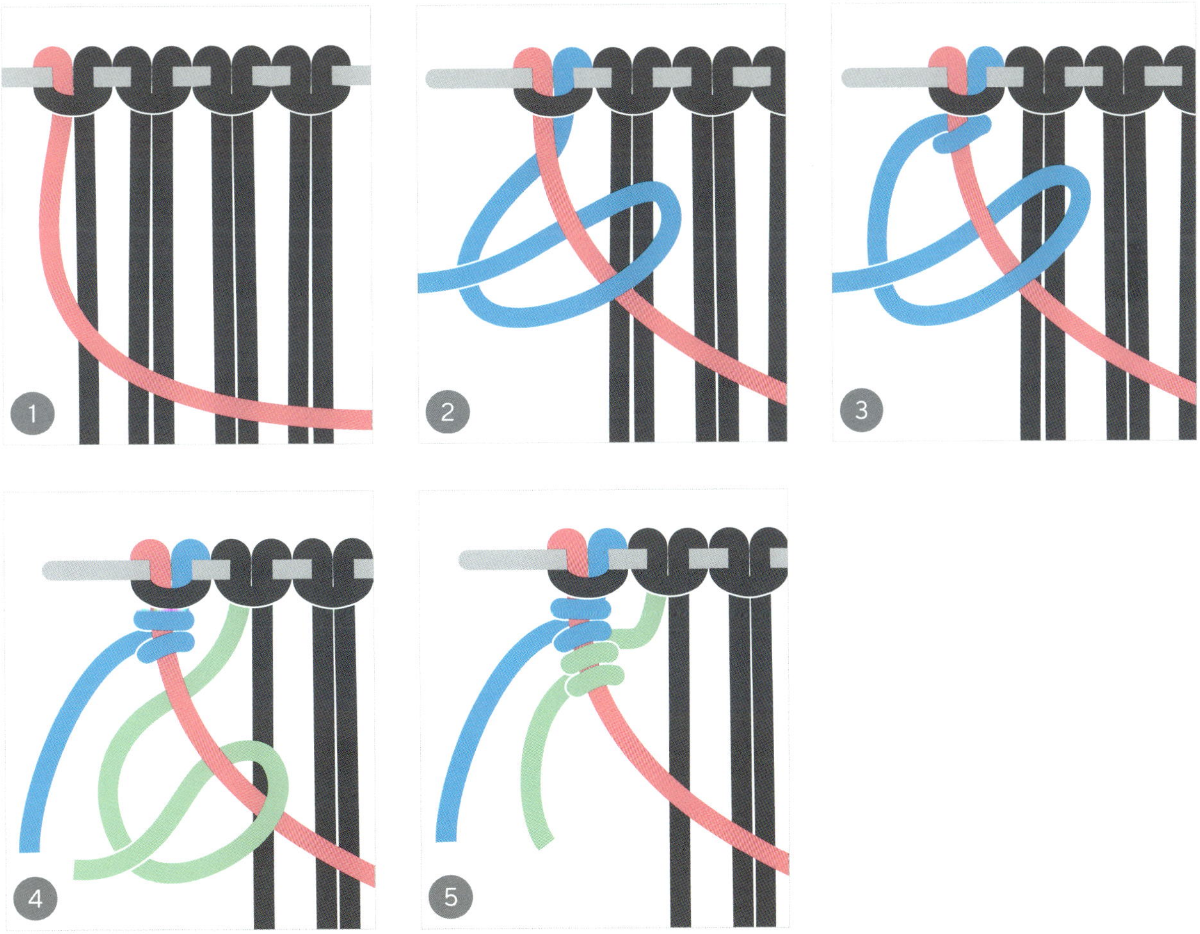

Quaste am Werkstücksende

Den Rand Ihres Makrameedesigns mit einer Quaste zu versehen, ist eine tolle Art, ein Werkstück fertigzustellen.

1 Nehmen Sie die Fäden, die Sie zu einer Quaste verarbeiten möchten, zusammen und nehmen Sie einen weiteren Faden Ihres Makrameegarns oder schneiden Sie ein separates Stück Garn so zu, dass Sie es als Faden zum Umwickeln verwenden können. In dieser Technik wird der Faden zum Umwickeln in Hellrosa gezeigt, damit er leicht zu sehen ist. Legen Sie diesen Faden hinter die Fäden der Quaste. Ein Ende sollte vor den Fäden der Quaste liegen und am unteren Ende eine Schlinge aufweisen, wobei das Fadenende nach oben zeigt. Das andere Ende sollte im rechten Winkel dazu liegen und der längste Faden sein, da es zum Umwickeln der Quaste verwendet wird.

2 Nehmen Sie das Garn zum Umwickeln in die Hand und wickeln Sie es einige Male um die Fäden der Quaste. Beginnen Sie am oberen Ende und wickeln Sie vier- oder fünfmal nach unten. Führen Sie das Ende des Garns zum Umwickeln durch die Schlinge.

3 Ziehen Sie an dem Ende, das oben aus der Wicklung herausschaut, bis die Schlinge und das untere Ende des Fadens in ihrem Inneren verschwinden.

4 Schneiden Sie die Enden bündig mit der Wicklung zu.

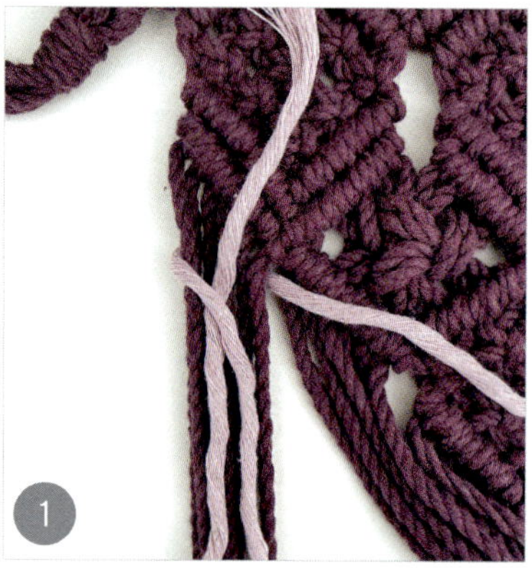

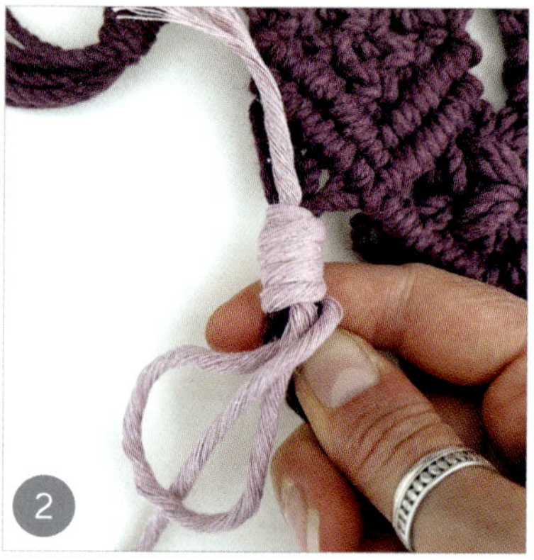

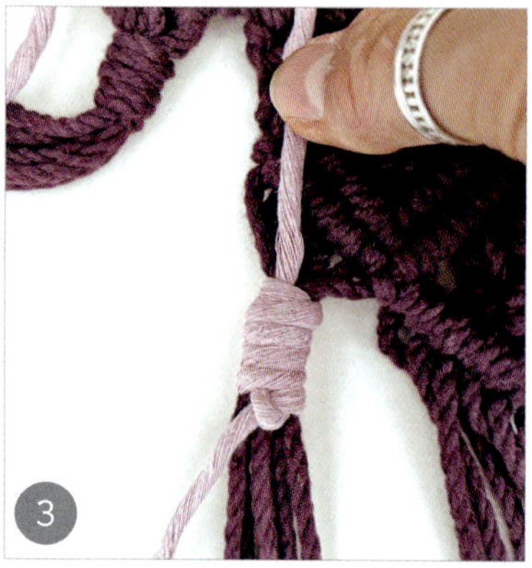

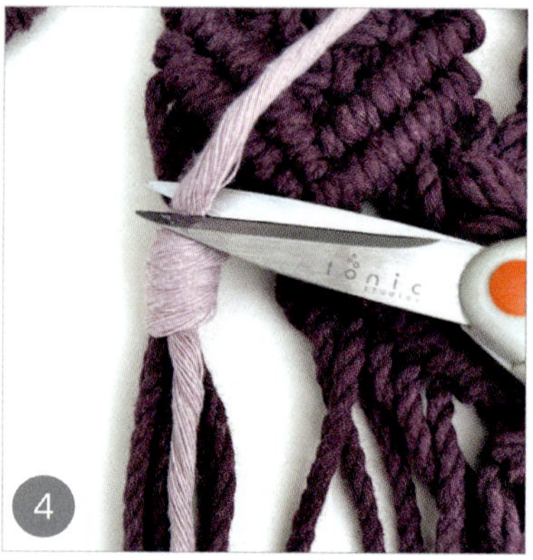

Quaste aus Garnresten

Die beste Art, übriggebliebene Garnreste aufzubrauchen, ist, daraus Quasten zu machen!

1 Legen Sie die zusammengenommenen Garnreste vor sich hin – verwenden Sie so viele oder wenige, wie Sie wünschen. Sorgen Sie dafür, dass die Fäden an einem Ende bündig liegen; das wird die Unterseite der Quaste. Das andere Ende (oben) hat wahrscheinlich unterschiedliche Längen; sie werden am Ende zugeschnitten. Finden Sie einen langen Garnrest und machen Sie damit eine Schlinge am oberen Ende (mit einem roten Pfeil gezeigt).

2 Nehmen Sie einen weiteren langen Garnrest und legen Sie ihn so hinter den zusammengenommenen Fäden auf, dass ein Ende im rechten Winkel dazu liegt (gezeigt mit dem blauen Pfeil – dieses Ende ist das Garn zum Umwickeln) und sich das andere Ende vorne, mit der Spitze nach oben zeigend, befindet (gezeigt mit einem roten Pfeil).

3 Alle Fäden aufnehmen und mit Ihrer freien Hand am oberen Ende festhalten. Das Garn zum Umwickeln sollten Sie mit derselben Hand festhalten. Schlingen Sie dieses nun fünf- oder sechsmal herum, um eine Wicklung herzustellen.

4 Fädeln Sie das Garn zum Umwickeln durch die Schlinge, die unter der Wicklung liegen sollte. Halten Sie sich an Schritt zwei der Technik für die Quaste am Werkstückrand, da dort derselbe Arbeitsgang klar gezeigt wird.

5 Suchen Sie das Ende des Fadens mit der Schlinge. Vielleicht müssen Sie ein wenig an der Schlinge ziehen, um den richtigen Faden am oberen Ende der Wicklung zu finden. Wenn Sie den richtigen Faden haben, ziehen Sie das Ende mit der Schlinge hinauf unter die Wicklung. Ziehen Sie daran, bis er in ihrem Inneren verschwindet. Ziehen Sie jedoch nicht zu weit – der Faden soll in der Wicklung verwahrt sein, nicht bis nach ganz oben durchgezogen werden. Siehe Schritt 3 der Technik für die Quaste am Werkstücksende auf der gegenüberliegenden Seite.

6 Alle Enden oben abschneiden und nur den Faden stehen lassen, mit dem die Schlinge in Schritt 1 gebunden wurde.

7 Kämmen Sie die Fäden mit einer Bürste aus, um eine hübsche, luftige Quaste zu erhalten. Die Enden nach dem Bürsten für ein adrettes Erscheinungsbild zurechtschneiden.

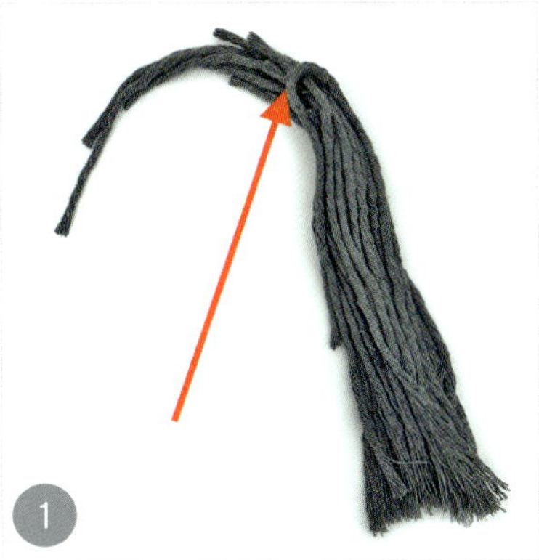

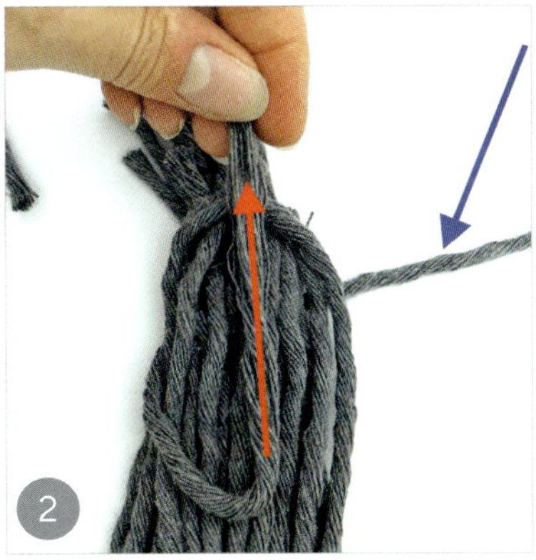

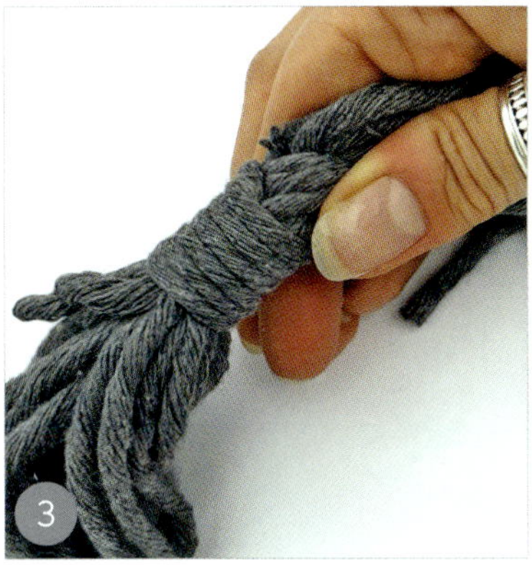

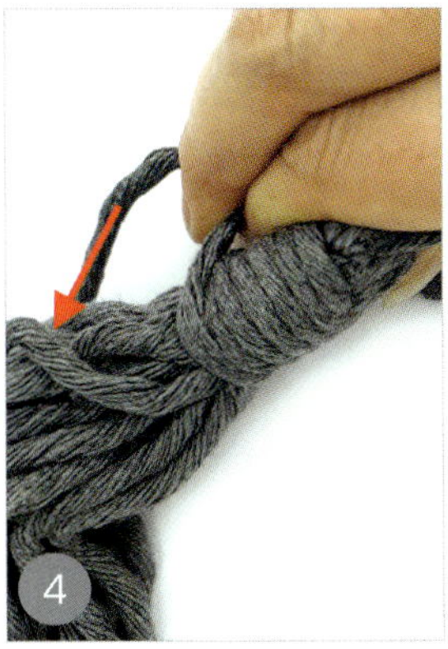

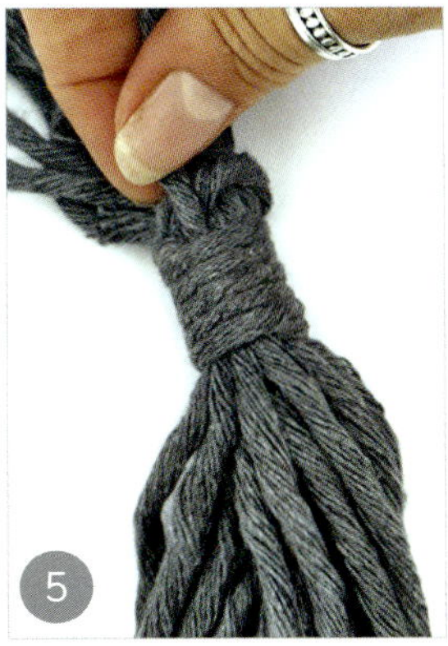

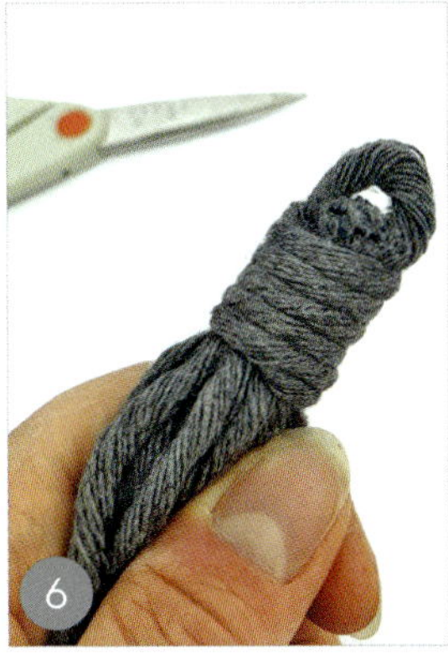

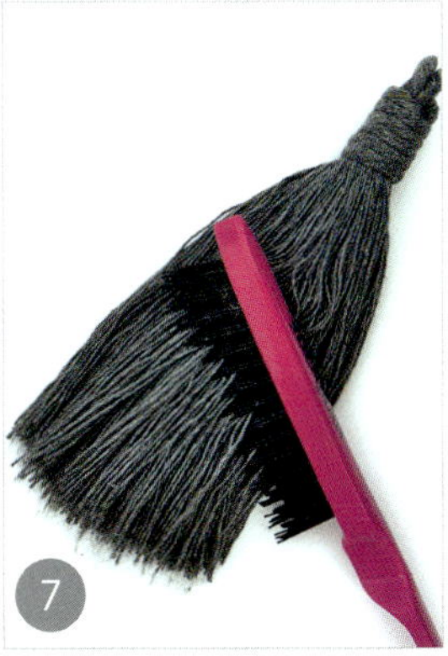

Makrameebrett

Wenn Sie an einem kleinen Makrameewerkstück arbeiten, das keinen festen Stab, Stock oder Ring hat, um den Sie die Ankerstiche knüpfen können, ist ein Makrameebrett (Makramee-Board) vielleicht ganz nützlich.

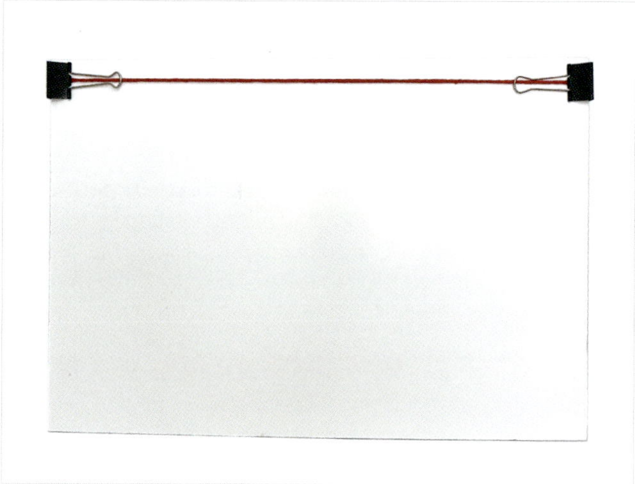

Das Brett kann beliebig dick sein: 5 mm starke Schaumstoffplatten aus dem Bastelgeschäft sind perfekt, auch mit dünnerem Sperrholz klappt es gut. Klemmen gibt es in vielen Schreibwaren- und Bastelgeschäften. Vielzweckklammern (Foldback-Klammern) sind gut geeignet.

Um das Brett einzurichten, schneiden Sie ein Stück des Garns, das Sie für das Projekt verwenden werden, ab und klemmen Sie es mit den Klammern fest an das Brett. So erhalten Sie einen „Haltefaden" (Querfaden), an dem Sie Ihre Makrameefäden befestigen können. Sollte er sich dehnen, während Sie arbeiten, öffnen Sie die Klammern und ziehen ihn wieder fest.

Einfacher Haltestab

Wenn Sie ein Makrameewerkstück gestalten, müssen Sie es aufhängen. Dies ist eine leichte Technik für die Erstellung eines einfachen Haltefadens.

1 Schneiden Sie eine großzügige Menge Garn zu, die der Größe des Werkstücks entspricht, das Sie herstellen. Machen Sie an einem Ende eine Schlinge von etwa 15 cm Länge, das andere Ende sollte sehr lang sein. Falten Sie die Schlinge in der Mitte über sich selbst. Schieben Sie eine Stange oder ein Stück Treibholz durch die Schlaufe, sodass es über den beiden äußeren Garnstücken, aber unter den beiden Stücken in der Mitte verläuft, wie in diesem Bild.

2 Ziehen Sie den Faden fest; tatsächlich haben Sie einen Ankerstich am Ende eines Garnstücks geknüpft. Am anderen Ende des Garns wiederholen. Ziehen Sie den Faden fest und schon haben Sie einen hübschen und ordentlichen Weg gefunden, jeden Wandbehang aufzuhängen. Sie können das herabhängende Stück in der Mitte anpassen, indem Sie ein Ende lösen und an der Schnur ziehen. Schneiden Sie den Zwirn auf der Rückseite des Stabs ab oder verknoten Sie jedes Ende und schneiden Sie es zu, um eine Quaste als Dekorelement zu gestalten.

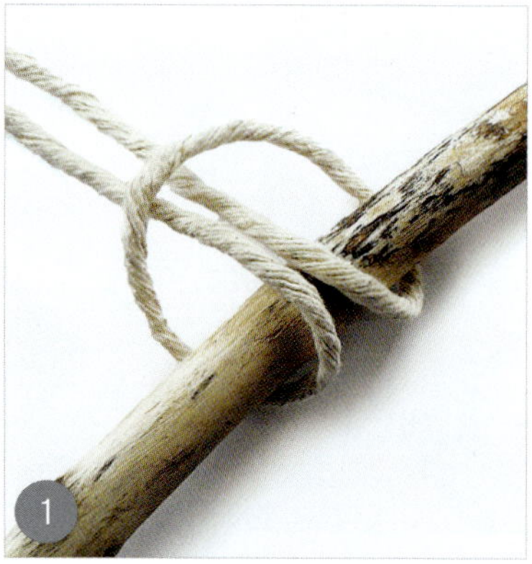
1

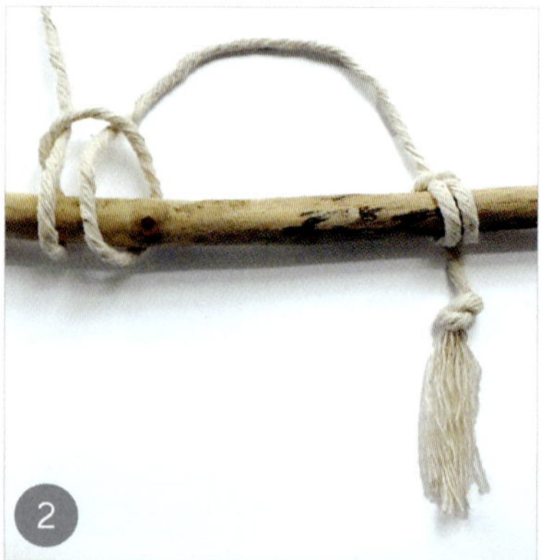
2

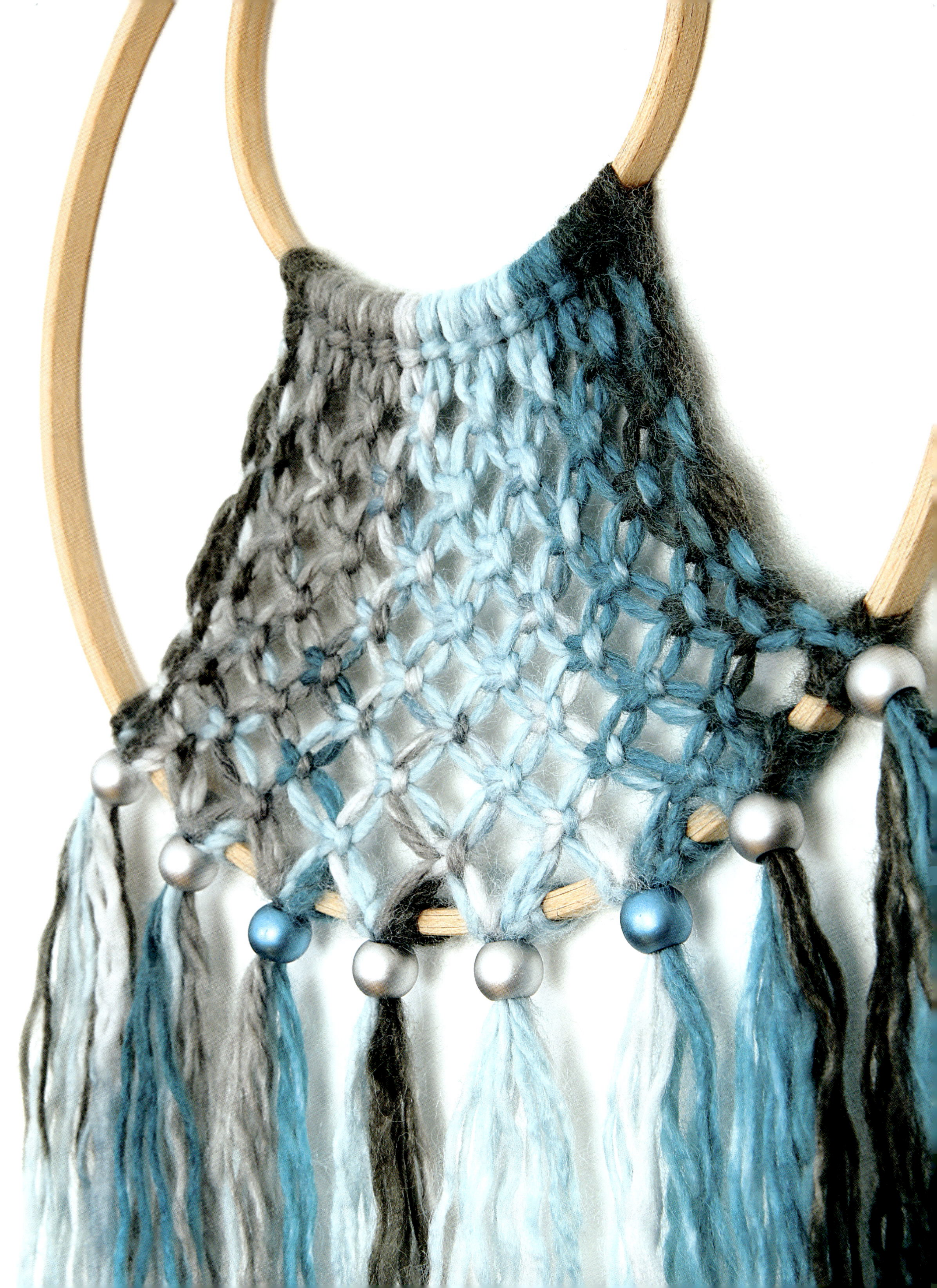

BEZUGSQUELLEN

Makrameegarn
shop.bobbiny.com
lieblingsgarn.de
gerstaecker.at
welovehandmade.at
makramee-shop.com
makramee-haus.de

Metallic-Makrameegarn von Bobbiny, 3 mm
gerstaecker.at
lieblingsgarn.de
shop.bobbiny.com

Baumwollseil, 9 mm
seil-shop.de
kanirope.de

Everlasto Baumwollschnur, 3 mm und 4 mm
rope-source.co.uk
amazon.de
etsy.com

Mini-Jutebeutel
buttinette.at
pagro.at
starke-kindersachen.de

Perlen mit großen Löchern
dreambeads-online.de
buttinette.at
gluecksperle.at

Drahtrahmen für Floristen
lieblingsgarn.de
makramee-haus.de

Rahmen Mond und Stern
floristik21.de

Runde Spiegel
bauhaus.at
obi.at

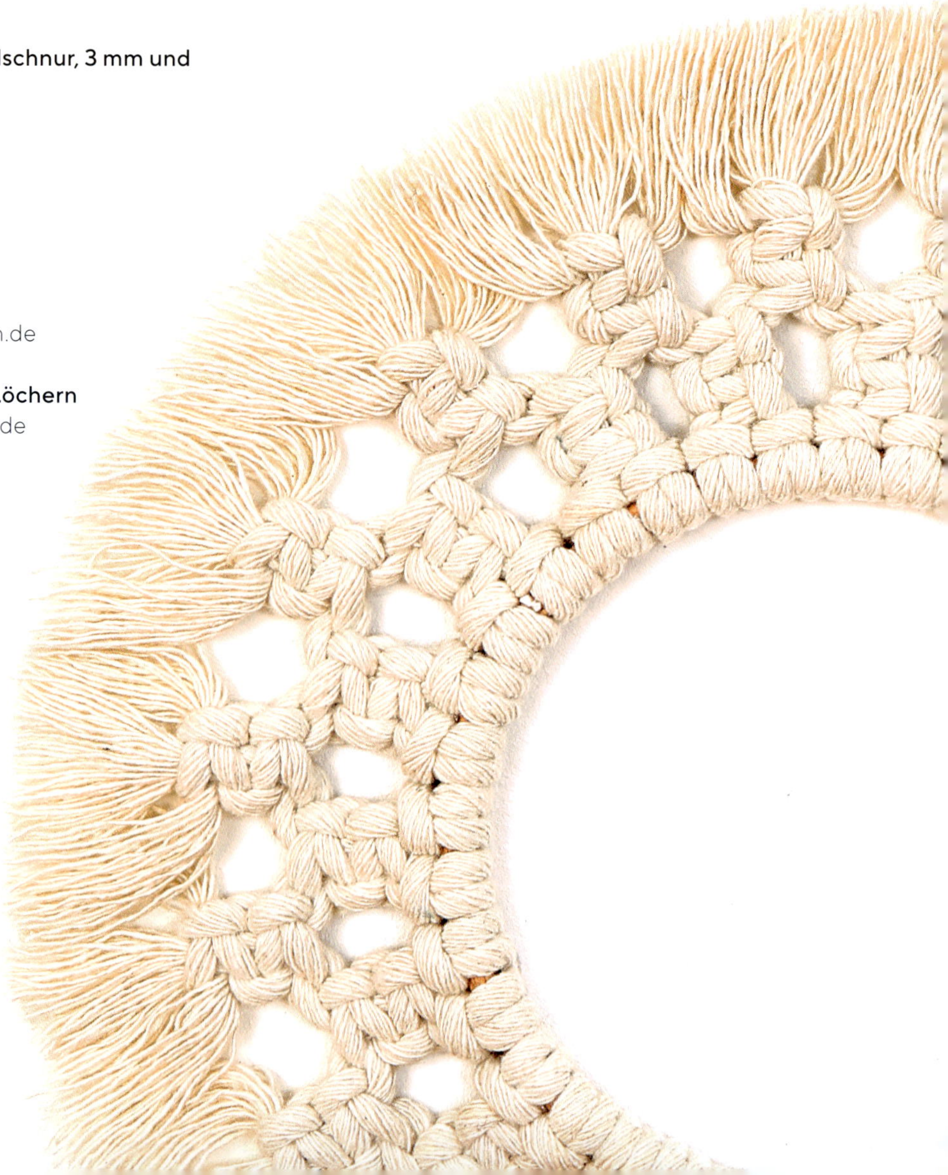